Serie Literatura y Cultura
Editor General: Greg Dawes
Editora a cargo de la serie: Ana Peluffo

Otros títulos publicados en esta serie:
Marisol Montaño, Alejandro Solomianski y Sofia Wolhein, *Otras voces. Nuevas indentidades en la frontera sur de California (Testimonios)*

Pensar el siglo XIX desde el siglo XXI

Nuevas miradas y lecturas

Compilado y editado por
ANA PELUFFO
University of California-Davis

© Ana Peluffo, 2012

Reservados todos los derechos de esta edición para:
© 2012 Editorial *A Contracorriente*

ISBN: 978-0-9853715-0-0

Ninguna parte de este libro, incluido el diseño de la cubierta, puede reproducirse sin permiso previo del editor.

Library of Congress Cataloging-in-Publication Data::

Pensar el sigo XIX desde el siglo XXI : Nuevas miradas y lecturas [edited by] Ana Peluffo
Raleigh, NC : Editorial A Contracorriente, 2012 / p. cm.

ISBN 10: 0985371501 (pbk. : alk. paper)
ISBN 13: 978-0-9853715-0-0 (pbk. : alk. paper)

Fotografía de cubierta: Anónimo, "Dos damas con daguerrotipo", Daguerrotipo, ca 1850. Cortesía de la colección personal de Andrea Cuarterolo.

Diez de los doce artículos incluidos en esta colección se publicaron originalmente en *A Contracorriente*, Vol. 7 No. 1, Otoño 2009.

Diseño de interior y tapas: Samuel F. Sotillo

Esta obra se publica con el auspicio del Departamento de Lenguas y Literaturas Extranjeras de NORTH CAROLINA STATE UNIVERSITY.

Índice

1

Introducción: Pensar el siglo XIX desde el siglo XXI
ANA PELUFFO
pág. 1

2

La desigualdad de las partes
GRACIELA MONTALDO
pág. 15

3

Prehistorias argentinas: naturalistas en el Plata Charles Darwin, Francisco Moreno, Florentino Ameghino, Bruce Chatwin

FERMÍN ADRIÁN RODRÍGUEZ
pág. 47

4

En contra del canon: haciendo lugar para la voz popular en los estudios decimonónicos
WILLIAM G. ACREE, JR.
pág. 75

5

El gabinete óptico de la ideología:
visualidad y política en la época de Rosas (1829-1852)

Brendan Lanctot

pág. 89

6

El arte panorámico de las guerras independentistas:
el tropo militar y la masificación de la cultura

Beatriz González-Stephan

pág. 109

7

Mansilla, el tesoro de las doscientas mil líneas

Cristina Iglesia

pág. 129

8

Fotografía y teratología en América Latina
Una aproximación a la imagen del monstruo en
la retratística de estudio del siglo XIX

Andrea Cuarterolo

pág. 137

9

La ciudad bajo los ojos del Modernismo

Paola Cortés-Rocca

pág. 169

10

Pasiones fatales: consumo, bandidaje y género en *El Zarco*

Juan Pablo Dabove & Susan Hallstead

pág. 193

11

Feminismo liberal vs. anarquismo radical:
Obreras y obreros en Matto de Turner y González Prada
1904-05

Thomas Ward

pág. 213

12

Opinión pública, sociedad civil y la "cuestión indígena":
La Sociedad Amiga de los Indios (1867-1871)

Martín Monsalve Zanatti

pág. 237

Introducción: Pensar el siglo XIX desde el siglo XXI

ANA PELUFFO
University of California-Davis

Pensar el siglo XIX desde el siglo XXI: Nuevas miradas y lecturas recoge contribuciones de especialistas en estudios latinoamericanos que desde diversas disciplinas y con una gran divergencia de perspectivas teóricas se formulan la siguiente pregunta: ¿Cómo pensar el siglo XIX desde el siglo XXI?[1] Ya sea a través de lecturas puntuales de textos y prácticas culturales, o a través de una interrogación sobre el lugar que el campo del siglo XIX ocupa en el imaginario crítico, los ensayos que se incluyen en este volumen comparten el deseo de establecer un diálogo entre siglos que demuestra la extraordinaria vitalidad que el período formativo de las nacionalidades continúa teniendo en el presente. Un rasgo que todos los ensayos comparten a la hora de aproximarse a un objeto de reflexión esquivo para el que Graciela Montaldo acuña el término de "experimento cultural" es la necesidad de hacerlo desde cruces disciplinarios diversos que favorecen acercamientos entre campos a veces distantes entre sí.[2] Pienso aquí no solamente en el bino-

---

1. Con la excepción del ensayo de Beatriz González-Stephan, los artículos que aparecen en este libro fueron publicados digitalmente en un número especial que edité para la revista *A contracorriente* dedicado al siglo XIX (http://www.ncsu.edu/acontracorriente/fall_09/index.htm).
2. En *Zonas ciegas* Graciela Montaldo usa este concepto para referirse a una producción cultural cada vez más heterogénea que se resiste a la fijeza de las categorizaciones disciplinarias. Dice: "[...] llamo 'experimento' a diferentes tipos de *intervenciones culturales*, desde 'obras' tales como textos o películas hasta comunidades culturales o categorías

mio literatura/historia, ya bastante afianzado en el campo de los estudios literarios, sino también en la combinación de paradigmas provenientes de los estudios culturales, la sociología, la historia de la fotografía, la antropología, las ciencias políticas y la cultura visual entre otros. A partir de estos frecuentes cruces se empieza a pensar el siglo XIX más allá de la superespecialización disciplinaria, en un esfuerzo por acabar con el insularismo epistemológico al que la revista *A contracorriente* y otras instancias académicas de intercambio cultural están contribuyendo a eliminar.

La idea inicial de este proyecto surgió en el marco de discusión de un panel del *Modern Language Association* organizado por Benigno Trigo en el que se generó una fructífera discusión sobre la posibilidad de que hubieran surgido en los últimos años nuevos paradigmas de aproximación a un largo y polisémico siglo al que frecuentemente leemos desde el debate sobre la construcción y modernización de las naciones. Más tarde, el apoyo de Greg Dawes, hizo posible que se pusiera en marcha este proyecto. Pero, ¿qué significa revisar estas cuestiones desde un siglo preocupado por los avances de la globalización y la devastación económica ocasionada por las políticas neoliberales? ¿Cuáles son las nuevas tendencias a la hora de leer una centuria en la que ya muchos pensadores latinoamericanos (Leopoldo Zea, Ángel Rama, Antonio Cornejo Polar) creyeron encontrar las claves para entender los problemas de nuestro conflictivo presente? ¿Han surgido nuevas herramientas críticas que nos permitan hacer más cercano un siglo, que sobre todo a nivel pedagógico, nos sigue resultando inaccesible y lejano? ¿Cómo acceder desde nuestros campos de estudio a eso que Raymond Williams trató de definir como latido de época o "estructura de sentimiento" en el marco de una densidad proto-ideológica que dificulta las periodizaciones? ¿Qué se puede decir en el capitalismo tardío sobre la relación entre modernidad y espacio, las culturas de la marginalidad y la formación de identidades de género, etnicidad y clase? Las preguntas que se plantean los contribuyentes no son pocas ni se acaban en esta somera y arbitraria enumeración.

Por oposición a épocas más trabajadas de nuestro campo (y

---

abstractas, e incluso instituciones. Se trata de intervenciones que tienen consecuencias imprevistas y no solo en el mismo campo en que se producen; intervenciones que salen de su territorio, que se despliegan en direcciones que escapan a la lógica de la que proceden" (Montaldo, *Zonas ciegas*, 12).

Introducción: Pensar el siglo XIX desde el siglo XXI | 3

aquí hablo desde los estudios literarios y culturales) el siglo XIX ha ocupado en los últimos años un rol semi-marginal con respecto a zonas más visibles de los estudios latinoamericanos (la época colonial y la contemporánea). Ese rol menos "mediático" que los estudios decimonónicos han tenido en el imaginario crítico comenzó a dar un giro importante con la aparición de ciertos textos que en poco tiempo se transformaron en canónicos. En los últimos años, fue difícil escuchar una ponencia o leer un artículo sobre el siglo XIX que no hiciera mención a la tesis de la comunidad imaginada de Benedict Anderson que proponía pensar las naciones como artefactos más antropológicos que historiográficos, en relación contigua con la religión y otras formas de afiliación afectiva. Esta idea cultural de la nación como emblema de una modernidad que según Anderson se imponía verticalmente desde la cúspide de la ciudad letrada a través de la palabra escrita, interactuó, en el campo de los estudios latinoamericanos, con otras teorías sobre el mismo fenómeno como las de Homi Bhabha sobre nación y narración, las de Ángel Rama sobre la ciudad escrituraria/letrada, y la construcción cultural de la tradición, la memoria y el pasado nacional tal y como fueron estudiadas por Eric Hobsbawm. En todos estos casos (y tal vez con la excepción de Hobsbawm que incluía la iconografía patriótica en su estudio) se incurría en un fetichismo de la letra a la hora de estudiar el fenómeno de los nacionalismos, una visión que, pese a las obvias diferencias ideológicas, estaba ya presente en esa otra fórmula ubicua de las lecturas del XIX que fue la de civilización-barbarie, acuñada por Sarmiento. Junto con la muy citada frase de Alberdi ("gobernar es poblar") la antinomia de Sarmiento sirvió para ordenar en campos semánticos polarizados la compleja realidad de una cultura que ya en el mismo *Facundo* se rebelaba en toda su heterogeneidad contra la fuerza ordenadora de las dicotomías. En la utopía sarmientina, la palabra era el principal ingrediente de una teoría pedagógica de la ciudadanía y el medio privilegiado de implementar las ideologías hegemónicas de un estado en formación preocupado por disciplinar las subjetividades nacionales.

En el campo de los estudios de género, el feminismo operó desde un paradigma igualmente dicotómico, el de la división de esferas (público-privado), según el cual las mujeres lucharon contra el espacio cultural asignado que la cultura hegemónica les proponía. Esa oferta compensatoria que les daba un poder sentimental y doméstico a cambio de su retirada del mundo de la economía, el poder político y el dinero, fue combatida desde textos y prácticas estudiadas en los últimos años por una crítica cultural preocupada por redefinir el debate sobre la construcción nacional incorporando nuevas voces. Pienso aquí en el trabajo pionero de Francine Masiello en este terreno, aunque también habría que mencionar en este campo a Graciela Batticuore, Francesca Denegri y Mary Louise Pratt, entre otras. En algún sentido esta parcial feminización del canon, que nos hizo recuperar la obra de escritoras silenciadas o marginadas por la cultura dominante, resultó en una visión menos homogénea del problema de los nacionalismos que permitió investigar el rol que los grupos excluidos de la categoría de la ciudadanía se asignaron a sí mismos en las utopías nacionales. Por otro lado, y pensando más desde el campo de los estudios andinos, el desinterés inicial de Mariátegui por las culturas orales indígenas en los *Siete ensayos* buscó ser corregido por críticos que, empezando con las reflexiones de Ángel Rama y siguiendo con las de Cornejo Polar, generaron conceptos como el de "transculturación narrativa" o "literaturas heterogéneas" para estudiar la producción cultural de naciones no orgánicamente nacionales marcadas por la coexistencia de culturas y tradiciones en conflicto. Si las categorías de género/etnicidad han sido bastante exploradas en la bibliografía crítica del siglo XIX, menos atención se prestó a la forma en que la clase social desarticulaba cada uno de estos campos internamente contradictorios, un fenómeno al que Cornejo Polar se refirió en *Escribir en el aire* (1994). No es sorprendente entonces que, al menos en la cuestión de la construcción de subjetividades, el área de la incorporación de la cultura popular sea en este momento una de las zonas de los estudios culturales y literarios en la que se están dando la mayor cantidad de lecturas, junto con la escritura de viajes, la cultura visual, los discursos epistolares y el estudio de periódicos.

    Algo en lo que estarían de acuerdo los contribuyentes a este volumen es que parece haber llegado el momento de problematizar paradigmas de lectura que a fuerza del abuso y repetición mecánicas han perdido la fuerza iluminadora que en algún momento tuvieron. En el caso de la tesis de Anderson, ya Mary Louise Pratt en un temprano texto titulado "Género y ciudadanía: Las mujeres en diálogo con la nación" (1994) cuestionaba desde un punto de vista sexo-genérico la visión fraternal que Anderson daba de los nacionalismos cuando proponía incorporar a la discusión toda una producción femenina que desde periódicos, libros de viaje, tertulias y salones trató de promulgar una idea contestataria de la subjetividad, que a veces acataba y otras transgredía los imaginarios hegemónicos. Por otro lado, Partha Chatterjee (1993), desde el campo postcolonial de los estudios sobre la India, también problematizó el desajuste ideológico que se generaba a la hora de exportar la teoría de la comunidad imaginada a contextos pos-coloniales adonde no habían surgido todavía los conceptos de ciudadanía, sociedad civil y democracia. La idea de que la nación se creaba en un tiempo "vacío y homogéneo" fue cuestionada por Chatterjee quien afirmaba que las culturas periféricas imaginaban la nación desde la heterogeneidad y la diferencia.[3]

Otro aporte teórico importante fue el de Doris Sommer que en *Foundational Fictions* (1991) planteó una teoría de la nación alegórica basada en el erotismo. Junto con el libro de Anderson, el paradigma de Sommer fue uno de los más transitados en los estudios literarios y culturales latinoamericanos en parte porque proponía releer textos mayormente canónicos desde una perspectiva historicista que incorporaba cuestiones relativas a la sexualidad y al género. Al igual que el texto de Anderson, la tesis de Sommer también se prestó a una serie de revisiones, expansiones y críticas que sirvieron para confirmar la amplia circulación que tuvo el paradigma. A las tempranas lecturas que puntualizaron que *Foundational Fictions* eliminaba de su archivo textos que no encajaban con la fórmula fundacional se sumaron las revisiones de Sylvia Molloy en sus lecturas sobre Martí (1999) y de Robert Irwin en *Mexican Masculinities* (2003) que desde el campo de los estudios queer y culturales puntualizaron el carácter homo-social y fraternal de muchos de los imaginarios nacionales que Sommer pensaba *heterosexualmente*. Por otro lado, en *Lágrimas Andinas* (2005) puntualicé que en el siglo XIX la nación también se formaba desde los márgenes del estado a través de alianzas afectivas sentimentales, pero no sexuales, que dependían del discurso de la compasión y de las lágrimas. Dentro de este recorte un tanto estrecho que hago del archivo crítico, habría que destacar también el concepto de ficción somática desarrollado por Gabriela Nouzeilles como contraparte centrífuga del paradigma fundacional de Sommer, así como también las importantes reflexiones de Julio Ramos y Graciela Montaldo (autora

---

3. En *La invención de la nación: Lecturas de la identidad de Herder a Homi Bhabha* (2000) Álvaro Fernández Bravo reflexiona sobre la irradiación de las teorías del nacionalismo a América Latina y sus múltiples desajustes.

del artículo inaugural del libro) sobre modernidades divergentes y sensibilidades amenazadas.

En los últimos años han surgido espacios de discusión importantes para reflexionar sobre el siglo XIX ya sea desde revistas académicas (*Siglo XIX* [*Literatura Hispánica*], *Decimonónica*, *Estudios*, *El Matadero*, *Todo es historia*) como desde conferencias y editoriales especializadas que se abocaron a la importante tarea de re-editar textos canónicos y marginales para facilitar el trabajo de archivo de los estudiosos del siglo XIX. Ejemplos de esto lo constituyen la editorial digital *Stockcero*, y en formato impreso, Cambridge University Press, una importante colección decimonónica dirigida por Jean Franco, Eduardo Lozano y Antonio Cornejo Polar que se ocupó de traducir textos latinoamericanos del siglo XIX para un público angloparlante. Aunque muchas de las antologías de nuestro campo dedican un espacio limitado al siglo XIX, una de las tareas de la crítica ha sido rescatar tradiciones, iconografías, artefactos y textos que no necesariamente aparecen en el ámbito de la cultura letrada. El somero resumen de los ensayos incluidos en este volumen que se da a continuación, busca dar cuenta de la urgencia y la rigurosidad con la que los contribuyentes encararon la consigna de releer y revisar las ficciones decimonónicas y su crítica. Demás está decir que las respuestas a las preguntas no se proponen como definitivas y que esperamos que este debate se enriquezca en el futuro próximo con nuevas y valiosas contribuciones.

El ensayo de Graciela Montaldo titulado "La desigualdad de las partes" inaugura el libro con un debate sobre nación y modernidad que ella misma ayudó a delinear a través de sus reflexiones sobre fin de siglo y democratización cultural en *La sensibilidad amenazada*. Trazando un recorrido crítico por los principales paradigmas teóricos de nuestro campo que la lleva a detenerse en una nueva bibliografía sobre el XIX, Montaldo detecta preocupaciones relacionadas con la frontera, las identidades marginales, la biopolítica y los procesos transculturadores. El objetivo de Montaldo es desarmar una maquinaria de lectura que se resiste a los cambios y "que ha sido articulada según férreos principios binarios, según categorías estrictas, fórmulas firmes y metáforas permanentes". Invocando el "plural descontrolado" de la masa por oposición a la mirada homogeneizante del letrado, Montaldo busca desarticular la relación orden/caos tal y como se da en los textos del siglo XIX y su crítica desde una mirada renovadora que privilegia la relación cultura/política.

Desde el campo de la biopolítica, el artículo de Fermín Rodríguez titulado "Prehistorias argentinas: naturalistas en el Plata, Charles Darwin, Francisco Moreno, Florentino Ameghino, Bruce Chatwin" se detiene en el carácter no referencial de la crónica de viajes que se ocupa de ficcionalizar el espacio patagónico. Siguiendo un itinerario discursivo que va desde las ficciones imperiales de Darwin a la imaginación territorial de Chatwin, pasando por la producción de naturalistas locales como Moreno y Ameghino, Rodríguez construye una genealogía de textos en fuga en la que se desdibujan los bordes entre lo visto y lo leído, la civilización y la barbarie, la subjetividad y la patria. El uso político del paisaje, los huesos y los fósiles a los que los autores intentan dar voz en estos imaginarios territoriales es también puntualizado por el autor para establecer un contrapunto entre algunas de estas ficciones y las políticas anti-indígenas de los gobiernos argentinos del siglo XIX.

La necesidad de ampliar las fronteras del canon desde la cultura popular es planteada por William Acree en "En contra del canon: haciendo lugar para la voz popular en los estudios decimonónicos". Una buena parte del artículo está destinada a definir el concepto, para él oximorónico, de "literatura popular", una frase que propone reemplazar con la categoría menos ideologizada de "escritura popular". Después de referirse a las dificultades de recuperar textos efímeros que circularon masivamente en forma de panfletos, hojas sueltas, volantes y periódicos, Acree insta a los editores, investigadores, educadores y antologistas a abocarse a un trabajo de archivo que resulte en nuevas e iluminadoras lecturas. Siguiendo un proceso de reestructuración del canon iniciado por la crítica feminista desde la lente género, Acree propone trabajar a partir de la identidad de clase de los productores y receptores culturales que en el caso de la Argentina del siglo XIX resultó en la exclusión de periódicos y escritores simpatizantes con las políticas del rosismo como *El torito de los muchachos* de Luis Pérez.

En diálogo con las reflexiones de Acree sobre patrimonios nacionales y culturas populares, el artículo de Brendan Lanctot titulado "El gabinete óptico de la ideología: visualidad y política en la época de Rosas (1829-1852)" propone estudiar el carácter "oculocéntrico" del régimen rosista a partir de la emergencia y representación de los aparatos ópticos en el Río de la Plata. Prestando particular atención a las tensiones entre lo visual y lo escrito, Lanctot detecta puntos de encuentro entre la cultura alta y popular a la hora de reflexionar sobre los cambios epistemológicos que el espacio de la proto-fotografía representa. Partiendo de un archivo de revistas y textos poco conocidos que incluyen algunos de los periódicos mencionados por Acree, Lanctot estudia la recepción de estos artefactos provenientes de Europa argumentando que la ansiedad inicial que registraron los periódicos frente a la emergencia de una forma rival de modernidad cedió paso al uso nacionalista de estas tecnologías por parte de la cultura dominante.

En "El arte panorámico de las guerras independentistas: el tropo militar y la masificación de la cultura" Beatriz González-Stephan se detiene en el surgimiento de tecnologías escópicas en el siglo XIX que interpelan emocionalmente a un público masivo excluido de la cultura letrada. En el marco de zonas visuales de la industria cultural poco estudiadas en los estudios latinoamericanos (circos, desfiles, ferias, cuadros vivos, postales y daguerrotipos) González-Stephan estudia la función que los panoramas históricos cumplieron en el proyecto de la modernidad finisecular. Dentro del imaginario marcial de los panoramas estéticos, el artículo se detiene en la relación entre militarismo y masculinidad convocando el malestar letrado que generaba el desorden mestizo de las tropas patriotas en las guerras de la independencia. La construcción visual de un pasado heroico para las naciones sirvió, según González-Stephan, para anular no solamente una presencia femenina asociada con el desborde irracional de las masas, sino también formas de masculinidad disidentes que transgredían el carácter binario del discurso sexo-genérico liberal.

Una de las figuras prevalentes del imaginario decadentista latinoamericano fue la del *dandy*, un personaje emblemático de la modernidad finisecular que según Baudelaire debía "vivir y morir delante del espejo". En su versión latinoamericana, el culto al dandismo fue trabajado sobre todo en la figura de Lucio Mansilla, niño mimado de la clase dirigente argentina y autor de *Una excursión a los indios ranqueles*. El artículo de Cristina Iglesia titulado "Mansilla. El tesoro de las doscientas mil líneas" se focaliza en una zona menos estudiada de la obra de este autor-*dandy* que tiene que ver por un lado con una operación de traslado de la oralidad a la escritura, y por otro con la complicada relación entre literatura, profesionalización y finanzas en el siglo XIX. Construido como un mosaico o archivo de anécdotas, el género híbrido de la *causerie* es, según Iglesia, un texto producido desde los bordes del poder político que sirve para reflexionar sobre la marginalidad de la cultura letrada en una época que Julio Ramos, en *Desencuentros de la modernidad en América Latina,* definió como la de la profesionalización de la política.

Andrea Cuarterolo en "Fotografía y teratología en América Latina: Una aproximación a la imagen del monstruo en la retratística de estudio del siglo XIX" establece un contraste entre las convenciones decimonónicas de la fotografía médica y las de la antropología a la hora de construir la alteridad física de los sujetos anormales y/o racialmente otros según las normas de una incipiente teratología. Partiendo de un corpus fotográfico inédito que proviene fundamentalmente de Argentina, pero también de México, Chile y Brasil, Cuarterolo estudia cómo la medicina, la criminología y la antropología recurrieron a la fotografía, para generar antinomias clasificatorias (lo patológico vs. lo sano; lo normal vs. lo anormal). La actitud inversa que la medicina y la antropología asumieron ante la representación visual de su referente fotográfico le sirve a la autora de preámbulo para introducir la última parte de su estudio: una reflexión sobre cómo la fotografía antropológica animaliza al otro por medio de estrategias representacionales que se desplazan hacia categorías identitarias asociadas con lo bestial y lo antropofágico.

En diálogo con las ideas de Cuarterolo, Paola Cortés-Rocca efectúa en "La ciudad bajo los ojos del modernismo" una lectura cultural de los imaginarios urbanos. Tomando como punto de partida las crónicas finiseculares de autores canónicos como Martí, Darío y Gutiérrez Nájera, Cortés-Rocca estudia la construcción de la subjetividad masculina en un complicado juego de encuentros y desencuentros con las masas urbanas que dialoga con las ideas de Montaldo sobre la peligrosidad de las identidades colectivas en el fin de siglo. En las crónicas sobre la prostitución de Gutiérrez Nájera, dice Cortés-Rocca, el cronista se preocupa por diferenciar, descubrir, vigilar y taxonomizar a estas mujeres públicas que, como lo señaló Walter Benjamin en sus reflexiones sobre Baudelaire; eran el equivalente femenino de la figura del *flâneur*. Este proyecto textual de construcción de la alteridad femenina encuentra, según la autora, un equivalente visual en el *Registro de mujeres públicas* del Emperador Maximiliano de México.

En el artículo titulado "Pasiones fatales: Consumo, bandidaje y género en *El Zarco*" Juan Pablo Dabove y Susan Hallstead detectan en la novela de Ignacio Manuel Altamirano "una ansiedad frente a la masculinidad moderna" que está presente a la hora de construir, desde la alta cultura y recurriendo al imaginario del bandidaje, el deber ser de una varonía en ascenso. Retomando la problemática de la medicalización de lo monstruoso estudiada por Cortés-Rocca y Cuarterolo, Hallstead y Dabove muestran cómo dentro del carácter masculinizante de la ficción del delito, la criminalidad se construye no sólo por oposición al modelo burgués del hombre civilizado sino también en relación metonímica con la monstruosidad de la mujer masculina, un personaje que al igual que el bandido debe ser castigado porque vampiriza valores asignados a los hombres. Para Hallstead y Dabove, es ella el verdadero monstruo/vampiro de la novela por la forma en que transgrede los bordes que se le asignan en la ideología doméstica del liberalismo latinoamericano.

Dos ensayos que trabajan aspectos poco transitados de las culturas andinas cierran este volumen. Thomas Ward, en "Feminismo liberal vs. anarquismo radical: Obreras y obreros en Matto de Turner y González Prada" nos propone releer la obra de Matto de Turner y González Prada desde dos ensayos sobre la cuestión obrera que se publican en contextos diferentes y que le sirven al autor para contrastar ideológicamente los imaginarios de estos dos autores. El artículo de Ward añade un pliegue interesante a un debate sobre proyectos de nación que ha girado mayormente, al menos en los ojos de la crítica, alrededor de lo que Mariátegui llamaba el problema indígena en el Perú. Ward se focaliza en la categoría de clase social, que en el caso de Matto de Turner se superpone claramente a su preocupación por la marginalidad de género. Pese a que Matto y las escritoras de su generación se anticipan a la idea feminista de Simone de Beauvoir de que la independencia de la mujer empieza por el bolsillo, Ward puntualiza que la postura de Matto en el ensayo con respecto al activismo femenino es, en lo que respecta a la cuestión de clase, bastante conservadora. De esta manera, la lectura de Ward complejiza la idea monolítica de la categoría género desde un ángulo historicista que lee los diálogos entre autores en el contexto de las limitaciones que la sociedad les impone.

Por último en "Opinión pública, sociedad civil y la "cuestión indígena": La Sociedad Amiga de los Indios (1867-1871)" Martín Monsalve Zanatti nos invita a reflexionar sobre los alcances y limitaciones del mundo asociativo civil en el Perú de la segunda mitad del siglo XIX. A través de un estudio minucioso sobre la Sociedad Amiga de los Indios que surgió como respuesta a la rebelión indígena de Huancané liderada por Juan Bustamante, Monsalve complejiza la oposición que se da en el campo historiográfico entre sociedad civil y estado. Frente al carácter desmembrado o "no orgánicamente nacional" como diría Mariátegui de una sociedad pluricultural como la peruana, la Sociedad Amiga de los Indios actuó, según Monsalve Zanatti, como intermediaria entre los indígenas y un estado en formación que utilizó las rebeliones para promover leyes represoras de control social. Pese a que esta sociedad luchó por los derechos civiles de los indígenas, Monsalve demuestra que sus miembros siguieron pensando en el indígena como un sujeto pre-moderno que sólo podía acceder a la nacionalidad bajo la tutela de los ilustrados liberales. El debate sobre la diferencia se resuelve entonces en la concepción de un estado unitario que busca incorporar la diferencia borrándola y que desconfía del multiculturalismo en todas sus manifestaciones.

Bibliografía

Anderson, Benedict. *Imagined Communities. Reflections on the Origins and Spread of Nationalism*. London: Verso, 1983.

Batticuore, Graciela. *El taller de la escritora. Veladas literarias de Juana Manuela Gorriti. Lima-Buenos Aires (1876/7-1892)*. Buenos Aires: Beatriz Viterbo, 1999.

Bhabha, Homi, ed. *Nation and Narration*. New York: Routledge, 1990.

Chaterjee, Partha. *La nación en tiempo heterogéneo y otros estudios subalternos*. Lima: Instituto de Estudios Peruanos, 2007.

Cornejo Polar, Antonio. *Escribir en el aire. Ensayo sobe la heterogeneidad socio-cultural de las literaturas andinas*. Lima: Horizonte, 1994.

—. *La formación de la tradición literaria en el Perú*. Lima: Centro de Estudios Peruanos, 1989.

Denegri, Francesa. *El abanico y la cigarrera. La primera generación de mujeres ilustradas en el Perú*. Lima: Flora Tristán, 1996.

Fernández Bravo, Álvaro. *La invención de la nación: Lecturas de la identidad de Herder a Homi Bhabha*. Buenos Aires: Manantial, 2000.

Hobsbawm, Eric and Terence Ranger, eds. *The Invention of Tradition*. New York: Cambridge University Press, 1983.

Irwin, Robert. *Mexican Masculinities*. Minneapolis: University of Minnesota Press, 2003.

Mansilla, Lucio. *Una excursión a los indios ranqueles*. Buenos Aires: Emecé, 1988.

Mariátegui, José Carlos. *Siete ensayos de interpretación de la realidad peruana*. [1928] Lima: Amauta, 1963.

Masiello, Francine. *Entre civilización y barbarie: Mujeres, nación y cultura literaria en la Argentina moderna*. Buenos Aires: Beatriz Viterbo, 1992.

Molloy, Sylvia. "His America, Our America: José Martí Reads Whitman". *The Place of History, Regionalism Revisited in Latin*

America. Ed. Doris Sommer. Durham: Duke Univ. Press, 1999. 262-271.

Montaldo, Graciela. *La sensibilidad amenazada. Fin de siglo y modernismo*. Rosario: Beatriz Viterbo, 1994.

Montaldo, Graciela. *Zonas ciegas. Populismos y experimentos culturales en Argentina*. Buenos Aires: Fondo de cultura económica, 2010.

Nouzeilles, Gabriela. *Ficciones somáticas. Naturalismo, nacionalismo y políticas médicas del cuerpo* (Argentina 1880-1910). Rosario: Beatriz Viterbo, 2000.

Peluffo, Ana. *Lágrimas andinas: Sentimentalismo, género y virtud republicana en Clorinda Matto de Turner*. Pittsburgh: Instituto internacional de Literatura Iberoamericana, 2005.

Pratt, Mary Louise. "Género y ciudadanía: Las mujeres en diálogo con la nación" en *Esplendores y miserias del siglo XIX. Cultura y sociedad en América Latina*. Beatriz González Stephan, Javier Lasarte, Graciela Montaldo y María Julia Daroqui, eds. Caracas: Monte ávila/Universidad Simón Bolívar, 1994. 120-137.

Rama, Ángel. *La ciudad letrada*. Hanover: Ediciones Norte, 1984.

—. *Transculturación narrativa en América Latina*. México: Siglo XXI, 1982.

Ramos, Julio. *Desencuentros de la Modernidad en América Latina, Literatura y política en el siglo XIX*. México: Fondo de cultura económica, 1989.

Sarmiento, Domingo F. Facundo. *Civilización y Barbarie. Vida de Juan Facundo Quiroga*. México: Porrúa, 1998.

Sommer, Doris. *Foundational Fictions. The National Romances of Latin America*. Berkeley: University of California Press, 1991.

Williams, Raymond. "Base and Superstructure in Marxist Cultural Theory". *The Raymond Williams Reader*. John Higgins, ed. Oxford: Blackwell Publishers, 2001. 158-78.

Zea, Leopoldo. *América Latina en sus ideas*. México: Siglo XXI, 1993.

La desigualdad de las partes

GRACIELA MONTALDO
Columbia University

2

En 1995 Josefina Ludmer propuso componer "Una máquina para leer el siglo XIX". De diseño modernista, la propuesta de la máquina atendía a las conexiones posibles, naturales o tensas, entre prácticas: específicamente, la máquina conectaba la literatura con la política y se organizaba en varios niveles y a través de varias categorías (Estado, guerra, elites, subalternos, etc.). Más que generar una matriz explicativa, la máquina intentaba conectar estadios de cultura. El prototipo era una máquina para leer, es decir, para entender el siglo XIX como un texto y tenía diseño semi-humano (cabeza, piernas, etc.). En la máquina, Ludmer no sólo combinó todo aquello que volvía al siglo XIX un problema, sino que desarticuló la solemnidad fundadora que tuvo en la historiografía y la crítica latinoamericanas; lo convirtió en un campo preciso de análisis, pero también lo describió como el esperpento que había contado una historia semi-monstruosa caracterizada por su propia reproducción. Cuando en 2009 la celebración de los "bicentenarios" de la independencia se coloca en un lugar destacado de la agenda política de varios gobiernos latinoamericanos, interesados en recuperar el valor histórico y político de términos tales como "nación", "Estado", "comunidad", "pueblo", "anti-mperialismo"—para reactualizarlos—y de poner en circulación otros como "exclusión", "multiculturalismo", migraciones, redefiniciones de la democracia y nuevos modelos políticos, en los presentes contextos de crisis, podemos hacer uso de la máquina marca Ludmer. Podemos también buscar otras metáforas para un objeto de contornos semejantes, pero podemos incluso olvidar las metáforas y convertir ese objeto en un artefacto de desagregación;

no en una máquina que conecte sino en un dispositivo más parecido a aquellos que producen vacío, para que descomponga la historia latinoamericana del siglo XIX, que ha sido articulada según férreos principios binarios, según categorías estrictas, fórmulas firmes y metáforas permanentes. También para tratar de entender qué le ofrece el siglo XIX al XXI y qué buscan los gobiernos y las culturas en su intento de actualización.

Gran parte de las interpretaciones que el siglo XX hizo del XIX ha sostenido sus mismos presupuestos culturales e ideológicos. Quizás el mirador del bicentenario, en tanto celebración distanciada,[1] que quiere recontar una historia en la que aparezcan los excluidos (mujeres, indígenas, afro-americanos) pero no tocar mucho más de ese relato que organizó los mitos nacionales, dé la oportunidad de recolocar esas versiones y narrar el siglo XIX desde el XXI. Si el siglo XIX es, como sugiere Ludmer—y como toda aproximación cultural lo indica—un artefacto para pensar algunos problemas de cultura, construido con discursos y prácticas de todo tipo, también resistirá rearticulaciones. Lo que convencionalmente llamamos "siglo XIX" es el conjunto de textos y prácticas que ponen en discusión la nueva escena que se genera con los procesos de independencia en un horizonte que no llega a ser poscolonial pero que, sin embargo, impugna su pasado inmediato a través de las nuevas instituciones y subjetividades; es verdad que impugna menos el viejo orden institucional legal de la colonia que las relaciones imaginarias con el mundo fuera de España, pero ese pequeño desplazamiento fue articulado como un corte, como el anuncio de una nueva era, especialmente en el discurso letrado. Se trata de un adentro y un afuera que invoca un marco que muestra y oculta, al mismo tiempo, su dimensión global. Es por eso que buena parte de la nueva bibliografía sobre el siglo XIX latinoamericano desdibuja las fronteras nacionales que el mismo siglo XIX trazó tan nítidamente para insertar los problemas en el diseño del mundo que la modernidad pone en escena desde mediados del siglo XVIII; sin embargo, esas fronteras son las que dejan ver buena parte de los problemas globales del periodo. No hay duda de que la construcción de las naciones fue un hecho decisivo del siglo XIX, pero también resulta claro que otro tipo de relaciones continuaron operan-

---

1. Celebración que comulga y no con el desarrollo de los últimos dos siglos.

do y recomponiendo el escenario de la modernidad. Las naciones se sustentaron sobre la idea de mundo, como toda reflexión sobre la nación lo señala, y entre las dos dimensiones se coloca el siglo XIX, recorte temporal e inserción territorial al mismo tiempo en los estudios latinoamericanos. Redimensionar el siglo XIX implica volver a pensar las relaciones entre las partes que lo integran, ver qué unidades de sentido establecer cuando se arma el mapa de la post-independencia, incluso volver a periodizar para reconsiderar ciertos procesos. Mi intención aquí es leer algunas de las aperturas al modelo canónico que organizó el siglo XIX latinoamericano y, desagregando varios de los tópicos clásicos en partes, tratar de entender las relaciones que las mantuvieron unidas y que las hicieron funcionales.

Hay, hasta la fecha, muchas maneras de enfrentar lo que llamamos "siglo XIX"; hay *aproximaciones teóricas,* algunas ya canónicas, que incluyen la teoría de la Nación, la teoría Postcolonial, los estudios Transatlánticos, la teoría de la Modernidad; gran parte de los estudios fundamentales que se han escrito desde la década de 1990 así lo muestran. Pero hay también ciertos *tópicos centrales* sobre los que se ha levantado la interpretación: la organización política, los procesos de modernización, la constitución de los espacios público y privado, las identidades (hegemónicas o subalternas), la idea de ciudadanía, la de soberanía. Y hay, también, varios "*marcos*" *de lectura* para la producción del periodo que se intersectan y entrelazan: el modelo cívico para la política; el paradigma nacional para la cultura; la sensibilidad romántica para la literatura. Hay, por lo demás, importantes interpretaciones nacionales y transnacionales, pues el siglo XIX fue el de la invención y consolidación de la Nación pero también el de la creación de los Estados modernos (con todos sus mecanismos institucionales, reglas, normas, sujetos) y el de la articulación moderna de la idea de "mundo". Para lo cual fue necesario crear también la idea de "Hispanoamérica" y de "Latinoamérica" como espacio cultural y simbólico, espacio de unidad que vino a conglomerar nuevamente la unidad política perdida después de las guerras de independencia.[2]

Historiadores y críticos subrayaron durante décadas hasta qué punto el deseo de orden fue el que se habría impuesto como im-

---

2. Sobre el nombre de América Latina, todas las negociaciones que supuso y su dimensión histórica, ver los libros de Alberto Filippi

perativo en la conciencia de las clases dirigentes latinoamericanas del siglo XIX, que previamente habían diagnosticado la situación de caos sobre la que se impondría el disciplinamiento liberal. Ese deseo de orden definió no sólo una imposición militar y jurídica de lo que se llamó la paz social y la ley, sino también un uso de la letra como instrumento de organización, y fue Ángel Rama, en *La ciudad letrada* (1983), quien codificó esta lectura. El conjunto de tales aproximaciones ha puesto en el centro de la escena la palabra "*escritura*" y la crítica latinoamericana y latinoamericanista ha leído en la escritura del siglo XIX la construcción de los grandes "*relatos maestros*" sobre la identidad latinoamericana: el de *la nación*: con la difundida definición de Benedict Anderson sobre la comunidad política y culturalmente imaginada y la de Homi Bhabha sobre la nación como una narrativa. El relato de la *originalidad*: América como lugar virgen, dueño de una autenticidad primigenia, de una identidad radicalmente diferente (y en su reverso la ansiedad por la culpa de la *imitación*, la copia de modelos— por lo general europeos—identificados con los valores positivos de la modernidad). La interpretación de la identidad según el paradigma *civilización y barbarie*: América como espacio de lucha entre dos fuerzas opuestas que fueron, además, auto-excluyentes, tal como Sarmiento lo desarrolló en su biografía de Facundo y sus posteriores reescrituras (en las que el cambio de consideración de la barbarie, por ejemplo, no cambia la matriz de interpretación, como es el caso de Roberto Fernández Retamar[3]). Todos estos relatos han tenido derivaciones en las prácticas culturales del siglo XX, muchos de cuyos discursos los han reescrito en diferentes claves.

Lo peculiar del siglo XIX fue, precisamente, su capacidad de armar relatos sostenidos en la identidad y su capacidad de reproducirlos.

Historiadores y críticos mezclan sus perspectivas en varias de estas interpretaciones. Tulio Halperín Donghi es el historiador que fundó una interpretación de la historia de los procesos independentistas según el modelo continental, con los grandes protago-

---

(1988) y Walter Mignolo (2005).

3. Pasando por "Nuestra América" (1891) de José Martí, *Ariel* (1900) de José Enrique Rodó y las varias versiones de las dos fuerzas opuestas, Fernández Retamar en *Calibán* (1974) solo cambia el signo, una vez más, al polo positivo y negativo pero no ofrece una salida de la interpretación binaria.

nistas de la historia, no muchos hechos y desarrollo de los procesos. Fijó su atención en diferentes problemas—la organización de las repúblicas, las tensiones entre las clases—y, fundamentalmente, vio la política latinoamericana del siglo XIX como el conjunto de negociaciones entre las elites. Centró en la idea de "pacto neocolonial" el conjunto de tramas que las elites criollas compusieron y deshicieron durante el largo proceso de organización con la explícita voluntad de excluir a las poblaciones no criollas y apropiarse de y mantener el poder. Lejos del deseo de orden, lo que su historia muestra es la despiadada lucha entre facciones y hasta qué punto las elites concibieron la organización después de la independencia como una cuestión de distribución de las ex-colonias entre ellas. Una sociedad divida en partes que no tienen voluntad de conciliar sus diferencias. Para Halperín Donghi el proceso de independencia latinoamericana no se trató de una revolución en el plano ideológico:

> Esa renovación—colocada bajo el signo ilustrado—no tenía necesariamente contenido políticamente revolucionario. Por el contrario, se dio durante una muy larga primera etapa en el marco de una escrupulosa fidelidad a la corona. La crítica de la economía o la sociedad colonial, la de ciertos aspectos de su marco institucional o jurídico no implicaba entonces una discusión del orden monárquico o de la unidad imperial. (1975, 76)

De allí que las alianzas anti-peninsulares, la primera versión de las guerras de independencia, nunca hayan sido sólidas, pues las élites desconfiaban tanto como los españoles de nativos y esclavos emancipados. Las desigualdades básicas de la colonia se redefinen desde el sector criollo. El caso de Haití en las islas caribeñas, la liquidación de los plantadores blancos, servía de instructivo, ejemplo y espejo, sobre el tipo de alianzas que se podían construir. En México, fue la protesta india, y luego mestiza, la que dominó la primera etapa de la revolución y la condujo al fracaso, al enfrentarla con la oposición conjunta de peninsulares y criollos blancos, subraya Halperín. Un adentro y un afuera de los nuevos espacios jurídicos y militares que no se organiza sino por las disputas entre las elites deviene en una organización jerárquica y desigual del caos en el espacio poscolonial. En relación con las dinámicas de poder que siguieron a la independencia, la historiadora Marcela Ternavasio anticipa una clave que parece fundamental al analizar el caso de Rosas en la Argentina pero que pone de relieve una conducta más general:

> Éste [el gobierno de Rosas] asumió los rasgos plebiscitarios ya conocidos demostrando que para Rosas, el conflicto político, no devenía de una potencial amenaza de la plebe, sino de aquello que fue siempre foco de disturbios en el Río de la Plata: *la elite dirigente dividida*. Resolver este problema fue para el rosismo tarea fundamental. Por ello dicha tarea no la encaró, como quiso ver la versión canónica, con la sola utilización de la fuerza fundada en milicias de base rural y el carisma que tal condición podía hacer despertar entre habitantes incultos de las pampas. La inició, básicamente, en el interior de un universo político que ya no podía ni quería renegar de ciertas conquistas en el campo de la institucionalización política. (el destacado no está en el original, 1998, 161)

Esta interpretación sugiere ver de otra forma la relación orden/caos, tal como lo proponía Halperín Donghi, para explorar el espacio de negociaciones desiguales en que se institucionalizaron los países latinoamericanos. Pues el orden que las elites y los letrados buscaban imponer tiene su contraparte en las instituciones de los caudillos y la propia articulación de lo que conciben como paz social. Al orden se le oponía "licencia", "libertinaje" o, dicho de otro modo, el libre juego del proceso de cambio que había abierto la revolución emancipadora. Lo cierto es que el mapa social divide sectores que no están dispuestos a resignar espacios. La igualdad, el gran valor que la Revolución Francesa instituyó como uno de sus lemas, desencadenó problemas insolubles en América Latina desde el punto de vista político y social. El tema del orden frente a la anarquía fue el más importante punto político que desarrolló el pensamiento conservador durante las décadas posteriores a 1810 pero manejar la anarquía fue una prerrogativa de los caudillos también, aunque a un nivel más modesto que el del estado liberal. La relación entre las elites y las clases que quedaron políticamente emancipadas ocupó el centro de los estudios sobre el siglo XIX en contextos de fuertes marcas nacionales y de coyunturas de militarización y violencia.

En su clásico estudio sobre la modernidad cultural latinoamericana, *Desencuentros de la modernidad en América Latina. Literatura y Política en el siglo XIX* (1989), Julio Ramos también subrayó la obsesiva búsqueda de orden de los letrados del periodo, que se corresponde con los intentos de organización política y social. Ramos, en una inteligente mezcla de historia intelectual e institucional de la cultura, explica por qué en el siglo XIX la letra, la literatura, tuvo tal centralidad. "Escribir, a partir de 1820, respondía a la necesidad de superar la catástrofe, el vacío de discurso, la anulación de estructuras, que las guerras habían causado. Escribir, en ese mundo, era dar forma al sueño modernizador; era "civilizar": ordenar el sinsentido de la "barbarie" americana (19). Se refiere en esa cita, muy concretamente al *Facundo* (1845) de Sarmiento y las contradicciones de un trabajo de circulación periodística que hibrida saberes científicos y populares, citas de autoridad con voces recogidas en la interacción subalterna, fuera de la esfera pública, y que Sarmiento reinscribe en el discurso letrado que quiere salir de su propio contexto y vincularse e interpelar a la cultura europea: la escritura se vislumbra allí como una necesidad que impide caer en la barbarie y que, por lo tanto, tiene un fuerte valor performativo; todo debe ser traducido a la escritura. Si Sarmiento es un modelo de intelectual para Ramos, Andrés Bello encarnará otro: "El trabajo intelectual no es independiente de la vida pública, pero tampoco es idéntico a ella: cumple una función superior en la administración de la vida pública cristalizándose en esa especie de meta-institución, la nueva universidad, cuya tarea era reflexionar sobre los roles y operaciones de otras instituciones" (40). Entre los dos, aparecerá lo que para Ramos será una categoría central en el desarrollo de la historia de la escritura y los intelectuales latinoamericanos, la de autonomía: "... en Bello constatamos el otro modelo dominante de "literatura" previo a Martí y el fin de siglo: el concepto de las Bellas Letras que postulaba la escritura "literaria" como paradigma del *saber decir*, medio de trabajar la lengua (en estado "natural") para la transmisión de cualquier conocimiento..." (41). La autonomía, su falta o problemática construcción en la modernidad literaria latinoamericana, vendría a mostrar las dificultades de construcción de un campo cultural moderno a la vez que la voluntad de las elites por crearlo en condiciones de institucionalidad política precaria. Todo el libro de Ramos puede ser leído como el intento de historiar esa tensión que cobra su punto más alto en la obra y en la figura pública de José Martí, intelectual "mediador" de las diferencias entre las partes.

    La idea de autonomía y el valor de la estética en la cultura latinoamericana moderna han sido temas constantes de la crítica. De mucha de ella, que identificó rápidamente el periodo de la post-independencia como un campo de emancipación política y cultural y desarrolló fuertes hipótesis sobre el papel central de la literatura en ese proceso. Modelo de ese discurso fue el de Pedro Henríquez Ureña en la primera mitad del siglo XX quien en sus clases, conferencias y libros (en contextos nacionales, latinoamericanistas y globales como la Universidad de Harvard) intentó ver los grados de emancipación cultural con el presupuesto de que "lo latinoamericano" iba, con cada movimiento literario, ganando independencia cultural. El formato inverso, que presenta una versión crítica de las aspiraciones de las elites a fundar una cultura "original" mientras se sustentaban bajo el peso de la hegemonía de los modelos europeos, se encuentra en la obra completa de Ángel Rama, sometida a la tensión de pensar políticamente fenómenos que la tradición crítica e historiográfica había confinado a la esfera del "espíritu", para lo cual no solo debió discutir las versiones canónicas sino desarticular el campo, los presupuestos sobre los que éste se fundaba, sin lograr tocar, sin embargo, las categorías y objetos más tradicionales de ese campo. Estos valores y polémicas, estos discursos, parecen seguir presentes más allá de que se haya efectuado la deconstrucción de ese presupuesto de la comunidad intelectual hasta mediados del siglo XX: la identidad latinoamericana. Si bien centrado en las formas más perennes de esa identidad en la literatura del siglo XX, Alberto Moreiras en *The Exhaustion of Difference* y *El tercer espacio* hace una crítica fuerte a los modos en que esos relatos maestros se reificaron y se volvieron naturalizaciones en el discurso intelectual latinoamericano. Moreiras también interpreta la literatura—la estética—como la construcción de un bloque de resistencia frente a las culturas hegemónicas, como una bandera que las culturas periféricas enarbolaron frente a la colonización cultural. La deconstrucción no implica solamente la identidad; revisar la organización nacional del mapa problemático del siglo XIX es fundamental para dejar salir un nuevo diseño de los conflictos que atraviesan el siglo. Por eso, al releer buena parte de los textos del siglo XIX y su crítica, no sólo hay que preguntarse por su relectura puntual sino por la rearticulación de las diferentes prácticas culturales y políticas en el contexto nacional y global al mismo tiempo. A su vez, si tan centrados estuvieron los estudios en la historia intelectual, en la escritura y en la literatura, nuevos trabajos están llamando la atención sobre fenómenos y prácticas que desbordan hacia otras formas institucionales de producción cultural no clasificadas exclusivamente desde el punto de vista de las elites. Brendan Lanctot, en su "Graffiti and the Poetics of Politics in Rosas's Argentina (1829-1852)," se detiene en otras formas de producción de discursividad y algunas prácticas culturales del campo de la "barbarie", demostrando cómo también éste creó estrategias de intervención cultural que dialogaron con la tradición letrada. Si bien es difícil hablar de "industria cultural" en el siglo XIX temprano, la mera historia intelectual no es suficiente para plantear la vastedad de un campo cultural que se estaba abriendo en muchas direcciones al mismo tiempo.

Imperio, mundo y biopolítica

Al leer buena parte de los trabajos recientes sobre el siglo XIX en América Latina, hay dos perspectivas que permiten visualizar un conjunto de problemas centrales del periodo. Es posible leer en muchos de ellos que tanto la idea de Imperio como los desarrollos biopolíticos establecen un marco para ver parte de aquellos procesos. La biopolítica imperial fue un rígido sistema de control de los desplazamientos de población europea y africana hacia América y de contención de las poblaciones nativas, confinadas y alienadas dentro de sus propios territorios. Cuando, a partir del siglo XVII, con el nacimiento de la ciencia de la policía, el cuidado de la vida y de la salud de los súbditos empieza a ocupar un lugar cada vez más importante en los mecanismos y en los cálculos de los Estados, el poder soberano se transforma progresivamente en lo que Foucault denomina un biopoder. La cesura fundamental que divide el ámbito biopolítico es la existente entre *pueblo* y *población*, que consiste en hacer surgir del seno mismo del pueblo una población; es decir, en transformar un cuerpo esencialmente político en un cuerpo esencialmente biológico, en el que se trata de controlar y regular natalidad y mortalidad, salud y enfermedad.[4] La "Oda a la Vacuna" (circa 1804) de Andrés Bello, agradecimiento al rey de España por

---

4. A diferencia de Foucault, para quien el "biopoder" constituye un momento histórico preciso de la sociedad burguesa iniciado en el siglo XVIII, Giorgio Agamben piensa este dispositivo como el lugar originario que funda a Occidente pero que, sin embargo, sería en la modernidad donde este dispositivo habría salido a la luz. Se trata de una relación en que vida y política se adhieren de modo original.

la dádiva de la vacuna al Nuevo Mundo, es la "poetización" de los cambios biopolíticos.

Obviamente, es necesaria la idea de un mundo pero un mundo en el cual se han delimitado estrictamente el adentro y el afuera; un espacio común en el que se han trazado fronteras. Por ello varios de estos trabajos vuelven a la idea de Imperio. Me refiero a la forma en que historiadores y críticos se sirven de esa categoría para repensar los espacios transnacionales y resignificar la idea de territorio. Álvaro Fernández Bravo, en *Literatura y frontera: Procesos de territorialización en las culturas argentina y chilena del siglo XIX* (1999), Jens Andermann, en *The Optic of the State. Visuality and Power in Argentina and Brazil* (2007), o Anna Brickhouse, en *Transamerican Literary Relations and the Nineteenth-Century Public Sphere* (2004), componen otro tipo de territorios y fronteras fundamentales para entender procesos culturales que si bien se inspiran en la idea de nación se traman en la conciencia de sus límites y estudian sus objetos (instituciones, literatura, periódicos, museos, mapas, saberes codificados) en las intersecciones territoriales y en los desplazamientos, en los desbordes de los procesos de organización nacional.

Hay un antecedente muy importante. Con Mary Louise Pratt en *Imperial Eyes. Travel writing and Transculturation* (1992, 2008) podemos situar la emergencia del siglo XIX latinoamericano—o mejor, de los procesos que definen el siglo XIX latinoamericano—en el siglo XVIII. En ese libro seminal se estudia la emergencia de una nueva versión de la "conciencia planetaria", marcada por una orientación hacia la exploración interior y la construcción de sentido a escala global a través del aparato descriptivo de la historia natural. Su estudio se centra en el poder de la ciencia, especialmente de las ciencias naturales, no solo como la forma moderna de dominar y explotar el mundo "natural" (la naturaleza y los pueblos sometidos) sino también como una forma de crear la conciencia de una universalidad—jerárquica—en la que todo entra en relación con todo, se toca, se contamina y, por tanto, obliga a definir cada una de esas relaciones escrupulosamente. Hay, sin embargo, una relación básica, la de dominación, que imponen los imperios que se lanzan a las conquistas globales a través de la violencia militar, la explotación económica, pero también a través del saber—universal—de la ciencia y de la autoridad—universal—de la belleza (que el arte romántico tomó a su cargo).⁵ Pratt señala cómo se crea la imagen de anti-conquista a través de la figura del naturalista, que se nimba con un aura de no autoridad, de inocencia y vulnerabilidad, desconectada de las empresas de conquista material pero, al mismo tiempo, sosteniéndolas. Sin duda, los saberes científicos y la idea de belleza empiezan a formar parte central de las relaciones de desigualdad y lo harán mucho más cuando la conquista militar haya terminado, o cuando la explotación económica haya pasado a manos nativas o criollas. La figura de Alexander von Humboldt es fundamental en este proceso y así lo destaca Pratt en su libro, estableciendo cómo Europa tiene que reimaginar a América y América a Europa y todo esto se hace a través de esa escritura mixta, entre la ciencia y el arte, del barón. Con Humboldt, los lectores europeos y sudamericanos seleccionaron el repertorio básico de imágenes que empezaron a significar "Sudamérica" durante el período de transición 1810-1850; Humboldt era un transculturador, dice Pratt, no sólo por su voluntad de percibir la naturaleza americana a través de la retícula científica europea sino al transportar a Europa saberes—e imágenes—americanos. Baste recordar cómo su puesta en circulación de América nombrada otra vez como "Nuevo Mundo" opera en Andrés Bello y Simón Bolívar que adoptan la denominación como la más adecuada. Pratt ha llamado "zona de contacto" al conjunto de relaciones de conquista que implican a su vez muchas otras negociaciones en donde la producción cultural se ve centralmente implicada; lo hace como un intento de invocar la co-presencia espacial y temporal de sujetos que previamente habían estado separados por instancias geográficas e históricas y cuyas trayectorias se interceptan en momentos precisos. Se trata, dice ella, de procesos de transculturación. Las exploraciones, en la segunda mitad del siglo XVIII, fueron—una vez más—intrincadas alianzas de élites intelectuales y comerciales de toda Europa y pequeños pero poderosos grupos locales. En general, y en todo este periodo, zona de contacto es sinónimo de "frontera colonial", señala Pratt.

En esta línea hay que colocar el importante libro de Santiago Castro Gómez, *La hybris del punto cero. Ciencia, raza e ilustración en la Nueva Granada (1750-1816)* (2004), que estudia la con-

---

5. Como señalan Michael Hardt y Antonio Negri en *Empire*, el Imperialismo fue una extensión de la soberanía de los estado-nación europeos más allá de sus propios límites.

formación de un territorio nacional e independiente, en el contexto del capitalismo mundial:

> [...] vemos el capitalismo ya no como algo que ocurre *en* Europa y *desde allí* se difunde al resto del mundo gracias a la expansión imperialista del siglo XIX, sino como un sistema que ya es mundial (y capitalista) desde su constitución en el siglo XVI. Desde esta perspectiva, la periferia colonial americana es un elemento *constitutivo* del capitalismo y no un simple obstáculo... que debe ser dejado atrás. El capitalismo, visto aquí como sistema-mundo, combinaría entonces dos lógicas diferentes, aparentemente contradictorias entre sí pero complementarias y mutuamente dependientes: la *lógica de la modernidad*, que se expresa en los "centros" del sistema-mundo (o en los centros al interior de las periferias), y la *lógica de la colonialidad* que se expresa en las "periferias" del mismo (o en las periferias al interior de los centros). (ii)

En la tradición de Pratt, pero también de los trabajos de Walter Mignolo, Castro Gómez toma una perspectiva que trata de entender la intersección de lógicas que la modernidad pone en escena. Como este libro lo muestra, tampoco se trata de eliminar la nación sino de redituar los problemas que la conforman y trabajar con más de un marco en la conformación de las herramientas para abordar los procesos de constitución de los países latinoamericanos. Este libro no deja de subrayar cómo el siglo XIX (como otros objetos, naturalmente) fue circunscrito a y por las disciplinas que comenzaron a tener carácter de instrumentos disciplinarios. El estudio de Castro Gómez se centra en los estudios científicos y en las biopolíticas que regularon el periodo. Más recientemente, Jeremy Adelman, en *Sovereignty and Revolution in the Iberian Atlantic* (2006), adopta también una perspectiva vinculada a la de Pratt, la de concebir los problemas del siglo XIX no ya como acontecimientos de un proceso de constitución nacional ni siquiera subcontinental sino como conflictos en un espacio de negociación económica de dominación. Ese espacio es el que fue conformado por un archipiélago de puertos, en las costas de África, la península ibérica y las costas americanas. Se fija así en actores "menores" de la historia política (traficantes de esclavos, comerciantes, funcionarios) pero centrales en los tramados de relaciones que guían los acontecimientos económicos y políticos. Delimita una nueva geografía y le asigna nuevos problemas: soberanía, revolución, economía (que existían en la historiografía tradicional pero que no conformaban los ejes de análisis cuando se estudiaban los tráficos entre continentes).

Adelman vincula las categorías de Soberanía y Revolución; para él el concepto de soberanía es central para entender los cambios políticos de mitad del siglo XVIII a mitad del XIX. En el periodo, los principios fundamentales de la soberanía—monarquía, poder central, el lastre de una aristocracia esclavista—quedan intactos a pesar de haber roto los vínculos con Portugal o España: el legado imperial y colonial persiste a pesar de las luchas por desmantelarlo. Hasta las revoluciones, la soberanía estaba reflexivamente asociada con el imperio. Para él, "imperio" no es pensar en España, Portugal o las colonias sino en las relaciones y transacciones entre los varios pueblos que estaban bajo sus dominios. Lo que vuelve a los imperios tan complejos es que sus monarquías cobijaron múltiples identidades bajo un mismo techo. Lo que se diseña claramente en este libro es el espacio atlántico-ibérico: es triangular y supone las conexiones entre la península ibérica, el litoral africano y el archipiélago de puertos sudamericanos que comunicaban con el interior del continente. Lejos de entender estas relaciones en una sola dirección, Adelman configura el espacio transatlántico como un ida y vuelta.

Hay una tradición que consiste en explicar la naturaleza del imperialismo español y portugués—señala Adelman—como el producto de cómodos pactos entre monarcas ascendentes y elites rentistas; frente a esto, él sostiene que fue la apropiación de América la que creó los imperios y no los imperios y alianzas de elites económicas las que conquistaron América. Asimismo sostiene que no fue el malestar del imperio tardío el precursor de la independencia colonial. Cuando la revolución de 1789 transformó la naturaleza del conflicto europeo de una rivalidad entre dinastías imperiales en una disputa ideológica sobre el concepto mismo de dinastía, las tensiones contrapuntísticas dentro de los imperios ibéricos se ampliaron y amenazaron su negociada armonía. En ese contexto, un "nuevo mundo" despunta y es allí donde se producen los reacomodos de los que derivan las independencias nacionales.

Desde la perspectiva que instruye el "tráfico", es interesante notar de qué modo se dan vuelta ciertos clásicos a través de la reorganización de sus bibliotecas o sus figuras públicas. Ciertos textos de crítica cultural leen la dimensión económica de autores que han hecho de la literatura su carnet de identidad. Son los casos de Richard Rosa con Andrés Bello, Fermín Rodríguez con Esteban Echeverría y Sergio Raimondi con Alberdi; sus trabajos colocan a estos letrados no sólo como portavoces de los discursos económicos de las elites sino también como operadores importantes en negociaciones y empresas financieras que permiten soldar ciertas fracturas entre la vida pública y la intelectual en el periodo. En todos ellos, la hipótesis de trabajo es que la reflexión sobre la economía y la participación en actividades financieras están ligadas al modelo de transacción y vínculo desigual entre las partes del mundo moderno. Este tipo de escritos—y la experiencia que los sostiene—formaron parte del corpus menor de los autores que fueron canonizados por sus textos "literarios" pues la literatura, a través de las celebraciones de la poesía cívica y épica primero y de la crónica y la ficción después, tuvo un lugar central en la constitución letrada del siglo XIX y fue una de las formas preeminentes para construir prestigio y autoridad.

Pero las relecturas no tienen que ver solo con textos, cánones y autores; también con hechos históricos muy concretos. En este sentido, una perspectiva fundamental para repensar el "siglo XIX" es la de Sibylle Fischer, en otro libro fundador, *Modernity Disavowed: Haiti and the Cultures of Slavery in the Age of Revolution* (2004). Fischer quiere entender el tipo de modernización que se abre (y la que se cierra o consolida) para el mundo occidental y especialmente para América Latina, con la revolución haitiana. En 1804 Jean-Jacques Dessalines declaró a Santo Domingo independiente de Francia, constituyendo así el primer estado negro. Las consecuencias de este acto no son menores; se produce la completa reversión de las jerarquías imperiales y los logros sociales: se abandona el nombre europeo del territorio, los esclavos se vuelven amos y el proceso de desarrollo capitalista a través de la industrialización y la agricultura se vio severamente trastornado, sostiene Fischer. El impacto de esta revolución fue tal, que si no se controlaba la insurgencia de esclavos en el Caribe, podía amenazar a todos los estados y este hecho lo verán muy claramente los independentistas continentales, con Simón Bolívar a la cabeza. La cultura se hace cargo a través de la literatura y los escritos anti-esclavistas de esta amenaza que involucra a los países occidentales en su conjunto: Haití—demuestra Fischer—se borró de las páginas iniciales de los periódicos europeos y norteamericanos. También—y muy especialmente—será fuente de terror en Cuba, de quien Haití estaba infinitamente distante y peligrosamente cerca, por lo cual los principales periódicos cubanos no hacen referencia a Haití entre 1791 y 1805. Hay consenso entre los blancos en que Haití no es un modelo recomendable de emancipación. Este borramiento fue tan profundo que Fischer puede rastrear cómo Haití fue visto, incluso en el siglo XX, como un país fuera de la modernidad occidental (con un idioma criollo, una religión vudú, sus orígenes revolucionarios en la rebelión de esclavos, una historia "brutal", un país solitario, un vecino que nadie quiere tener). El colonialismo y la esclavitud fueron vistos, además, como perturbaciones a los procesos de formación nacional y por eso el modelo de Haití también resulta anómalo para sus vecinos continentales.

A pesar de este borramiento, el Caribe nunca fue un área remota, de prácticas pre-capitalistas tradicionales, la esclavitud en el Caribe—subraya Fischer—fue una de las primeras y más brutales apariciones de la modernidad. Como sabemos, las plantaciones de azúcar fueron el lugar del primer experimento a gran escala en agricultura industrial y un laboratorio de la explotación de la naturaleza y el trabajo humano para lo cual se necesitaba una fuerza de trabajo diferente de la del proletariado u otras formas de explotación. La modernidad es un heterogéneo ensamblaje de estrategias, efectos y fuerzas que se corporizaron gracias a las operaciones del poder colonial y la esclavitud y Haití fue un laboratorio de todo ello. La modernidad, concluye Fischer, implica esa visión "global"; las partes—y sus relaciones—se integran en un todo. Una vez más, como en el texto de Adelman, volvemos a ver la triangulación de los mercados, que produce circuitos en que el saber cultural y las prácticas políticas viajan en varias direcciones. Por ello Fischer reclama que la modernidad debe ser reconsiderada bajo la luz de la heterogeneidad colonial, el desplazamiento y la discontinuidad. La esclavitud pone de manifiesto la brutalidad de una modernidad conducida por la racionalidad de sacar provecho y el deseo de dominación. En ese laboratorio de modernidad, la esclavitud deviene la base de la experiencia comunal. El libro, entonces, cuestiona presupuestos básicos de la modernidad occidental y su funcionamiento en los contextos regionales, estableciendo las desigualdades que regulan las partes.

Las masas

Rama nos enseñó a pensar que la letra juega un lugar fundamental en las interpretaciones políticas y culturales y por eso el concepto de letrado es central en su obra. Pero al ver la construcción de identidades políticas en el siglo XIX latinoamericano hay una pluralidad que, al ser capturada por la letra, comienza a problematizar la agencia política general y resiste la colonización de sentidos, escapando a la definición. En el juego de las identidades que comienzan a definirse claramente en el periodo y las que quedan ocultas, hay una que me parece especialmente problemática y lo es porque permite visualizar las conflictividades que surgen en el proceso de modernización política y cultural. Se trata de *la masa*. Los nuevos sujetos se hacen visibles con las formas de la institucionalidad modernas— el Estado, las instituciones del Saber, los procesos de legitimación de la modernidad y de constitución de ciudadanía y la construcción de la esfera pública—pero también se invisibilizan en las categorías que opacan su relación referencial. En este aspecto, hay que delimitar dos categorías que se vuelven sumamente importantes en el siglo XIX: *el pueblo y la masa*. Muy probablemente deberíamos hablar de una versión positiva y una negativa del fenómeno moderno abierto con la Revolución francesa: la entrada de las clases populares en la política moderna. A principios del siglo XIX confluyen en América Latina la modernización (poscolonial) que produce la independencia de España con la modernización institucional y política más concreta de la organización republicana que siguió inmediatamente. Para la primera, las elites criollas debieron establecer sus alianzas—militares muchas veces—con las clases subordinadas y darles un protagonismo "popular", nombrándolas como "pueblo". Para la segunda, esas mismas clases aliadas en la lucha contra el Imperio, se volvieron la amenaza, el enemigo con quien había que disputar el poder, tal como lo atestigua la dinámica conocida como el "caudillaje" y la proliferación de nombres para sus seguidores: masas, turbas, plebe, populacho, etc.

Desde un punto de vista, pueblo y masa nombran lo mismo: la entrada de nuevos sectores al pacto político moderno, el de la representación; sin embargo, su uso diferenciado muestra la conflictividad que ese pacto entraña; muestra hasta qué punto ese fenómeno es un problema central en la organización del siglo XIX. *Pueblo* será el gran significante para articular el colectivo homogéneo, que ordena la diversidad en un plural unificado y unificable. El pueblo es lo que en política es "representado" y en la modernidad está ligado siempre a un contexto nacional; el pueblo es interlocutor legítimo del Estado, del líder, del gobierno, del partido, es decir, de cualquier instancia de poder que haya sido legitimada. Su referente no es preciso en el sentido de que se arma sobre categorías legales—ciudadanía—pero también afectivas—quienes responden a la patria, a la nación, cualquiera sea su llamado—; a diferencia del término masa, no es problemático porque "pueblo" se usa para nombrar a aquel colectivo que se reconoce como aliado y con el cual se cuenta para definir el pacto político, pacto que la masa siempre viene a desbaratar, poner en cuestión, impedir, tergiversar.[6] Por eso la masa siempre indica un plural descontrolado, un peligro en ciernes, una amenaza de violencia y es afín al horizonte global: es un sujeto peligroso, marcado por una negatividad universal, no coyuntural.[7] En español, la proliferación de nombres para ese colectivo señala que lo que se nombra es un problema (tal como sucede en inglés o francés). Según el Diccionario de la Real Academia Española, "Pueblo" significa ciudad o villa; población de menor categoría; conjunto de personas de un lugar, región o país; gente común y humilde de una población; país con gobierno independiente. "Plebe" es la clase social común, fuera de los nobles, eclesiásticos y militares; el estado llano; la clase social más baja. "Populacho" es un término despectivo que significa lo ínfimo de la plebe; la multitud en revuelta o desorden. "Turba" designa a la muchedumbre de gente confusa y desordenada. "Multitud" indica un número grande de personas o cosas; en sentido figurado es el común de la gente popular, el vulgo. Para "masa" el vínculo con la materialidad y lo negativo es muy fuerte; el mismo diccionario registra varios significados: (1) mezcla que proviene de la incorporación de un líquido con una materia pulverizada, de la cual resulta un todo espeso, blando y consistente; (2) la que resulta de la harina con agua y levadura, para hacer el pan; (3) volumen conjunto, reunión; (4) figurado: cuerpo o todo de una hacienda u otra cosa tomada en grueso; masa de bienes; (5) figurado: conjunto o concurrencia de algunas cosas; (6) figurado:

---

6. Dice Ernesto Laclau en *La razón populista* (2004): "[...] 'el pueblo' no constituye una expresión ideológica, sino una relación real entre agentes sociales" (97). Y esa relación está garantizada como positiva por quien enuncia, habla o se dirige al pueblo.

7. Sarmiento en *Facundo* muestra toda vez que puede cómo la barbarie es universal y no un atributo nacional.

muchedumbre o conjunto numeroso de personas. Se usa en plural: Las masas populares; (7) figurado: natural dócil o genio blando, se usa siempre con un epíteto que expresa esta cualidad; (8) la que se hace de harina y manteca al horno, ordinariamente con un relleno; pastel; (9) Física: cantidad de materia que contiene un cuerpo. De la materialidad se pasa a la subjetividad, que aparece entonces como el sentido traslaticio, figurado, que la mezcla de elementos muestra como imagen del desorden social: la fusión es lo que le da el carácter negativo a la aglomeración social, la pérdida de la individualidad.

A diferencia del temor a la fusión, la palabra "pueblo" es la única que guarda un sentido de comunidad (el colectivo donde la individualidad no se pierde pues hay un principio exterior—la nación—que sostiene lo común); las demás palabras tienen una connotación negativa y de clase. Por eso la política moderna, y el siglo XIX particularmente en América Latina, será una lucha por definir el sentido de la palabra "pueblo" y un uso de los otros términos colectivos para designar el lado peligroso del pacto político; entre ambos extremos la cultura ocupará un lugar central para legitimar o deslegitimar sujetos o grupos a través de las ideas de saber y gusto. Por eso el siglo XIX latinoamericano es un gran campo de disputa por el sentido de estas palabras (no lo será menos el XX). En el espacio que abre la política moderna, el espacio de la representación, las masas son el elemento definido por la carga de sus valores negativos pero abierto en su composición, absorbe a los individuos y en su peligroso parecido con ellos puede cruzar la frontera de lo inhumano. Pero, como señalé, su falta de anclaje referencial no vuelve al término vacío de sentidos; por el contrario, es el lugar de muchas transacciones semántico-políticas que se enuncian en términos de valores culturales. La categoría de masa ha permitido generar una cantidad de opuestos colectivos (pueblo, multitud) e individuales (individuo, ciudadano) y sembrar el campo de la política de conflictos.

Un recorrido histórico por la idea de masa, nos llevará a identificar normalmente a un sujeto sin rostro, que actúa en la impunidad del anonimato; en estas características se sostienen todas las reflexiones sobre la masa. Como tal, no se identifica ni con una clase social, ni con un grupo político, no la deslinda una determinación ideológica ni un tipo particular de formación cultural, pero tampoco el número de los individuos que entran en su constitución. Sin embargo, ha sido definida desde la cultura, la clase, la relación con la ley y con el número. Los nombres de chusma, populacho, turba, plebe, son frecuentes, pero también lo han sido los de "clases peligrosas" y "bárbaros". Esta dispersión nominativa hará que sean los nombres quienes decidan la suerte de los sujetos que designan. Como fenómeno se hace excesivamente visible en el siglo XVIII y en Europa; allí adopta una entidad que no es solo problemática sino que comienza a ser una preocupación generalizada de las elites modernas que, a la vez que promueven el ingreso de nuevos sectores a la comunidad política, se sienten amenazadas por ellos. En Europa, el fenómeno alcanza una dimensión ya no sólo política—el miedo a la violencia y a los ataques a la propiedad—sino claramente cultural y ésta es la nueva forma en que se tratará su conflictividad. La masa tiene también un carácter relacional, se define como tal porque existen los que acotan y hacen visible su diferencia.

Gustave Le Bon en su *Psychologie des foules* (1895) produce la forma científica de nombrar a la vez que demonizar el fenómeno de la política moderna más preocupante con el que las elites se tienen que enfrentar: las masas estudiadas como sujetos.[8] Traducido rápidamente a muchos idiomas y agotando una edición tras otra, el libro se convirtió en un *best seller* científico en el momento de consolidación de la industria cultural y de normalización de la "sociedad de masas" a la que el libro le entrega su objeto siendo, al mismo tiempo, su producto. Desde la nueva disciplina, la psicología social, se describe y evalúa en el fin de siglo el fenómeno que marcó a las sociedades europeas desde mediados del siglo XVIII. En el libro de Le Bon las masas son la gran amenaza en el mundo contemporáneo pues su acción, que se ha vuelto protagónica en el fin de siglo, no obedece a ninguna racionalidad, a ningún plan, a ningún proyecto. Son puro instinto, pura fuerza ciega que se deja arrastrar adonde la lleven sus propios impulsos, que no siguen ninguna dirección; pertenecen, también, a la escala más baja de la evolución. Sus características son la impulsividad, la irritabilidad, la incapacidad de razonar, la ausencia de juicio y de espíritu crítico que Le Bon también ve en las formas inferiores de la evolución (mujeres, salvajes, niños, primitivos); ellas no admiten que nada se interponga entre la

---

8. *Psychologie des foules* es muy cercano a *La folla delinquente* de Scipio Sighele (1891), aunque éste tiene una mirada jurídica sobre las masas. Y forma parte de un conjunto textual (libros, panfletos, artículos de divulgación) sobre el problema que tuvo enorme expansión en el cambio de siglo.

realización y el deseo. Además, las masas razonan, pero de manera primitiva; su imaginación es muy poderosa y por ello el teatro y el espectáculo las fascinan y lo irreal ejerce tanta influencia como lo real sobre ellas.

La amenaza que ellas representan es la amenaza de la democracia, de sus promesas de igualdad y su nuevo escenario de conflictividad social. Le Bon concibe a las masas como un sujeto colectivo, al que se le puede aplicar un estudio psicológico.[9] En un pensamiento jerárquico como el suyo, lo humano tiene grados muy bajos representados por las mujeres, los niños, los incultos, los pueblos latinos, los pobres, los débiles mentales. A todos ellos se parece la masa. La identificación con la mujer es quizás la más importante por su frecuencia; la época en que se teorizan las masas es también la época de la aparición de las mujeres como sujetos fuertemente políticos, que reivindican un rol activo inquietante.[10] Con todos esos sujetos anómalos identifica Le Bon a la multitud. Y lo hace para demostrar cuán necesaria es la presencia de un líder y una dirección fuerte en la política moderna, cómo la simbólica y los rituales que el rey dejó vacantes, deben ser llenados por nuevas formas de identificación. El contagio, elemento central de la ideología social y médica del *fin de siècle*, es el mecanismo de su reproducción. El siglo XIX latinoamericano, mucho antes de ser conceptualizada científicamente, conocía claramente esta amenaza. Desde las guerras de independencia, las masas representan un problema para las elites (y viceversa).

Tomaré un discurso marginal y poderoso a la vez. Me refiero al de Simón Rodríguez (Venezuela 1769-Perú 1854), maestro de Bolívar y personaje anómalo entre los letrados latinoamericanos. Su escritura da muchas claves para ver cuáles eran los problemas y

---

9. Según Clara Gallini (1988) la lectura de lo social en términos psicológicos constituye una dimensión que recorre buena parte del siglo XIX, que se caracteriza también por su resistencia frente al tratamiento de las cuestiones sociales y culturales en términos de clase social o, directamente, en términos políticos.

10. Y las mujeres que luchan políticamente serán doblemente penalizadas: por su lucha política y por el hecho de ser mujeres. Como sostiene Gallini el desencadenamiento de la ferocidad de las mujeres en las manifestaciones de masas es un tema tan frecuente que deviene lugar común en Europa. La masa es sexualizada pues sus características físicas comprenden el elemento que repugna y da temor.

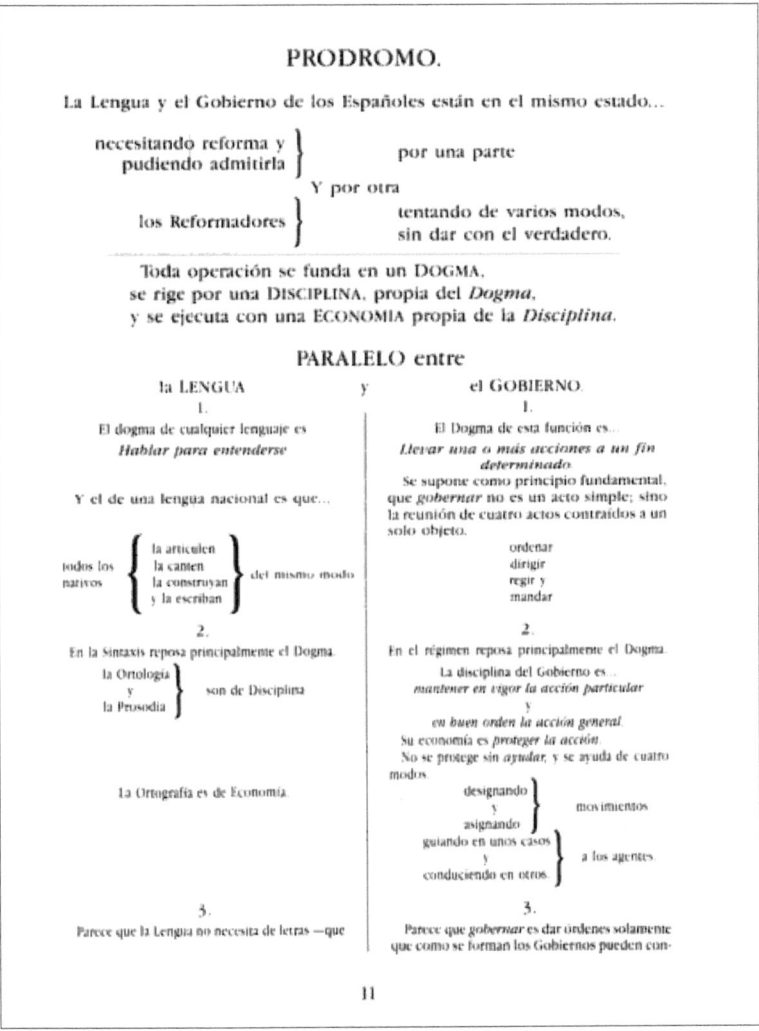

Sociedades Americanas (1842) de Simón Rodríguez.
"El libro compendia sus ideas sobre política y educación o, como él mismo lo dice, sobre el Poder y el Saber. En esta suerte de tratado extraño y solitario sobre cómo hacer que las sociedades americanas sobrevivan a sus crisis post-revolucionarias y sometan a crítica los modelos políticos europeos y norteamericanos para "inventar" los adecuados a las necesidades latinoamericanas".

debates que enfrentaban las élites en el contexto de los nuevos ideales igualitarios y los regímenes republicanos. Rodríguez publicó en 1828, en Arequipa y después de una larga estadía en Europa (en el exilio), la primera edición de *Sociedades Americanas* (que re-escribirá para reeditar en Lima en 1842). El libro compendia sus ideas sobre política y educación o, como él mismo lo dice, sobre el Poder y el Saber. En esta suerte de tratado extraño y solitario[11] sobre cómo hacer que las sociedades americanas sobrevivan a sus crisis postrevolucionarias y sometan a crítica los modelos políticos europeos y norteamericanos para "inventar" los adecuados a las necesidades latinoamericanas, llama la atención—literalmente, con una diagramación muy personal—sobre los males y los errores políticos que la revolución ha legado a las repúblicas (ver figura en página 35).

En su "Persuádanse los Republicanos / de 4 cosas importantísimas en su causa" señala en las 2ª y 3ª causas, precisamente, la división dual de la sociedad y la relación con la materialidad y la abstracción:

> Que la autoridad es siempre un *ente abstracto* para quien no puede materializarlo, y nunca es otra cosa que *materia* para quien no sabe abstraerlo. Los *Sabios* están en el primer caso y el *vulgo* en el segundo./ Para *aquéllos*, la Autoridad Pública tiene una existencia real: para el *vulgo*[...]es un atributo propio del que manda./ Los *Sabios* obedecen a la autoridad: el *vulgo*... a la persona./ *Los unos* respetan la Representación, y se conforman con las leyes: *el otro* rinde vasallaje al representante y se somete a su voluntad./ En fin el *sabio* ve, en la sucesión de magistrados, una prueba de la *unidad* y de la *estabilidad* del poder público—el *vulgo* reconoce otros tantos poderes, cuantos magistrados se suceden, y cree *ver expirar* y *revivir* la autoridad con ellos./ Se deduce, pues, que la autoridad debe ser *constante* para ser ge-

---

11. Simón Rodríguez, maestro de primeras letras durante el régimen colonial, se exilió tempranamente en Estados Unidos, luego en Europa y más tarde en Perú. La educación, la relación con los saberes, la relación con los modelos, la idea de igualdad y la democracia fueron sus principales preocupaciones para las cuales tuvo respuestas completamente fuera de las normas institucionales (de la colonia y del periodo posterior). Recomiendo el texto de Susana Rotker en *Bravo Pueblo* y las referencias de Ángel Rama en *La ciudad letrada*.

neralmente respetada y que el modo de hacerla *invariable*, en una República, es darla a conocer a todos. El Gobierno Republicano no admite vulgo en este punto. (18)

Rodríguez coloca a la masa, que aquí llama *vulgo*, como ese sujeto que no está aún capacitado para ejercer las nuevas identidades democráticas, es decir, al juego de la representación. Por eso forma parte del conjunto de voces que reconocen que es esa falta de capacitación, esa brecha entre Sabios y Vulgo, lo que impide el ejercicio moderno y, por tanto, requiere de un Estado fuerte, un Leviatán, que rija los destinos políticos de la comunidad. Esta línea de pensamiento, que incluye a Bolívar, Sarmiento, Martí, adopta en Rodríguez una flexión particular, pues requiere de la figura del Sabio como la dominante en el nuevo sistema en donde se amalgaman sujetos y experiencias muy diferentes. Continúa su diagnóstico político a través de un análisis que destaca la desigualdad básica de toda sociedad y cómo la política—de los mejores—es la que debe mediar las diferencias; dice en la 3ª causa:

> Que por más que declamen contra el despotismo, *los pocos hombres que sienten su peso*, tendrán que soportarlo, mientras hagan parte *de un pueblo que lo soporta sin sentirlo*. Si no pueden dejar de pertenecer al Pueblo, trabajen por sacarlo de la abyección, y ascenderán con él a la dignidad que desean. Siempre habrá un *Pueblo inferior*, compuesto de los hombres que la naturaleza hizo estúpidos; pero no se acrecentará la masa con los que la sociedad embrutece. *Aun los estúpidos de nacimiento pueden mejorarse por la educación*[...] (18, énfasis en el original)

Para quien el Saber es siempre paralelo (y así lo diagrama en la página) al Poder, será la *Educación Popular* (1830) el instrumento que transforme la realidad americana y que logre superar la brecha entre Sabios y Vulgo. Esta teoría se formaliza ya completamente en 1828 en Rodríguez pero está en la doctrina con que forma al joven Simón Bolívar (Rodríguez se ocupa de su educación desde 1795, cuando Bolívar tiene doce años).[12] Sin embargo, la brecha básica,

---

12. En el otro extremo, veremos la versión en el *fin de siècle* en casos como el *Ariel* de J. E. Rodó, cuando la educación, bastante extendida para entonces, sea vista como la amenaza para la élite.

la diferencia entre los seres humanos, es el problema que debe ser resuelto para formar una sociedad basada en la igualdad.

Por eso, entre las cosas que hay que enseñar, está la idea de *colectivo*. Rodríguez destaca no sólo la desconfianza sino la *resistencia* que existe hacia ella: "Según el sentir general, *Pueblo* es un extraño colectivo: los individuos son todos *bonísimos...* y el todo, *detestable*./ Es el único agregado homogéneo en que las partes sean de distinta naturaleza que el todo" (18). Aquí es donde reside el problema: cómo juzgar a ese colectivo que no tiene responsabilidad jurídica. En un mundo organizado bajo las instituciones disciplinarias, la masa va a resultar el lugar donde se refugie la conducta penalizable; en ella—como lo quería Le Bon—se desatan los instintos que, en el temor a la ley—a las instituciones en general—, los ciudadanos contienen en sus lazos sociales, individuales.

Bajo el subtítulo "IMPROPIEDADES DE LA MASA" Rodríguez anuncia la imposibilidad de la representación en el sistema político latinoamericano, por ello ese colectivo es la principal piedra de tranca del proceso republicano tal como los criollos quieren instituirlo según los modelos europeos y americano:

> Ni el Pueblo [Titula "masa" pero a lo largo del párrafo suele usar la palabra "pueblo] sabe lo que ha de hacer, ni sus Directores lo que han de hacer con él: porque hay una clase intermedia de sujetos, únicamente empleada—ya en cortar toda comunicación entre el pueblo y sus representantes—ya en tergiversar el sentido de las providencias que no pueden ocultar—ya en paralizar los esfuerzos que hace el Gobierno para establecer el orden—ya en exaltar la idea de la soberanía para exaltar al pueblo... y servirse de él en este estado y &c.&c.&c. (20)

Y no son meramente los sujetos los que actúan mal sino que todo el sistema de relaciones está completamente trastornado: "El Pueblo, con manos postizas, *hace* la obra sagrada de su Constitución, y con sus propias manos la *rasga*; mientras la está haciendo la *adora*, y después de hecha la *profana*: entre adoraciones y sacrilegios se acostumbra... 1° a no respetarse –después a reírse de sí-mismo, y por último a despreciarse. *Jura* su Constitución y la *maldice* enseguida" (21). Este juego perverso que Rodríguez describe será un tópico del pensamiento político moderno que señala un pacto al mismo tiempo que su negación, que establece las normas de ingreso a la racionalidad política y los límites en que se mueve el universo social y cultural. El tópico del desfase entre los proyectos y las prácticas es afín a la mirada dicotómica de la modernidad y al desvío de sus preguntas. Como señalan Lloyd y Thomas para Europa, desde el fin del siglo XVIII a fines del siglo XIX se produce una curiosa convergencia entre teorías del Estado moderno y teorías de la cultura (M. Arnold por ejemplo); tanto las instituciones del Estado como las de la cultura tienen roles asignados: establecer los sitios de reconciliación de una sociedad civil y política que se visualiza al borde de conflictos y contradicciones. Ambas son vistas como sitios en los que las expresiones más altas del ser humano y de la libertad humana se realizan. La formación cultural viene gradualmente a jugar el rol de formar ciudadanos para el estado moderno. El sistema no funciona porque los actores no saben cuáles son sus papeles, o los *representan* mal. *No saben.* Sólo la "instrucción popular" puede enseñar los nuevos roles políticos y Rodríguez radicalizará progresivamente sus ideas para sostenerlas como única salida igualitarista, responsabilizando a las élites de mantener vigente un sistema de dominación y discriminación semejante al de la Colonia pero a la vez entronizándolas como sujeto del cambio.

Ricardo Piglia, en su ensayo "Sarmiento, the Writer", desarrolla hipótesis fundamentales para entender algunos funcionamientos de la escritura en el siglo XIX que salen del marco "cultura letrada versus cultura oral" y que remiten al problema de la igualdad y la desigualdad. Tomando al *Facundo* como modelo para pensar el espectro amplio de relaciones que Sarmiento pone en escena a través de la escritura, concluye—o abre el debate sobre—que "paranoia y parodia" son los dos grandes modos de representación de las clases populares en la literatura argentina proponiendo, elípticamente, la centralidad de las masas como motor del debate político en la cultura letrada. La ficción—sigue Piglia—se desarrolla en la Argentina como un intento de representar el mundo de los otros; la literatura no excluye al bárbaro, lo ficcionaliza, es decir, construye lo bárbaro tal como el autor lo imagina. Al derivar las teorías de la escritura/literatura hacia el campo de la ficción, en su lectura del siglo XIX argentino, Piglia encuentra las claves de un mecanismo: cómo lidiar con las diferencias; y detecta, en el campo de la ficción, el enemigo que sustenta buena parte de la acción política y la escritura del periodo: el despliegue de las fuerzas que la idea de igualdad ha sembrado irreversiblemente en el mundo moderno. La distancia que media entre el valor de la idea de igualdad y la amenaza de las diferencias usa a la escritura como su principal aliada. Esto genera un campo con mucha literatura pero sin ficción, pues no hay autonomía posible en el uso de la política como medio de relación con los otros. Bajo esta luz, la prohibición española de la publicación, e incluso la importación, de cualquier material ficcional en las disposiciones coloniales de 1532, 1534 y 1571, resulta en la negación que la escritura recoge persistentemente luego de la independencia y que se vuelve motivo obsesivo de muchos criollos del periodo.

Sociedad dividida, la del siglo XIX estuvo conformada por las elites pero también por el conflicto que generaron aquellos que en términos de Jacques Rancière, no toman parte de/en ella; en su teoría, la reformulación de la idea de soberanía como "la dominación de una parte de la sociedad sobre alguna otra"[13] muestra los desniveles, fracturas que tanto la política como la cultura lejos de suturar ponen en evidencia. Ni la nación, ni la ficción, ni la escritura han cerrado las diferencias; muchas veces no lo han intentado siquiera y han servido para establecer más firmemente los límites y desniveles. Volver al siglo XIX para retomar esas categorías como grandes dispositivos de desagregación, de visibilización de lo que siempre estuvo allí, sería una perspectiva que el mirador del bicentenario puede ofrecernos más allá de las celebraciones, una forma de comprender la dinámica entre igualdad, desigualdad y la distribución de ambas entre las diferentes partes, en un contexto global.

---

13. La *soberanía*, según la clásica definición de Jean Bodin en su obra *Los seis libros de la República* (1576), es el "poder absoluto y perpetuo de una República" y soberano es quien tiene el poder de decisión, de dar leyes sin recibirlas de otro, es decir, aquel que no está sujeto a leyes escritas, pero sí a la ley divina o natural. Pero sabemos que a lo largo de la historia se transfiere el lugar de donde emana ese poder (el pueblo para Rousseau, la nación—una entidad abstracta—para el abate Sieyes).

Bibliografía

Achúgar, Hugo (coord). *Derechos de memoria: actas, actos, voces, héroes y fechas: nación e independencia en América Latina.* Montevideo: Universidad de la República, Facultad de Humanidades y Ciencias de la Educación, Departamento de Publicaciones, 2003.

Agamben, Giorgio. *Lo que queda de Auschwitz. El archivo y el testigo. Homo sacer III.* Valencia: PreTextos, 2000.

Adelman, Jeremy. *Sovereignty and Revolution in the Iberian Atlantic.* Princeton: Princeton University Press, 2006.

Alonso, Carlos. *The Burden of Modernity: The Rhetoric of Cultural Discourse in Spanish America.* New York: Oxford University Press, 1998.

Alonso, Paula (compiladora). *Construcciones impresas. Panfletos, diarios y revistas en la formación de los estados nacionales en América Latina, 1820-1920.* Buenos Aires: Fondo de Cultura Económica, 2003.

Andermann, Jens. *The Optic of the State. Visuality and Power in Argentina and Brazil.* Pittsburgh: University of Pittsburgh Press, 2007.

Anderson, Benedict. *Imagined Communities: Reflections on the Origin and Spread of Nationalism.* London/New York: Verso, 1991.

Bauman, Zygmunt. *Legislators and Interpreters.* Ithaca: Cornell University Press, 1987.

Brickhouse, Anna. *Transamerican Literary Relations and the Nineteenth-Century Public Sphere.* Cambridge/New York: Cambridge University Press, 2004.

Castro-Gómez, Santiago. *Pensar el siglo XIX. Cultura, biopolítica y modernidad en Colombia.* Pittsburgh: Instituto Internacional de Literatura Iberoamericana, 2004.

—. *La hybris del punto cero. Ciencia, raza e ilustración en la Nueva Granada (1750-1816).* Bogotá: Editorial Pontificia Universidad Javeriana, 2005. Primera reimpresión: 2007.

Cornejo Polar, Antonio. *Escribir en el aire. Ensayo sobre la heterogeneidad sociocultural en las literaturas andinas*. Lima: Editorial Horizonte, 1994.

Dabove, Juan Pablo. *Nightmares of the Lettered City. Banditry and Literature in Latin America 1816-1920*. Pittsburgh: University of Pittsburgh Press, 2007.

Díaz Quiñones, Arcadio. *Sobre los principios. Los intelectuales caribeños y la tradición*. Buenos Aires: Universidad Nacional de Quilmes, 2007.

Esposito, Roberto. *Communitas. Origine e destino della comunitá*. Torino: Einaudi, 1998.

—. *Bios. Biopolítica y filosofía*. Buenos Aires: Amorrortu, 2006.

Fernández Bravo, Álvaro. *Literatura y frontera: Procesos de territorialización en las culturas argentina y chilena del siglo XIX*. Buenos Aires: Sudamericana, 1999.

Fernández Retamar, Roberto. *Calibán: apuntes sobre la cultura en nuestra América*. México: Editorial Diógenes, 1974.

Filippi, Alberto. *Instituciones e Ideologías en la Independencia Hispanoamericana*. Buenos Aires: Alianza, 1988.

Fischer, Sibylle. *Modernity Disavowed: Haiti and the Cultures of Slavery in the Age of Revolution*. Durham: Duke University Press, 2004.

Gallini, Clara. "Scipio Sighele et la Foule Délinquante", en *Masses et Politique*. Editions du Centre National de la Recherche Scientifique, 1988. Número especial de la revista *Hermés*.

Goldman, Noemí y Ricardo Salvatore (comps.). *Caudillismos rioplatenses. Nuevas miradas a un viejo problema*. Buenos Aires: Eudeba, 1998.

González Bernaldo de Quirós, Pilar. *Civilidad y política en los orígenes de la nación argentina. Las sociabilidades en Buenos Aires, 1829-1862*. Buenos Aires: Fondo de Cultura Económica, 2008 (primera reimpresión).

Halperín Donghi, Tulio. *Historia Contemporánea de América Latina*. Madrid: Alianza, 1975.

—. *Revolución y guerra. Formación de una élite dirigente en la Argentina criolla*. México: Siglo XXI, 1979.

Jaksic, Iván. *The Political Power of the Word: Press and Oratory in Nineteenth-Ccentury Latin America*. London: Institute of Latin American Studies, 2002.

Iván Jaksic, Gwen Kirkpatrick and Francine Masiello (eds.). *Sarmiento Author of a Nation*, Berkeley and Los Angeles: University of California Press, 1994.

Hardt, Michael and Antonio Negri. *Empire*. Cambridge, MA and London: Harvard University Press, 2000.

Laclau, Ernesto. *La razón populista*. Buenos Aires: Fondo de Cultura Económica, 2005.

Lanctot, Brendan. "Graffiti and the Poetics of Politics in Rosas's Argentina (1829-1852)". *Hispanic Review* 78.1, 2010.

Le Bon, Gustave. *Psychologie des foules*. Paris : Quadrige/PUF, 2002.

Lloyd, David and Paul Thomas. *Culture and the State*. New York and London: Routledge, 1998.

Ludmer, Josefina. *El género gauchesco. Un tratado sobre la patria*. Buenos Aires: Sudamericana, 1988.

—. "Una máquina para leer el siglo XIX". *Revista de la Universidad Nacional Autónoma de México*, n. 530, 1995.

Mignolo, Walter. *The Darker Side of the Renaissance: Literacy, Territoriality, and Colonization*. Ann Arbor: University of Michigan Press, 2003.

—. *The Idea of Latin America*. Oxford: Blackwell, 2005.

Molloy, Sylvia. *Acto de presencia. La escritura autobiográfica en Hispanoamérica*. México: FCE, 1996.

Myers, Jorge. *Orden y Virtud: El discurso republicano en el régimen rosista*. Buenos Aires: Universidad Nacional de Quilmes, 2002.

Piglia, Ricardo. "Sarmiento, the Writer". En Tulio Halperín Donghi et al. *Sarmiento Author of a Nation*. Berkeley and Los Angeles: University of California Press, 1994.

Pratt, Mary Louise. *Imperial Eyes. Travel Writing and Transculturation*. London and New York: Routledge, [1992] 2008.

Raimondi, Sergio. "Poesía y división internacional del trabajo (sobre los Estudios Económicos de Juan Bautista Alberdi". En: Luis Cárcamo-Huechante, Alvaro Fernández Bravo y Alejandra

Laera (comps.). *El valor de la cultura. Arte, literatura y mercado en América Latina*. Rosario: Beatriz Viterbo, 2007.

Rama, Ángel. *La ciudad letrada*. Montevideo: Fundación Internacional Angel Rama, 1983.

—. *Las máscaras democráticas del Modernismo*. Montevideo: Fundación Ángel Rama, 1985.

Ramos, Julio. *Desencuentros de la Modernidad en América Latina. Literatura y Política en el siglo XIX*. México: Fondo de Cultura Económica, 1989.

Rodríguez, Fermín. "Un desierto de ideas". En: Alejandra Laera y Martín Kohan (eds.). *Las brújulas del extraviado. Para una lectura integral de Esteban Echeverría*. Rosario: Beatriz Viterbo, 2006.

Rodríguez, Simón. *Sociedades Americanas*. Caracas: Biblioteca Ayacucho, 1990.

Romero, José Luis. *Latinoamérica: Las ciudades y las ideas*. Buenos Aires: Siglo XXI, 1976.

Rancière, Jacques. *La Mésentente. Politique et philosophie*. Paris : Galilée, 1995.

Rosa, Richard. "A seis grados de Andrés Bello: literatura y finanzas en los 1820s". En Beatriz González Stephan y Juan Poblete (eds.). *Andrés Bello: Relecturas*. Serie Críticas, University of Pittsburgh, Intituto Internacional de Literatura Iberoamericana, 2009.

Rotker, Susana. "Simón Rodríguez: la carcajada más seria del siglo XIX". En *Bravo Pueblo. Poder, utopía y violencia*. Caracas: La Nave Va, 2005.

Sábato, Hilda (ed.). *Ciudadanía política y formación de las naciones. Perspectivas históricas de América Latina*. México: Fondo de Cultura Económica, 1999.

Said, Edward W. *Culture and Imperialism*. New York and London: Routledge, 1993.

Sommer, Doris. *Foundational Fictions. The Nacional Romances of Latin America*. Berkeley, Los Angeles and Boston: University of California Press, 1991.

Ternavasio, Marcela. "Entre la deliberación y la autorización. El régimen rosista frente al dilema de la inestabilidad política".

En Noemí Goldman y Ricardo Salvatore (comps.). *Caudillismos rioplatenses. Nuevas miradas a un viejo problema.* Buenos Aires: Eudeba, 1998.

Viñas, David. *Indios, Ejército y Frontera.* México: Siglo XXI, 1993.

Prehistorias argentinas: naturalistas en el Plata
Charles Darwin, Francisco Moreno, Florentino Ameghino, Bruce Chatwin

Fermín Adrián Rodríguez
San Francisco State University

3

Depósito sedimentario de materiales geológicos, biológicos, sociales y lingüísticos cristalizados y organizados por la historia, el desierto argentino—las grandes llanuras del sur del continente denominadas "desierto" por su falta de habitantes y accidentes—ha sido, desde el siglo diecinueve, una especie de laboratorio histórico-discursivo que no ha dejado de producir enunciados con el poder de inscribirse directamente en la realidad. De un libro a otro, la serie de escrituras que confluyen sobre el desierto (libros de viaje, poemas, ensayos, mapas, planes de población, leyes, división de la tierra, sitios arqueológicos) se inscriben directamente sobre lo real, dejando a su paso un rastro de lecturas que puede reconstruirse.

Entre un naturalista imperial como Charles Darwin y científicos nacionales como Francisco P. Moreno y Florentino Ameghino; entre naturalistas de fines de siglo diecinueve y viajeros-coleccionistas de historias como Bruce Chatwin en el siglo veinte, hay una cadena de lecturas y escrituras que amplían los límites temporales y espaciales del género. De primera o segunda mano, viajeros científicos nacionales siguieron las líneas de representación e interpretación que, antes que ellos, naturalistas extranjeros como Charles Darwin, navegando por las rutas de la expansión imperial, habían trazado sobre las llanuras en blanco de territorios profusamente imaginados por la ciencia, el capital y el incipiente Estado nación. Había que escribir la nación sobre el suelo, trazar sus límites, fundar sus presupuestos territoriales y dotarla de una profundidad temporal allí donde solo había desierto, objeto de la historia natural. Pero a partir de Darwin, la naturaleza deviene histórica: la vida evoluciona, la historia natural deviene bio-historia.[1] Hay que darle la palabra a la vida, porque el suelo, los estratos, los fósiles y los restos arqueológicos tienen prehistorias para contar.

Charles Darwin: la pampa de los ingleses

La primera observación de Charles Darwin ante la costa del Río de la Plata, hacia el año 1833, registra una decepción. De viaje alrededor del mundo como naturalista de a bordo del HMS Beagle, el joven Darwin contempla desde cubierta un paisaje que "ofrece poquísimo interés, pues apenas hay una casa, un trozo de tierra cercado ni un árbol que le imprima una nota de animación" (54). Al mando del capitán Fitz Roy, de la Marina Real Inglesa, la expedición del Beagle tenía como misión completar el cartografiado de las costas de Patagonia y Tierra del Fuego—costas, por cierto, de países extranjeros—, y "efectuar una serie de mediciones cronométricas alrededor del mundo" (*Diario* 11). Pero en la pampa, desde la cubierta del barco, no hay nada que valga la pena contar: el paisaje no cuenta.

"¿Por qué entonces"—se pregunta Darwin en la "Mirada retrospectiva", donde recapitula su viaje alrededor del mundo—"estos áridos desiertos han echado tan profundas raíces en mi memoria?" (*Diario* 448) ¿Por qué estas escenas, "sin objetos que atraigan la atención, despiertan tan vívidamente un indefinido pero intenso sentimiento de placer"? ¿Qué es lo que atrae al consumidor de paisajes? Darwin se refiere a la pregnancia que tienen en su recuerdo las llanuras de la Patagonia que, estériles e inservibles y a diferencia de la pampa, "sólo pueden ser descritas por los caracteres negativos: sin viviendas, sin agua, sin árboles, son montañas, sin vegetación" (Diario 448) ¿Será, tal como conjetura Darwin, por "el libre campo dado a la imaginación"—una imaginación que proyecta sus sombras sobre la pantalla en blanco de la llanura? Uno puede vis-

---

1. Foucault señala el giro histórico que Charles Darwin introduce en el estudio de la vida natural y la vida humana. "Se sabe que a partir de Darwin la vida evoluciona, que la evolución de las especies vivientes estaba hasta cierto punto determinada por accidentes que pueden ser de naturaleza histórica." Ver Michel Foucault, "Crise de la médecine ou crise de l'antimédicine?" *Dits et Écrits II 1976-1988* (Paris: Gallimard, 2001), 48.

lumbrar, como una imagen espejeando más allá de la experiencia sensible, una intervención modernizadora que vuelve la pampa cultivable, habitable, productiva, pero el espacio patagónico es "estéril e inservible", y no refleja ningún progreso ni parece alimentar fantasía de transformación alguna.

Respecto de la selva de Brasil y de lo que la geografía denominará pampa húmeda, la planicie patagónica es un mundo desolador, absolutamente desterritorializado, no humano, no sintetizable. Nada se mueve sobre ese orden mineral e inmóvil, salvo el discurso. ¿Hay, siquiera, paisaje? Darwin presenta la llanura como un fenómeno de espacio y de tiempo donde la imaginación, que "pone" sus síntesis—sus paisajes—al servicio de las operaciones del conocimiento, queda confrontada con su límite. El acto de imaginación del naturalista, que sostiene el despliegue del paisaje, vacila por una pasión que resquebraja la mesura estética, algo que asciende desde el subsuelo de la representación: la experiencia de lo sublime—lo impensable tomando cuerpo en la llanura. En esos momentos, cuando la máquina discursiva del viaje se atasca frente a un campo de visibilidad no simbolizable según los parámetros de la ciencia, cuando las palabras de la historia natural están de más y la experiencia sensible se corre hacia lo "inefable", se abre un vacío en el discurso en el que Darwin hace resonar los versos de "Mont Blanc", un poema de Percy B. Shelley. Blanco sobre blanco, transcribe Darwin: "'Nadie puede decirlo..., todo parece ahora eterno/ El desierto tiene una lengua misteriosa,/que transmite terribles dudas'" (206).

El límite es el lugar de la literatura—ese discurso por el que el lenguaje desborda los significados socialmente compartidos para enfrentarse con su propio límite. La poesía parece ser el lenguaje que avanza donde el resto de los discursos sociales se detienen. Se trata de un borde desde el que el viajero romántico se asoma a lo ilimitado y lo traduce como infinito—un territorio virgen abierto al progreso que, según una fantasía imperial muy corriente, nadie antes que el viajero europeo habría pisado ni nombrado. Desplegar un plano desierto—la superficie gris de la llanura, la pared blanca del Mont Blanc—es, antes que nada, delinear un horizonte: se trata de atraer el deseo por medio de una suerte de ilusión óptica, haciéndole creer que más allá del horizonte sensible, como si se tratara de un velo, habría algo que alcanzar—un punto metafísico, suprasensible, virtual, a pérdida de vista, fuera del alcance de los sentidos y de los poderes del cuerpo en general: la ilusión de una realidad oculta tras el horizonte.[2]

Lo sublime y más allá. Lo sublime como experiencia de la medida, como experiencia de los límites de la legibilidad del paisaje, divide sólo la subjetividad europea, porque los gauchos e indígenas que habitaban la llanura, capaces de leer "una historia entera" en un rastro imperceptible, no tenían los mismos límites: Darwin verifica que con provisiones suficientes, podrían llegar "hasta el fin del mundo" (*Diario* 126). Allí donde el cuerpo del naturalista viajero, como medida de la experiencia y soporte de la verdad del discurso, alcanza su límite, comienza el otro y el campo de una palabra ajena. Lo que Darwin cuenta no depende tanto de lo que ve y representa sino de las palabras ajenas que no deja de repetir. Y no sólo las palabras de otros naturalistas viajeros o de los poetas, sino lo que le cuentan sobre la marcha los gauchos que lo escoltan por la llanura—un murmullo anónimo y permanente de datos, distancias, nombres de cosas y de lugares, anécdotas, que hacen lugar, en el sentido de que dan a ver lo que para el extranjero sería de otro modo invisible e ilegible, por debajo de su umbral de reconocimiento y representación. Frases como "Mi guía me contó", "La primera noticia recibida", "Me ha sido dicho", "Se dice", "El gaucho que me refirió esto", se mezclan con citas como la de Shelley o con lo ya leído en "tantos libros [que] se han escrito sobre estos países"—Félix de Azara, Humboldt, Head, D'Orbigny.

En general, los gauchos son para Darwin un dato más del paisaje y, por consiguiente, objeto de placer y contemplación estética: "El silencio fúnebre de la llanura, los perros vigilando, y el gigantesco grupo de los gauchos en torno al fuego, han dejado en mi ánimo una pintura indeleble" (88). En otra ocasión en la que cabalga junto con su escolta por la llanura, Darwin aprovecha una elevación del suelo para retirarse del grupo que acampa al pie de una loma y poder así "mirarlos a mi gusto desde arriba". Elevándose por encima del nivel de la llanura, Darwin logra el ángulo "paisajístico" necesario para cerrar el cuadro y construir pictóricamente

---

2. Michel Collot traza la historia del término "horizonte". Fue el romanticismo el que, más allá de lo sensible, identifica el horizonte con los poderes ilimitados del espíritu y los progresos de la razón. Ver Michel Collot, "De l'horizon du paysage à l'horizon des poètes": 34-39.

una escena "digna de Salvatore Rosa" que vuelve al otro visible y representable (*Diarios* 137-138).

El poblador de la llanura y el naturalista viajero cuentan ficciones espaciales divergentes, como si habitaran en planos de realidad diferentes. Inmersos en tramas espaciales tejidas con descripciones orales, narraciones y saberes espaciales locales, los campesinos y los gauchos con los que se cruza el naturalista le piden permanentemente que les muestre su brújula de bolsillo y les explique cómo con su ayuda y la de un mapa, un extranjero podía orientarse por caminos desconocidos. El fraseo fugitivo de los cuerpos que van y vienen por el orden local de la llanura, articulando temporalmente la experiencia del lugar, desaparece del campo globalizante de la visión del viajero que, mediante instrumentos de medida y de escritura, transforma las cosas y las personas en objetos que pueden observarse, medirse y gozarse estéticamente en el medio universal y transparente de una geografía comparada que cuenta al otro con patrones de medida metropolitanos (55).

El lenguaje del otro y los modos de hacer espacio al atravesarlo, habitarlo, medirlo, hablarlo, nombrarlo, etc., son el reverso de lo sublime. Allí donde termina el lenguaje de las cifras y el científico romántico deja de contar ante un vacío para el cual solo la poesía tiene nombre, comienza el campo del otro, sus voces y sus prácticas. Entre el silencio y la soledad del desierto y el murmullo anónimo de voces y signos en general que pueblan la llanura, entre naturaleza e historia, hay un umbral por el que el viajero va y viene, dividido entre lo uno de una experiencia inefable y lo múltiple de un mundo hablado por gauchos, soldados, guías, peones, puesteros—informantes nativos en general.

La nueva prosa del mundo. El registro periódico de experiencias sublimes marca el ritmo sentimental del viaje naturalista. Pero a cierta altura, Darwin apunta: "Por algún tiempo semejante escena es sublime; pero este sentimiento no puede durar, y acaba por perder su interés" (*Diario* 431). Lo sublime es un fervor que no dura y decae. Debidamente simbolizada, registrada en el lenguaje y encuadrada por el código pictórico que la vuelve decible y legible, la escena termina aburriendo, tragada por la repetición de lo mismo.

Hay que distinguir entonces entre el tiempo extático y discontinuo del *shock*, del trauma, del cataclismo, de la memoria, del deseo, al margen del transcurso normal de las cosas—ese "libre campo dado a la imaginación"—, y el tiempo como sucesión incesante de ahoras, como mero devenir temporal. Así, de las bellas totalidades románticas y revolucionarias, de las revoluciones del mundo físico e histórico como acontecimientos que quiebran súbitamente el curso normal de la realidad, pasamos al tiempo de la evolución como corriente de cambios invisibles. La sorpresa "de ver producirse en apenas un momento" un nuevo estado de cosas contrasta con las transformaciones casi invisibles, producto de "la lenta acción de los siglos"—el paso lento e imperceptible del tiempo legible en los detalles (*Diario* 371).

"¡Qué historia de cambios geológicos revela la costa de la Patagonia, en medio de su simple estructura!" (*Diario* 210), exclama Darwin ante un paisaje cuya aridez contrasta con la exuberancia de la selva tropical. Se trata menos de un recuadro o un recorte del espacio que de una imagen concreta del tiempo, un bloque de duración dotado de espesor temporal. Sobre las mesetas patagónicas, que "llevan el sello de haber permanecido por siglos tal como están hoy, y parece que su duración futura no tiene límite" (*Diario* 448), Darwin encuentra una imagen del tiempo como realidad concreta, inseparable de los contornos naturales del paisaje.

Darwin deja de agitarse y perderse en la contemplación del infinito, propia de un imaginario y de una metafísica romántica, para extraer un principio de explicación de los procesos de la vida de los abismos concretos del tiempo. Espacio despojado de toda forma de presencia, el desierto muestra el tiempo en estado puro, como duración abierta hacia el pasado y el futuro, inconmensurable respecto de la temporalidad humana. Cuando lo que está en juego es la edad de la tierra, la escala de duración que corresponde a los procesos morfológicos resulta inconmensurable respecto de la escala de tiempo de las generaciones humanas en la que evoluciona el viajero naturalista. Las transformaciones del paisaje son demasiado lentas como para que puedan ser percibidas e incluidas en la temporalidad "humana" de la observación.

Frente a la costa patagónica, tratando de representar la formación de las mesetas, Darwin deja de lado una descripción "épica" del proceso basada en la lucha violenta de elementos, por una perspectiva prosaica, novelesca, atenta al lento e imperceptible trabajo de desgaste del mar carcomiendo y alisando la roca durante siglos. Darwin confiesa el "vértigo" que produce "el solo hecho de pensar en el número de años que, siglo tras siglo, han debido necesitar las mareas, sin ayuda de grandes olas, para corroer un área tan vasta" (*Diario* 222). Más tarde, en la montaña, Darwin hace hablar a las piedras, que chocan entre sí bajo la fuerza de un torrente de agua:

"El sonido le hablaba elocuentemente al geólogo; las miles y miles de piedras que se golpeaban sin cesar, producían un rumor de uniforme monotonía al rodar todas en la misma dirección. Era como pensar en el tiempo, donde cada minuto que pasa es irrecuperable. Lo mismo sucedía con aquellas piedras; el océano es su eternidad, y cada nota de aquella música salvaje hablaba de un paso más hacia su destino" (*Diario* 381). El naturalista es capaz de escuchar el rumor del tiempo en el sonido del agua sobre los piedras. La historia natural produce una nueva máquina de hacer hablar la vida, de arrancarla de su fijeza por medio del lenguaje, según una ficción geológica atenta a las huellas escritas sobre la superficie de las cosas, a sus roces, sus contactos, sus texturas, rugosidades y durezas.

Se trata de un nuevo régimen de significación a-subjetivo, que ya no gira en torno de las inflexiones expresivas y de las estrategias emocionales del sujeto romántico. La duración no es una abstracción de un paisaje cuya contemplación despierta en el sujeto el sentimiento de eternidad o la nostalgia por bellas totalidades perdidas; la duración es tiempo que pasa, tiempo hecho espacio muy despacio—el lento desenvolvimiento de una inmensa red de signos que llevan escritos los secretos de una naturaleza histórica marcada por el paso del tiempo.

Leer el tiempo en el espacio significa ver detrás de lo acabado un proceso de formación o de desarrollo en gestación. En el desierto, Darwin descifra algo que está pasando todo el tiempo, algo en el umbral de lo visible que sucede constantemente a nuestro alrededor, algo que nos atraviesa y nos cambia: la palpitación duradera de las cosas en permanente devenir. La gran tabla clasificatoria del conocimiento, que distribuye diferencias sobre un plano sincrónico, cede el lugar a la reconstrucción diacrónica del "gran plan, común al presente y al pasado, conforme al que han sido creados los seres vivos" (119).

De a poco, el naturalista va desviándose de la senda romántica señalada por el poema de Shelley. Hay una nueva "poesía de las cosas", común al paleontólogo, al arqueólogo y al novelista—pienso en el *milieu* balzaciano—, en la que se reconstruye una ciudad, una raza extinguida o una sociedad entera a partir de restos sueltos y sin vida de ruinas, fósiles, piedras u objetos dispuestos en series significativas. Correlatos de las ruinas románticas, los fósiles de animales prehistóricos son nudos entre el pasado y el presente, entre el mundo inorgánico y el mundo de lo vivo— trazos de un "gran plan" en ejecución. ¿Hay que aceptar las hipótesis de "revoluciones de clima y asoladores cataclismos" (*Diario* 112), para explicar lo que transformó esta región del planeta en "una perfecta catacumba de monstruos de razas extinguidas" (*Diario* 101)? Tal parece ser el gesto inicial de una reflexión "irresistiblemente inclinada a suponer algún gran cataclismo" (*Diario* 212). ¿O, más bien, según la nueva prosa del mundo, hay que explicar el cambio a partir de alteraciones mínimas de las curvas vitales que definen las especies—"alguna diferencia de matiz en el clima, alimentación o número de enemigos" (*Diario* 214)—, en fallas mínimas de los mecanismos naturales de control y adaptación que evitan la multiplicación de una especie más allá de sus umbrales vitales?

Grandes planes. La vida recrudece en el desierto en torno al enigma que representan los restos fósiles de especies desaparecidas. "Admitir que las especies se hacen raras antes de extinguirse [...] y, aún así, recurrir a la acción de un agente extraordinario y maravillarse de que una especie deje de existir, me parece exactamente igual a admitir que la enfermedad en el individuo es el preludio de la muerte [...] pero cuando el enfermo muere, mostrar extrañeza y creer que ha muerto violentamente" (*Diario* 215). La comparación del declive de una especie acorralada paulatinamente entre fronteras invisibles de vida con la agonía de un individuo enfermo, anuncia un umbral entre la vida animal y la vida social, entre lo animal y lo humano, que los textos del desierto no van a dejar de atravesar.

En ese mismo umbral, la naturaleza se vuelve histórica. De hecho, las huellas del naturalista se imbrican con el rastro que el ejército de Rosas, de campaña contra el indio, fue dejando sobre el desierto. En agosto de 1833, no muy lejos de los cementerios de fósiles, Darwin desembarca del Beagle a la altura del río Colorado, donde acampaban las tropas de Rosas. El actual gobernador de la provincia de Buenos Aires había marchado "en línea recta por llanuras inexploradas", dejando tras de sí el país "limpio de indios" y conectado por una línea de postas (Diario 86). Darwin aprovecha la ocasión, y decide marchar de Bahía Blanca hasta Buenos Aires en compañía de varios gauchos que le sirvieron de guías. Desviándose de la línea costera, Darwin viajó por el desierto con un salvoconducto firmado por el propio Rosas, que lo recibió amablemente en su tienda de campaña, aunque "sin una sonrisa".[3] El pasaporte

---

3. En la entrada que corresponde al 17 de agosto, consta en el diario de la expedición al desierto de Rosas: "Por haberse traspapelado un

autorizaba a "El naturalista Don Carlos" (*Diario* 149) a moverse libremente por un país convulsionado social y políticamente, con las poblaciones de frontera hostigadas por malones y las capitales de provincia amenazadas por periódicas "patriadas" de caudillos locales. Aunque sospecha que los paisanos no tendrían la menor idea de "lo que pudiera ser un naturalista", Darwin confía en el prestigio que da un título y en el halo de autoridad que emana de la firma (*Diario* 149).

La guerra en medio de la que cae Darwin "es tan sangrienta que no puede durar, pues los cristianos matan a todos los indios que atrapan y los indios hacen lo mismo con los cristianos" (*Diario* 129). Se trata de una guerra de exterminio en la que la vida de los indios—vida desnuda, sin atributos—se lleva la peor parte. Los gauchos del ejército de Rosas, en su mayoría mestizos "con pinta de bandoleros" (126) e indios de tribus aliadas al gobierno, narran para Darwin escenas atroces de degüellos y ejecuciones en masa de hombres, mujeres y niños que arrancan del naturalista indignadas protestas en nombre de la humanidad.

Fuera del alcance de las definiciones de ley, los indios contra los que lucha Rosas nacieron en el lugar equivocado, en la raza equivocada: no hay lugar para ellos dentro de un Estado que se recorta contra el fondo amorfo de esa vida eliminable, despojada de atributos. Reducidos a conjunto de seres vivos definidos biológica y racialmente como "población" antes que como sociedad o comunidad—civilizar será muy pronto "poblar"—, los nómades de la llanura son el efecto de un principio de segregación y normalización de un estado incipiente que se constituye en torno a la violencia racista—racismo como mecanismo de eliminación de todo lo que no se deja leer bajo el signo del capital y la productividad—el otro "gran plan" para el desierto.

Medir y archivar el mundo—el gran plan de uniformización y normalización del planeta, unificado bajo patrones de medida e intercambio universales—incluye la permanente estimación por

---

apunte del día 13 dejó de ponerse la llegada al Cuartel General desde Patagones del naturalista Mr. Carlos Darwien [*sic*], quien presentó al señor general el correspondiente pasaporte del cdte. político y militar de aquel punto y la nota del señor ministro de guerra". La red de autorizaciones y jurisdicciones que ya gobiernan de manera invisible sobre el territorio son otros de los límites invisibles a través de los que se mueve Darwin (Rosas 113).

parte del viajero del grado de civilización de un pueblo. Lo que descubre Darwin en esa tierra de nada y de nadie que es el desierto, entre los ejércitos de Rosas, es hasta qué punto la contigüidad entre lo humano y lo inhumano, entre el hombre y el animal, entre la cultura y la naturaleza, entre las vidas que valen y que no valen la pena, que cuentan y que no cuentan para la suma final del estado, en fin, entre la civilización y la barbarie, amenaza constantemente la justa medida—esto es, las definiciones estables y normativas de lo que es humano o civilizado. La civilización, que se reclama defensora de la vida, que gobierna sobre el trabajo, la alimentación, las "condiciones de vida" de sociedades devenidas poblaciones, produce la barbarie al mismo tiempo que crea las condiciones de aceptabilidad de la eliminación de la barbarie. En la llanura, constata Darwin, "todo el mundo está convencido de que es una guerra justísima porque se hace contra bárbaros"—barbarie inmanente a la civilización, en tanto vida racializada que no cuenta, desafiando en su ilegibilidad social y monstruosidad política aquello mismo que la constituye (*Diario* 127).

La extinción de una población es inminente y el pronóstico de Darwin resulta escalofriante por la exactitud con que anticipa el genocidio sobre el que, hacia fines de la década del 70, cuando los procesos biológicos se han convertido definitivamente en un objeto de intervención de Estado, va a afirmarse la unidad territorial de la nación. "Creo—concluye Darwin— que en otros cincuenta años no quedará un indio salvaje al norte del río Negro" (*Diario* 129). Una vez más, la triste melancolía del darwinismo impregna una mirada capaz de ver el tiempo en el espacio, ver el fin, ver las ruinas o los restos de los huesos que cincuenta años más tarde van a revolver científicos nacionales como Francisco Moreno, Florentino Ameghino y Estanislao Zeballos cuando investiguen o profanen, según se prefiera, cementerios indígenas (si es que los restos de las víctimas del exterminio tuvieron la suerte de encontrar sepultura).

Francisco P. Moreno y la naturaleza de la patria

En 1879, a pocos meses de iniciarse el viaje expedicionario de Roca al Río Negro, otro relato paleontológico escrito en la estela que había dejado Darwin sobre la llanura patagónica prepara el terreno sobre el que iba a maniobrar el discurso de anexión de un Estado que, por la información y por la fuerza, se halla en vías de fijar sus límites territoriales.

En 1879 se publica *Viaje a la Patagonia austral*, el diario de la expedición científica que entre 1876 y 1877 Francisco P. Moreno había realizado por las llanuras y mesetas patagónicas. Otros antes que él habían atravesado las mismas regiones y escrito diarios de viaje que Moreno sigue con rigor y admiración infantil: Darwin, que en 1833, entre bandas de gauchos armados batiendo indios por la pampa desenterró fósiles y estudió la extinción de especies; George Chaworth Musters, que se aventuró desde Punta Arenas hasta el río Negro en compañía de una turbulenta y carnal partida de indios nómades. Los pasos que sigue Moreno, un naturalista nacional, oscilan entre esos dos extremos, entre lo vivo y lo muerto. Como "no bastaba estudiar las generaciones extinguidas que el tiempo había sepultado en el litoral marítimo patagónico", Moreno cree necesario "compararlas con las tribus que las sucedieron en la posesión del territorio" (31).

Esa enorme sepultura de restos prehistóricos que era el desierto patagónico para Darwin reaparece bajo la forma de los cementerios indígenas que recorre Moreno, yacimientos científicos que una nación en busca de raíces puede explotar. Dos visitas sucesivas a la zona del río Negro ya le habían dado "por cosecha" cráneos de indígenas y puntas de flecha trabajadas en piedra—fragmentos sueltos de un pasado coleccionable y manipulable en esas máquinas de producir orígenes que son los museos naturalistas (*Viaje* 32). Espacio de reunión de piezas sueltas recolectadas en sucesivas expediciones, el museo que Moreno formó privadamente y que a partir de 1877 pasó a formar parte del Museo Antropológico y Arqueológico de Buenos Aires es el espacio donde una dispersión de huesos pulidos por el tiempo y desparramados por el viento encuentran un lugar dentro de un orden temporal continuo—un orden en el que el pasado remoto desemboca en el presente de una patria que, provista oportunamente de antepasados, se abre al futuro.

Militante brutal de la ciencia y de sus avances, Moreno no puede esperar que el tiempo haga su trabajo. Su impaciencia de coleccionista es indisimulable, al punto que su amigo Sam Slick, hijo de un cacique tehuelche, se rehúsa a que le tomen las medidas de su cuerpo porque está seguro de que Moreno "quería su cabeza" (103). Condescendiente, Moreno presenta el temor como infundado, pero Sam no se equivocaba. En efecto, poco tiempo después Sam Slick muere asesinado en una pelea. Clandestinamente, Moreno exhuma su cadáver que, convertido en ejemplar de una especie en extinción, va a parar al Museo Antropológico de Buenos Aires, "sacrilegio cometido en provecho del estudio osteológico de los tehuelches" (103). Paleontologizados y esencializados por un mirada museificante, los pobladores indígenas no habitan ni pertenecen al presente del naturalista, sino a su prehistoria.[4] Su presencia contundente en la llanura no es una prueba de vida suficiente para el naturalista, cuya colección confunde cráneos y utensilios antiguos y actuales. Como las llanuras patagónicas que perturban a Darwin porque "llevan el sello de haber permanecido como están hoy durante larguísimas edades" (*Diario* 448), no hay ninguna diferencia entre el hombre prehistórico y el que acaba de morir. Ambos están afuera del tiempo histórico, antes de la nación pero ya sin lugar dentro de ella.

Recién entonces, cuando el gesto de borrar del paisaje todo rastro de presencia humana está asegurado, Moreno se permite la fantasía antropológica de fusión con un objeto debidamente fosilizado y desalojado del presente. Durmiendo envuelto en pieles, Moreno se regocija preguntándose "¿quién, transportado a nuestro paradero, hubiera distinguido si el envuelto en el quillango es el indígena o es el que pretende descifrarlo por estas antigüedades?" (237). Así, "con diferencia de algunos siglos", salvaje y civilizado se encuentran fundidos en el deseo de Moreno. Sin embargo, "estas antigüedades"—la desnudez del tehuelche, el cuchillo, el pedernal—son el fondo temporal necesario para resaltar "los grandiosos adelantos de nuestro siglo", un siglo encarnado en la punta más avanzada del presente: el viajero científico "munido de la brújula y el sextante" (218).

Al rasgo mortificante de la mirada sobre el otro le corresponde la naturaleza muerta del desierto austral, tan árido como la prosa de Moreno que no duda en cederle la palabra a Darwin cuando su repertorio descriptivo queda desbordado. Pero Moreno no añora la exuberancia de especies vegetales y animales de las selvas tropicales. Después de todo, es un viajero científico obligado por el género a interesarse por la vida aún en sus manifestaciones más ínfimas. No hay nada a simple vista que pueda distraer la línea recta del viajero; sin embargo, Moreno se mueve en zig-zag de un objeto a otro (175), aferrándose con entusiasmo al mínimo de naturaleza

---

4. A propósito de la articulación entre las ficciones científicas de Moreno y la constitución del Estado, ver Jens Andermann, 125.

que lucha por sobrevivir (200). "Donde en un principio no había visto sino desierto, veo maravilla tras maravilla"—asegura Moreno, a quien le "basta una mata espinosa sobre una pampa árida para alimentar esa admiración extraña por las cosas creadas" (175). Pero a medida que el viajero avanza el interés científico se desvanece, tragado por un paisaje cuya repetición monótona tolera mal cualquier variación de afectos. Moreno tiene que reconocer que "todo es igual, la monotonía opresora enerva aquí, desespera. La aridez continua, las sábanas de piedras, los arbustos que viven muriendo, le comunican un abatimiento con el que solo la energía puede luchar" (244). Sin referencias ni accidentes, sin el alivio estético, el paisaje se disuelve, y sólo queda un espacio agotador y desvitalizante—el desierto de lo real despojado de cualquier investidura imaginaria.

Es hora entonces de volver, de rendirse ante un bloque de espacio que la pura voluntad de saber, el "vértigo de lo desconocido" (207) o el placer estético ya no pueden sostener. Pero en esos momentos en que las fuerzas declinan, los sentidos se aturden y la escritura no puede seguir; a medida que "las impresiones entusiastas de los primeros trabajos van desapareciendo en nosotros a medida que adelantamos" (244), el patriotismo viene en ayuda del viajero nacional—un plus de deseo y heroísmo del que el viajero extranjero carece. Allí donde viajeros anteriores fracasaron, el naturalista argentino triunfa porque "las fuerzas que el trabajo gasta, la recupera el patriotismo" (245). Remontando, desde el Atlántico, el río Santa Cruz en busca de sus orígenes geográficos, Moreno alcanza y supera el punto en el que cuarenta años antes Fitz-Roy y Darwin tuvieron que retroceder por falta de provisiones (192). "El patriotismo ciega", anota el naturalista nacional, que se abstrae del paisaje y se olvida de "las penurias del marino inglés que me ha precedido y solo pienso que, con energía y voluntad [...] obtendré el fin deseado" (231). Cuando la ciencia sola no alcanza para continuar, la patria releva al discurso científico y permite retomar el sentido perdido. Así, después de un mes de tirar de un bote en contra de la corriente, los exploradores penetran virilmente, por primera vez viniendo desde el Atlántico, en un lago que en medio de visiones de futuro y de progreso Moreno nombra como "Lago Argentino" (306).

En esa ceremonia del nombre por la que la historia se inscribe directamente sobre el territorio, la patria se incrusta en el paisaje—un paisaje que, debidamente apropiado y nacionalizado, se renueva estéticamente. Ahora, "todo ejerce sobre nosotros una sensación inexplicable de bienestar y gozamos de este espectáculo que por más previsto que nos haya sido, lo encontramos nuevo" (305). Elevado de la chatura de la meseta a la verticalidad de la montaña, el naturalista ciego de patriotismo recupera sus sentidos; el entusiasmo estético, que la desnudez y despojo de la meseta patagónica había agotado, revive en él. La patria es un espectáculo representado por el paisaje sólo para el naturalista nacional. Nadie antes que él, ni el indio que "poco admira las obras de la naturaleza" (370) ni el poco resistente naturalista extranjero, había contemplado el "manto patrio" que el azul del cielo y el blanco de las cimas nevadas extienden sobre el horizonte. Según esta escenografía espontánea, los territorios explorados son naturalmente argentinos. La nación es un dato evidente del paisaje, de modo que la bandera que Moreno planta en el punto más lejano alcanzado por la expedición despliega colores que "copian ahora la alfombra blanca de nieve recién caída y el celeste del hielo eterno" (383). ¿Qué copia a qué? ¿Es la bandera la que copia los colores de la naturaleza, o es la naturaleza la que copia a la bandera? En esa oscilación gramatical, la patria se funde con la naturaleza según una lógica del límite que al mismo tiempo que separa cuerpos políticos como Argentina y Chile, superpone y mezcla naturaleza y cultura.

Paisaje y frontera se encuentran en los Andes para naturalizar la arbitrariedad del territorio. La exploración de los Andes patagónicos es el acontecimiento geográfico que clausura el espacio de la patria, cerrado por un cordón de nombres propios y símbolos patrios que le ponen fin a la pura extensión de la llanura pampeana y patagónica. Allí termina la experiencia pura del espacio que define lo argentino, porque al que nació y creció en las llanuras abiertas y transparentes, sin horizonte montañoso que les ponga límite, le faltaría el espacio como si le faltara el aire. Entre lagos y montañas, "se sentiría oprimido" (362). La diferencia es antes que nada estética; el dramatismo de la montaña o la alta paisajidad de los lagos australes no se compara con la desnudez extrema de la llanura—llanuras en blanco que antes que irradiar con nitidez datos de paisaje, son el espejo en el que se mira una nación que encuentra ondulando sobre ellas espejismos de grandeza y de progreso.

El naturalista argentino y la tradición

Desde que naturalistas como Cuvier o Darwin hicieron hablar a la vida, las piedras y los fósiles desparramados por el desierto tenían historias para contar mucho más confiables que la charlatanería de navegantes o exploradores que, entre la ficción y los hechos, alimentaban la imaginación de los lectores con exóticos destinos. Hubo así ficciones geológicas y paleontológicas que, a partir de un hueso, de un trozo de piel o de un fósil, reconstruían paisajes enteros poblados de razas de animales de grandes dimensiones y especies vegetales desconocidas.

Partiendo de un colmillo o de una garra, naturalistas como Cuvier podían imaginar esqueletos completos de animales de grandes dimensiones. Pero al servicio del incipiente Estado, la imaginación del naturalista nacional tenía la obligación de ir todavía más lejos. Asegurado el control del territorio nacional, la ciencia argentina buscaría dominar su historia natural por medio de ficciones de origen escritas con fósiles que introducían en la superficie de la llanura un espesor temporal ausente de los mapas.

Hijo de inmigrantes genoveses, obsesionado por los linajes, Florentino Ameghino hizo todo lo que estuvo a su alcance para crear una descomunal ficción de origen que situaba el origen del hombre en el suelo de su patria. "Nuestro principal propósito"—anuncia Ameghino en el prólogo de *La antigüedad del hombre en el Plata*—"consiste en probar que durante la época en que vivían en las pampas argentinas esos gigantes de la creación que han sido denominados Megatéridos, Gravígrados o Tardígrados [...], únicamente propia de las pampas argentinas, el hombre también poblaba estas comarcas y más de una vez vio, contempló y admiró las macizas formas de los extraordinarios seres que lo rodeaban por todas partes" (*Breve* 23). El naturalista nacional comenzó removiendo los mismos huesos de los que Darwin había hecho brotar manadas monstruosas de megaterios, gliptodontes, milodontes y toxodontes pastando perezosamente por la llanura. Pero excavando en los estratos pampeanos en la zona del río Luján, cerca de donde había nacido—por los mismos años en los que Roca barría las tribus nómades de la pampa bonaerense—, Ameghino encontró algo más: en las incisiones, rayones y roturas longitudinales de muchos de esos huesos y caparazones podía leerse la huella de la mano del hombre, tan diferentes de una marca natural que hasta "un niño de diez años podía distinguirlas fácilmente unas de otras" ("El hombre cuaternario en la Pampa"). La hipótesis cae prácticamente en el campo del delito científico. Según la opinión científica de la época, a diferencia de Europa, no existían rastros en América que permitieran hablar de presencia humana durante la llamada era Terciaria superior (o

Cuaternaria, según la periodización), en el último período glacial. Pero si los fósiles que Ameghino encuentra mezclados en un mismo estrato no mienten, el hombre habría habitado en la pampa—esto es, habría poblado el "suelo argentino"—desde el Pleistoceno, conviviendo con las grandes bestias extintas. La historia de Ameghino era increíble, en efecto, pero se impuso a muchos, que hacia 1878 lo ayudaron a viajar al primer Congreso Internacional de Americanistas en París para exponer su osada teoría, exhibir su colección de fósiles en la Exposición Universal de París y publicar en colaboración con Paul Gervais *Los mamíferos fósiles de la América meridional* (1880) y los dos tomos de *La antigüedad del hombre en el Plata* (1880 y 1881).

El entusiasmo de Ameghino no se detuvo allí: molesto por la versión científicamente más difundida de que el origen de las nuevas especies de mamíferos era el hemisferio norte (una versión del imperialismo en clave zoológica), Ameghino, en los ratos libres que le permite la atención de "El Glyptodón"—la pequeña librería y papelería que instala a su regreso de París—, forzó tal vez un poco la lectura de las pruebas científicas hasta escuchar de ellas lo que quería oír: que todos los mamíferos de sangre caliente habían aparecido por primera vez en el suelo de la llanura y que desde allí se habían desparramado por todo el mundo como una lenta marea filogenética que subía de sur a norte.

La cuestión se transforma: si todos los mamíferos se originan en la zona del Plata y Patagonia, la cuna del hombre debe buscarse en Sur América. Excavando en los médanos de Monte Hermoso, hacia el año 1887, Ameghino encontró conviviendo en un estrato terciario, más antiguo aún que el anterior, huesos de mamíferos rotos y quemados, tierra cocida y una vértebra cervical que correspondería a lo que Ameghino identificó como un mono antropomórfico, el *Triprotohomo argentinus*. ¿Restos protohumanos que correspondían al eslabón perdido, enterrados en un estrato del Plioceno? ¿En Monte Hermoso? Entre los huesos de mamíferos rotos, los fragmentos de piedra tallada, la tierra cocida (signos inconfundibles de una fogata) y los restos del homínido, habría una suerte de metonimia arqueológica que Ameghino interpretó como relación causal, sosteniendo que el *Triprotohomo* era el responsable de lo que perfectamente podría haber sido una suerte de asado prehistórico. Pero la prehistoria continúa. Presionado por la selección natural, el atávico homínido habría terminado de erguirse sobre sus extremidades traseras para otear el horizonte—una respuesta de la selección natural al rigor horizontal de la llanura. Miles de años más tarde, ya firmemente asentado sobre sus dos piernas, el *Homo pampeanus* corretearía por las llanuras terciarias cazando milodontes y toxodontes con arco y flecha y boleadoras, cubriéndose con sus pieles, alimentándose de su carne—sus huellas fueron halladas en las barrancas de Miramar: una punta de flecha incrustada en el fémur de un toxodonte.

"Aquí se han descubierto los restos óseos reputados por nosotros como los más antiguos que del Hombre se conocen"—anuncia Florentino Ameghino en la apertura del Congreso Científico Internacional Americano, impregnado del tono grandilocuente del Centenario. Anticipándose a la convicción de Borges de que, en ausencia de tradiciones culturales, el escritor argentino tiene la libertad de trabajar sin el peso opresivo de la memoria, Ameghino percibe en los años del Centenario al naturalista nacional "mejor preparado que los europeos para abordar tales cuestiones, porque no vivimos cargados de los prejuicios de las viejas sociedades del Antiguo mundo" (66). Atrás quedaron los días de precariedad y marginalidad institucional, cuando la falta de biblioteca le impedía separar lo que era propio de lo leído en otra parte; o cuando trataba de sacar adelante su obra "entre la venta de cuatro reales de plumas y un peso de papel, condición poco favorable, por cierto, para dar a mis ideas formas literarias elevadas" (36). Las clasificaciones aceptadas no sirven: la fauna de América es monstruosa porque la taxonomía es deficiente. Nuevas clasificaciones normalizarían los cuadros y despejarían las incógnitas que los descubrimientos paleontológicos y antropológicos le plantean a las clasificaciones vigentes.

Así, el fabuloso árbol genealógico que Ameghino plantó en la costa de Monte Hermoso prendió fuertemente en la imaginación clasificatoria de muchos científicos de la época. Las pruebas seguían acumulándose; los descubrimientos se suceden. Se sospecha que un ayudante de Ameghino, de apellido ¡Parodi!, falsificó algunas pruebas... Todo va tomando un aire de sainete científico, de sucesión de disparates que no hacen más que subrayar la ausencia de origen. Desafiante, Ameghino invita a reputadas figuras extranjeras a verificar sus hallazgos. Un implacable antropólogo del Instituto Smithsoniano de Washington, el checo-norteamericano Aleš Hrdlička, que sostenía que el hombre había emigrado a América en un pasado más reciente, dedicó buena parte de su carrera científica a desacreditar a su colega rioplatense. En 1910, Hrdlička visitó Monte Hermoso en compañía de Ameghino. Si bien no negó que los restos hallados presentaban la huella del hombre, sí desmintió su antigüedad. La vértebra simioide que había entusiasmado a Ameghino era manifiestamente humana, tanto como los restos de la fogata y de los utensilios, que correspondían a una época reciente. Ocurre que en Monte Hermoso, que es donde comienza toda esta historia, el subsuelo es demasiado arenoso, demasiado voluble y movedizo como para no pensar que los restos fósiles en cuestión no hubieran sufrido movimientos verticales producto de la erosión o el drenaje, según una escala de tiempo en la que un ligero desplazamiento hacia arriba o hacia abajo equivale a una diferencia de millones de años. Se trataba, literalmente, de una falla estratigráfica, un error de lectura del archivo geológico que confundía voluntaria o involuntariamente estratos diferentes, según una larga y productiva tradición de "malas lecturas" que atraviesan la literatura del desierto.

No fue el único en confundirse o en tratar de confundir. Para la misma época en la que Ameghino reclama que la pampa era la cuna de la humanidad, los ingleses entierran y desentierran en una cantera de un pueblo de Sussex restos óseos humanos mezclados con los de un mono y un orangután, debidamente alterados, para fraguar la historia de que el hombre era inglés (y no alemán, como sugería el descubrimiento de la mandíbula de Mauer de los Neanderthal en Alemania, y menos argentino). Se trataba del hombre de Piltdown, un fraude científico que no fue desenmascarado hasta 1953.

Bruce Chatwin, ficciones de origen

La historia no puede haber pasado desapercibida para uno de esos naturalistas y viajeros precoces que circulan por el género, capturados desde niños por ficciones paleontológicas, hazañas arqueológicas o aventuras exóticas que siguen circulando por la cultura de masas (por ejemplo, en el turismo) como residuos de una cultura imperialista. La literatura del desierto está poblada de ellos: el niño de diez años al que apela Ameghino, capaz de leer en una piedra o en un hueso la huella de la mano del hombre; las tribus de pequeños salvajes que corren por la memoria de Hudson; o los niños coleccionistas de baratijas arqueológicas y paleontológicas de Francisco Moreno, que recuerda el museo de su infancia: "Dos vértebras caudales, fracturadas, de un gliptodonte; tres placas de la coraza del mismo animal, algunos insectos del Paraguay, un arco con seis flechas, armas de los indios del Chaco, y un famoso 'ídolo de un pagoda china' figurón bautizado así por nosotros y que era el crédito de nuestra colección" (28).

Hacia 1953, a los trece años, un niño que escribiría dudosos libros de viaje donde la verdad se diría mintiendo se apasionaba por la geografía del miedo que la guerra fría desplegaba sobre las ciudades europeas. El mundo estallaría, y el hemisferio sur sería el único lugar seguro. Pero no fue ésa la primera vez que Bruce Chatwin—de él se trata—localizaba en la Patagonia su deseo. Cuando tenía cuatro o cinco años, un trozo de piel de brontosaurio, "gruesa y curtida, con hebras de pelo áspero y rojizo" se había apoderado fuertemente de su imaginación infantil, donde crecería hasta tomar la forma de un animal peludo y voluminoso, con garras y colmillos, parecido a un mamut. Desde una vitrina en la casa de la abuela, donde yacía unido a una tarjeta que el niño todavía no podía leer, la reliquia prehistórica transmitía un relato donde el pasado remoto de un lejano continente se mezclaba con la historia familiar. El brontosaurio había sido descubierto a fines de siglo por el legendario tío Charley, un capitán de la marina mercante que había naufragado tratando de rodear el estrecho de Magallanes. Atrapado en un glaciar, el brontosaurio se había conservado intacto en el hielo, hasta que Charley, al mando de una cuadrilla de obreros indígenas, lo había hecho enviar al Museo de Historia Natural de South Kensington.

En algún momento, la historia del tío Charley y el brontosaurio se tropezó con un maestro de biología. La versión quedó desarmada (el brontosaurio era un reptil y no tenía pelo) y, en nombre de la ciencia, el maestro le ordenó al joven Chatwin dejar de mentir, como tantos otros que criticarían sus libros de viaje. Con el tiempo, las piezas de la historia se ordenan: el trocito de piel no pertenecía a un brontosaurio, sino a un milodonte o perezoso gigante. Y no había sido un animal completo lo que Charley había descubierto y vendido al Museo Británico, sino apenas un poco de piel y algunos huesos conservados por el frío seco de una cueva vacía en el extremo sur de la Patagonia chilena.

"Nunca en mi vida volví a desear nada tanto como deseaba ese trocito de piel" (8): lo más profundo para el Chatwin de *Patagonia* es la piel, ese pedacito de piel perdida, flotando en un bloque de infancia como un fósil atrapado en un cristal de ámbar. Como los esqueletos colosales exhibidos en el Museo de La Plata, reconstruidos por Ameghino a partir de una garra o de un colmillo, *Patagonia* es un mosaico de voces y relatos fragmentarios gravitando alrededor de esa partícula de prehistoria infantil que el escritor-viajero se dedicó activamente a perder. Porque el viaje, como experiencia coleccionable que hay que perder para que, con los años, adquiera valor estético, se transmuta en un relato enmarcado por la pérdida—la invitación a un viaje que comienza con la pérdida (el fragmento de piel de brontosaurio que, después de la muerte de la abuela, va a parar a la basura) y que termina en el hueco vacío de una cueva desierta, cubierta de excremento fósil de perezosos.

Espacio estriado por discursos múltiples, la Patagonia por la que viajó Bruce Chatwin es un palimpsesto formado por capas aluvionales de observaciones, documentos y fábulas depositadas por la historia. Es que hacia 1974 no queda nada sin contar. La Patagonia es un cementerio de relatos que, en un mutismo de fósil, yacen esparcidos sobre un mundo desencantado por la ciencia, el estado y el mercado. El texto tiende al museo, al archivo, a la serie, a la recolección de curiosos especímenes discursivos que se van almacenando en las vitrinas de un relato donde lo que el viajero ve y escucha está mezclado con lo que otros han visto e imaginado antes que él, cuando los signos formaban con las cosas una apretada red que Chatwin trata de volver a enmarañar.

Chatwin viaja de un lado a otro al azar de los relatos por una Patagonia extraterritorial y cosmopolita donde lo argentino se diluye en una red de informantes nativos descendientes de colonos galeses, escoceses, ingleses, españoles, alemanes, norteamericanos, franceses, italianos, bóers, lituanos, persas, judíos y araucanos. Como en los anacronismos deliberados de las ficciones científicas de Ameghino, la ciencia y el mito, el pasado y el presente, lo muerto y lo vivo, la verdad y la ficción, lo propio y lo ajeno, volverán a ser parte de un continuo que, en el ir y venir del viajero, se trama en la escritura. Porque con Chatwin, los signos adormecidos de los antiguos relatos volverán a hablar. Chatwin llegó demasiado tarde al relato de viaje, un género devaluado por la lógica del consumo, el turismo global y los cálculos exotistas del realismo mágico. Y como una suerte de Pierre Menard del arte de viajar, quiso pasar por los lugares comunes del género sin copiar ni transcribir lo que otros habían observado y escrito antes que él. Podría decirse que viajó para que una apretada trama de historias se repitan y, a través suyo, hicieran la diferencia, el extrañamiento, la literatura.

Para el viajero que pasea como si hojeara un archivo, las historias paralelas corren por un plano donde el tiempo cronológico se encuentra suspendido, donde todo es simultáneo. Allí están todavía, reconocibles en los duros rasgos de los trabajadores migratorios del sur de Chile, los indómitos araucanos del poema de Alonso de Ercilla que Voltaire tomó como modelo para su buen salvaje y Shakespeare, para su Calibán. La historia se repite en clave anarquista cuando en 1920 los trabajadores de las estancias se levantan contra sus patrones—una revolución "en miniatura [que] parecía explicar el mecanismo de todas las revoluciones" y que terminó con una violenta represión que repite las matanzas de los conquistadores y del ejército nacional (138). Chatwin también repite la historia de Jemmy Button, el ejemplar de salvaje fueguino que en 1830, siendo un niño, fue secuestrado y llevado a Londres por el oficial principal del H.M.S. Beagle, Robert FitzRoy, para probar que todos los hombres, incluidos los salvajes patagónicos, eran hijos de Adán y, por lo tanto, susceptibles de mejorar. (Cinco años después, cuando el experimento filosófico había concluido y Jemmy, mejorado por la civilización, volvía en el Beagle para retomar su vida salvaje, Darwin, naturalista de a bordo, contemplaba desde cubierta cómo la teoría de su amigo FitzRoy comenzaba a naufragar ante las costas fueguinas: el grito "Monos, sucios, tontos. ¡No son hombres!", dirigido por Jemmy a unos indios enemigos de su tribu, pudo haber sido el germen de la teoría evolutiva del origen del hombre— sugiere razonablemente Chatwin.)

No lejos de la anécdota de Jemmy Button, Chatwin reconstruye a partir de una entrevista que tuvo en Francia con el príncipe Philippe, monarca "en el exilio" del reino de Araucanía y Patagonia, la historia de su antecesor, el legendario Orélie-Antoine de Tounens—el charlatán francés que en 1859, a semejanza de "El hombre que deseaba ser rey" de Rudyard Kipling, unificó las tribus araucanas haciéndose proclamar rey de la Patagonia. No es el único anacronismo: en la primera década del siglo, cuando en las últimas fronteras norteamericanas ya reinaba la ley y el orden, Butch Cassidy y *The Wild Bunch* buscaron en el Lejano Sur patagónico revivir el anarco-bandolerismo que los hizo legendarios en el Wyoming de los años setenta.

Entre la represión de trabajadores y la matanza de guerreros araucanos; entre el salvaje semidesnudo y el Jemmy Button vestido a la europea, cruzando de ida y de vuelta el océano que separa el hombre civilizado del salvaje; entre el colonialismo tardío y los sueños imperiales de Orélie-Antoine de Tounens y la consolidación territorial de Argentina y Chile como jóvenes estado-nación; entre la Patagonia de 1900 y la frontera norteamericana de 1870, hay un mismo desfasaje, una misma distorsión temporal. En *Patagonia*, el tiempo lineal está salido de sus goznes: el viaje al sur del agente imperial, del naturalista, del asaltante de bancos, del burgués imperialista o del anarquista es un retorno a un mundo más antiguo y más firme—como el viaje de Juan Dahlmann entre la vida y la muerte, entre lo vivido y lo deseado, entre el siglo diecinueve y el siglo veinte, entre las ficciones de los libros y los signos mudos de la llanura.[5]

En este sentido, Chatwin se inscribe en una larga tradición de viajeros que viajan para colmar de realidad los signos leídos o escuchados en otro lado, para llevar una historia—un gran relato, una hipótesis científica, un programa de emancipación, una leyenda—al mundo y experimentar con el poder de las ficciones. De ahí su fascinación por personajes que, de algún modo, fueron capaces de hacer vacilar por medio de un relato la consistencia del mundo que la ciencia, el estado o los medios de comunicación traman con sus signos. Como Martín Sheffield, un aventurero texano "parecido a Ernest Hemingway" (58) que, hacia 1922, convenció a distintas sociedades científicas de la existencia de un ejemplar vivo de plesiosaurio, un pequeño dinosaurio que, de mediar alguna ayuda económica, Sheffield se ofrecía a cazar y a embalsamar. O como el propio Florentino Ameghino, que hacia 1899 volvió a alborotar a la comunidad científica internacional con otro de sus sensacionales artículos, titulado Notas preliminares sobre el Mylodon Listai, representante VIVIENTE de los antiguos fósiles de gravígrados edentados de la Argentina. Resulta que en 1897, atraído por los rumores de un descubrimiento científico, Francisco Moreno—que disputa con Ameghino el centro de la escena científica local— viajó hasta el sur patagónico para verificar que sólo se trataba de restos del cuero prehistórico que ya conocemos, secándose el sol en la entrada de la cueva de la que unos años más tarde el tío Charley tomaría su

---

5. En su reconstrucción de los modos de producción del espacio patagónico, Gabriela Nouzeilles opone textos como los de H.W. Hudson al relato que identifica avance viajero o colonizador con la idea de progreso: "Si, de acuerdo con los presupuestos históricos occidentales, desplazarse en el espacio es avanzar en el tiempo (la colonización como progreso), la experiencia de la Patagonia fue, por el contrario, un retorno, un retroceso, un desvío afuera de los caminos de la historia". Ver Gabriela Nouzeilles, "Patagonia as Borderland: Nature, Culture, and the Idea of the State" 35-48.

parte de esta historia. Moreno despachó las muestras al Museo Británico, previo paso por el Museo de La Plata. Ameghino, que sigue con celo los pasos de su rival, debe haber excavado y removido el contenido de la caja ajena, para luego lanzar, con la audacia que lo caracteriza, su sensacional versión. Una versión que hoy llamaríamos polifónica, donde un animal mítico que recorre las leyendas aborígenes, el *yemische*, se funde con el animal viviente que la ciencia ansiaba encontrar. En efecto, por esos años, muchos zoólogos estaban dispuestos a creer que, al sur de los Andes, una región inacabada y todavía a medio hacer, un gran mamífero antidiluviano había sobrevivido a las glaciaciones. Ameghino, que no era ajeno a esta fantasía del conocimiento de la época, se dedicó a justificar una conjetura que alimentó su deseo y su formación científica. ¿Cómo no creer entonces que, hacia 1895, mientras trataba de vadear el río Senguer, un tehuelche llamado Hompen vio y mató con un golpe de sus boleadoras al *yemische*, y que guardó un pequeño trozo del cuero para su amigo el explorador blanco? ¿Cómo evitar concluir que "el *yemische* y el milodonte eran un mismo animal" (262), rebautizado con el nombre de Neomylodon Listai en memoria del exgobernador de Santa Cruz Ramón Lista (cazador de grandes animales, además de asesino de tribus enteras de aborígenes fueguinos)? No había dudas: había milodontes vivos en la Patagonia, y si lograba juntar los fondos necesarios, Ameghino estaba listo para salir a cazarlos y rellenar con la presencia contundente del animal vivo esa totalidad perdida que el pedacito de piel sugería. El *Daily Express* se hizo ecos del hallazgo, y financió una expedición para buscar el ejemplar que nunca apareció. El Museo Británico, que no estaba del todo convencido, pidió con insistencia muestras del hallazgo que Ameghino nunca presentó.

Más que el placer de volver a contar una anécdota, lo que cuenta para Chatwin es el procedimiento, el mecanismo ficcional que permite que las historias se multipliquen, que la narración recomience una y otra vez. El encuentro en un colegio salesiano de Comodoro Rivadavia con el padre Palacios es una réplica miniaturizada del funcionamiento general de *Patagonia*. Chatwin toma impulso narrativo a través de la figura de este ecléctico sabio patagónico en el que confluyen la multiplicidad de tramas espaciales y discursivas que constituyen el género. Palacios encarna la fantasía de la unidad del saber—un saber artesanal, contingente y heterogéneo, que procesa datos imposibles de clasificar según criterios científicos. Se trata de la historia de lo otro, lo que carece de valor racional y, de acuerdo al orden empírico fijado por la ciencia y sus leyes, está ahí, silencioso e invisible como un blanco sobre un mapa, llevado y traído de un lugar a otro por los relatos.

Doctor en teología, antropología y arqueología, Palacios es un pomposo experto en cuestiones indígenas, además de biólogo marino, zoólogo, ingeniero, físico, geólogo, agrónomo, matemático, genetista y taxidermista (sin contar las cuatro lenguas europeas y las seis lenguas indígenas que habla). Chatwin lo encuentra sentado bajo un árbol en el medio de una tormenta de tierra, enfrascado en un manual de ingeniería aplicada. Como los personajes de Roberto Arlt, el padre Palacios es una especie de *bricoleur* que trabaja con una colección de residuos discursivos, ficciones pseudocientíficas, manuales de divulgación y saberes no legitimados que circulan por los márgenes de las instituciones científicas. La conferencia sobre prehistoria de la Patagonia que improvisa para Chatwin es un mosaico de materiales heterogéneos ya elaborados por la cultura, donde los escombros de antiguos discursos sociales se mezclan con las últimas novedades científicas, desviadas de su función original. La exposición, que va de la estadística y el carbón radiactivo a teorías migratorias y pinturas rupestres de milodontes, pronto se funde con un disparatado viaje fantástico frente al cual la exaltada imaginación científica de Ameghino empalidece: en la Patagonia prehistórica hubo unicornios tal como los que se describen en los Salmos Sagrados; seres sensibles presenciaron el nacimiento de los Andes; un antepasado del hombre anterior al australopiteco africano habitó en la Patagonia: los indígenas lo llaman el yoshil, un protohomínido sin cola, de menos de un metro de altura que, según los turbios informantes de Palacios, todavía andaba vivo por Tierra del Fuego (Chatwin 104).

El padre Palacios se reserva para sí los documentos o fotografías que prueban sus descubrimientos. Pero lejos de intentar una refutación, Chatwin va a poner a prueba el procedimiento mimetizándose con la extraordinaria imaginación del autodidacta. Lo que sigue entonces es un viaje de la costa a la cordillera para "encontrar el unicornio del padre Palacio" (106). Siguiendo el azar de los relatos y de las versiones, Chatwin llega pocos días después al Lago Posadas y encuentra pintado sobre las superficies rocosas de un sitio sagrado el unicornio. Si no es muy viejo, puede ser un toro visto de perfil; "pero si era de verdad viejo, tenía que ser un unicornio" (114). La ambigüedad de la observación deja intacta la potencialidad de un relato que es pura pulsión narrativa, que avanza en el espacio mientras la verdad científica se pierde en el fondo de los tiempos. Un poco más adelante, al sur del lago Buenos Aires, Chatwin encuentra restos de cuchillos de obsidiana junto a la caparazón de un gliptodonte, "el *propalaeohoplophorus* de Ameghino" (120). El nombre de Ameghino señala la repetición del mecanismo: el despliegue de un suelo común donde se encuentran conviviendo dos restos de vida incongruentes. Hasta entonces no se habían descubierto rastros humanos junto a fósiles de gliptodontes—una bestia extinguida antes de la llegada del hombre a América, como le informan a Chatwin poco después. La conclusión es científicamente inquietante, porque desordena las clasificaciones y le quita el piso al espacio del pensamiento científico: si los restos de cuchillo eran de verdad viejos (como la pintura del supuesto unicornio), entonces el hombre había existido en América mucho antes de lo que se creía, y entonces el padre Palacios y Ameghino tenían razón: el hombre surgió en el fin del mundo, en el extremo sur de América.

Intacto, virtual, fraudulento, otro mundo posible yace en el pasado, paralelo a la reconstrucción científica de los hechos. Desperdicios prehistóricos, los pedazos de obsidiana y los restos de gliptodonte solo son contemporáneos en el espacio liso y maravilloso del relato, una especie de no-lugar donde los seres y las cosas se reparten de otro modo, como en una utopía. De hecho, Chatwin viene de relevar el sitio donde según relatos de viajeros del siglo diecisiete se ubicaba la Ciudad Dorada, una ciudad utópica oculta en el sur de los Andes, al pie de un volcán y sobre la orilla de un hermoso lago, que alimentó la codicia desde la época de los conquistadores hasta el siglo diecinueve. Tampoco es casual que su próximo destino de viajero sea "Puerto Deseado". Entre el orden fabuloso de la utopía, donde los edificios son palacios con techos de plata, las puertas están revestidas en oro, los habitantes son blancos y no hay enfermedades; y las anomalías y extravagancias del padre Palacios, no desmentidas por Chatwin, que remueven y desordenan el piso del conocimiento, se establecen entrecruzamientos múltiples.

Pero hay otros mundos posibles esperando ser enunciados, yaciendo silenciosamente sobre la llanura. Perdidas entre los mitos de fundación de la ciencia de Ameghino o las fantasías pseudocientíficas del padre Palacios, se encuentran otro tipo de leyendas: las que cubren por ejemplo los muros del colegio salesiano donde divaga el padre Palacios, repleto de puños pintados de rojo y consignas de frentes proletarios, o la pintada "Perón-Gorila" sobre la pared de un puesto policial abandonado, o la fotografía de un muchacho de clase media colgando en la boletería de una estación de tren, buscado por haber asesinado a un ejecutivo de la Fiat. En serie con las pinturas rupestres, son leyendas que emergen del presente de una sociedad profundamente estratificada, atravesada por antagonismos sociales y luchas políticas y sindicales: huellas frescas que la guerrilla revolucionaria y las reivindicaciones históricas del proletariado (reforma agraria, expropiación de latifundios, justicia popular, redistribución de la riqueza, etc.) imprimen en el presente. Tal vez sea ésta la otra fuerza que, discontinua y fragmentaria, Chatwin encuentra trabajando en lo real—el gran relato de emancipación que, como una falla geológica, recorre todo *Patagonia*, apareciendo y desapareciendo a lo largo de la historia.

Chatwin se encuentra con restos en todos lados: se trata de excavar en el sitio correcto y decidir en qué estrato de la experiencia ubicar el hallazgo. De camino a Esquel, en un vagón de segunda clase, le toca observar un fragmento de experiencia en el que puede leerse "la historia de América del Sur en miniatura" (74). Completamente ebrio, un araucano insulta con vehemencia a un par de andinistas porteños que viajan a la montaña, hasta que uno de ellos se harta y, a los gritos, le ordena al indio que volviera a su asiento: sumiso, el indio baja la cabeza y vuelve a sentarse entre los suyos, que miraban sin intervenir. ¿Qué acaba de pasar? Irónico y feroz, Chatwin encuentra en la escala mínima de la anécdota otra revolución perdida que se repite—una larga tradición de derrotas donde se igualan el desalojo de los indígenas de sus tierras por parte de los colonos blancos, las matanzas de fines del siglo diecinueve, la brutal represión de peones que puso fin a la huelga de los años veinte, el derrocamiento del gobierno de Salvador Allende. Pero hay otra dimensión de la repetición, donde lo que se repite no es el pasado tal como fue, condenado al museo de las revoluciones perdidas y las utopías incumplidas. Son restos utópicos, residuos de una promesa incumplida o de un deseo insatisfecho que insiste más allá de lo fallido de su actualización. Es tan importante el resultado de la anécdota—la ineficacia del insulto gratuito, la violencia separada de toda acción colectiva, la humillación frente a la autoridad—como el impulso afirmativo que late en ella, el devenir revolucionario como reserva de sentidos no actualizados emergiendo del subsuelo de la experiencia.

Bibliografía

Azara, Félix de. *Viajes por la América Meridional.* Buenos Aires: El Elefante Blanco, 1998.

Agamben, Giorgio. *Homo Sacer. Sovereign Power and Bare Life.* Trans. Daniel Heller-Roazen. Stanford: Stanford UP, 1998.

Ameghino, Florentino. *Breve antología.* Tomás Alva Negri (ed.). Buenos Aires: Ministerio de Relaciones Exteriores y Cultura, 1965.

—. "El hombre cuaternario en la Pampa". En *Obras completas y correspondencia científica de Florentino Ameghino",* Vol.II, Primeros trabajos científicos Torcelli, Alfredo J. (Ed.). La Plata" Taller de impresiones oficiales, 1915.

Andermann, Jens. *Mapas de poder.* Rosario: Beatriz Viterbo, 2000.

Collot, Michel. "De l'horizon du paysage à l'horizon des poètes". *L'horizon fabuleux.* Paris: J.Corti, 1988.

Chatwin, Bruce. *Patagonia.* Trad. de Lucrecia Moreno de Sáenz. Bogotá: Norma, 1996.

Darwin, Charles, *Diario del viaje de un naturalista alrededor del mundo en el navío de S.M., "Beagle".* Buenos Aires: El Elefante Blanco, 1997.

Foucault, Michel. *Genealogía del racismo.* Madrid: La Piqueta, 1992.

—. "Crise de la médecine ou crise de l'antimédicine?" *Dits et Écrits II 1976-1988.* Paris: Gallimard, 2001.

Head, Francis Bond. *Apuntes tomados durante algunos viajes rápidos por las Pampas y entre los Andes.* Ed. y trad. Patricio Fontana y Claudia Román. Buenos Aires: Santiago Arcos, 2007.

Hobsbawn, Eric. *La era de la revolución, 1789-1848.* Trad. Felipe Ximénez de Sandoval. Buenos Aires: Grijalbo Mondadori, 1997.

—. *La era del capital, 1848-1875.* Trad. Felipe Ximénez de Sandoval. Buenos Aires: Grijalbo Mondadori, 1998.

Humboldt, Alexander. *Viaje a las regiones equinocciales del Nuevo Continente.* 5 vols. Trad. de Lisandro Alvarado. Caracas: Biblioteca venezolana de cultura, 1941.

—. *Cuadros de la naturaleza*. Trad. de Javier Núñez de Prado. Barcelona: Iberia, 1961.

Livon-Grosman, Ernesto. *Geografías imaginarias. El relato de viaje y la construcción del espacio patagónico*. Rosario: Beatriz Viterbo, 2003.

Lyotard, Jean-François. "After the sublime: the State of Aesthetics." In David Carroll (ed). *The States of 'Theory': History, Art, and Critical Discourse*. Irvine Studies in the Humanities. New York: Columbia UP, 1990.

Mitchell, W.J.T. "Imperial Landscape". In *Landscape and Power*. Ed. Mitchell, W.J.T. Chicago: Chicago UP, 2002.

Montaldo, Graciela. *Ficciones culturales y fábulas de identidad en América Latina*. Rosario: Beatriz Viterbo, 1999.

Moreno, Francisco P. *Viaje a la Patagonia Austral. 1876-1877*. Buenos Aires: Solar/Hachette, 1969.

Musters, George Chaworth. *At Home with the Patagonians*. New York: Greenwood, 1969.

Nouzeilles, Gabriela. "Patagonia as Borderland: Nature, Culture, and the Idea of the State." *Journal of Latin American Cultural Studies*, Vol. 8, Nro. 1 (1999): 35-48.

Orbigny, Alcide de. *Voyage pittoresque dans les deux Amériques*. Paris, 1836.

Pratt, Mary Louise. *Imperial Eyes. Travel Writing and Transculturation*. New York: Routledge, 1992. [*Ojos imperiales*. Traducción de Ofelia Castillo. Buenos Aires, Universidad Nacional de Quilmes, 1997].

Rancière, Jacques. *Politique de la littérature*. Paris: Galilée, 2007.

Richards, Thomas, *The Imperial Archive: Knowledge and the Fantasy of Empire*. London; New York: Verso, 1993.

Ronai, Michel. "Paysages." *Herodote* vol I (Enero 1976): 125-59.

Rosas, Juan Manuel de. *Diario de la expedición al desierto (1833-1834)*. Buenos Aires: Plus Ultra, 1965.

Silvestri, Graciela y Fernando Aliata. *El paisaje en el arte y las ciencias humanas*. CEAL: Buenos Aires, 1994.

En contra del canon: haciendo lugar para la voz popular en los estudios decimonónicos

WILLIAM G. ACREE, JR.

Washington University—St. Louis

A comienzos del año 2006 tuve la oportunidad de dar una charla sobre el desarrollo de la cultura impresa en el Río de la Plata a lo largo del siglo XIX, tema que me ha fascinado en los últimos años. Basta con decir que di la charla en una reputada institución estadounidense, específicamente en el departamento de Romance Languages cuya sección de español contaba con estudiosos de renombre en el campo. Mis comentarios trataron de forma muy general el trayecto de la cultura impresa rioplatense, pero sí me enfoqué por un momento en el caso particular del rol de la cultura y literatura populares durante un período de guerra civil entre 1830 y 1850. Mostré imágenes de periódicos populares redactados por el gacetero gauchesco Luis Pérez (una figura todavía no bien conocida) y por su rival, el canónico autor argentino Hilario Ascasubi. Compartí con el público fotocopias de algunos de estos periódicos y de hojas sueltas con versos de autores anónimos, pues quería que vieran el formato, los grabados, las distintas fuentes tipográficas—en pocas palabras que pudieran apreciar cómo era ese tipo de texto.

Después de la charla, mientras guardaba mi "evidencia", uno de los profesores del departamento se me acercó. Este hombre, quien era especialista en literatura latinoamericana del siglo XX y de bastante peso, me sonríe (sardónicamente) y me pregunta en tono irónico: "¿Usted cree que esos textos [refiriéndose al material popular que había mostrado] realmente existieron? ¿Usted ha visto tales textos?" Le respondí cordialmente que sí, yo había visto los textos de que hablé y que sabía sin duda que existían ésos y muchos otros de un estilo similar. Luego me puse a pensar en lo que me había preguntado. O mis fotografías digitales de las hojas de Luis Pérez y los poemas gauchescos de Ascasubi no publicados en su obra completa no le convencieron de la existencia de tal literatura popular, o el profesor no quiso admitir la existencia de ese mundo desconocido—e inclusive peligroso—para el campo de los estudios literarios en el que se desempeñaba.

Al final de nuestra breve conversación me quedé con la impresión de que él seguía dudando o de que por lo menos si existía esa escritura que iba "en contra del canon", no era suficientemente importante para merecer más palabras ni estudio.

Esta anécdota introduce el tema de este artículo: el lugar de la literatura popular—y por ende la cultura popular—en los estudios decimonónicos latinoamericanos. Según el profesor con el que hablé después de la charla, tal escritura va en contra no sólo del canon sino también de lo que se debe entender como literatura o material que califica como literario. Esta conocida posición se encuentra entre generaciones de estudiosos más jóvenes, inclusive entre estudiantes de postgrado de hoy en día. Y la falta de calidad literaria no es el único problema que identifican con el texto popular. Como es evidente, mi posición con respecto al estudio de textos populares es favorable. En concreto, mi argumento es que tenemos que hacer un lugar central para la literatura popular en los estudios decimonónicos latinoamericanos, tanto en la producción escrita de los académicos como en los cursos que enseñamos, pues esta literatura gozó sin duda de un lugar central en la vida del siglo diecinueve.

Lo que trataré de hacer aquí es delinear algunas ideas iniciales de cómo podemos empezar a abrir más nuestro campo y lograr la meta propuesta arriba. Estas ideas tocan las formas de conceptualizar el texto literario del siglo XIX, el trabajo fundamental de conservar textos en estados precarios y los modos en que los empleamos para difundir este material y usarlo en el aula. Pero antes que nada, debo ofrecer una breve definición de *literatura popular* tal como entiendo y uso el término en este artículo.

En primer lugar, este tipo de literatura en el siglo diecinueve tuvo una difusión amplia a través de medios impresos y la comunicación oral. Es difícil cuantificar cuán amplia fue esta difusión sin entrar en contextos particulares, pero se puede afirmar sin duda alguna que este tipo de producción escrita y oral desde México hasta Uruguay tuvo una difusión mucho mayor que los textos reconocidos en su momento como "obras literarias" y compuestos por autores celebrados en círculos artísticos o de clase media-alta. Los índices, almanaques, anuarios y datos de editoriales que indican el tiraje de obras impresas a veces dan testimonio de este hecho, pero en muchos casos tales índices nunca fueron compilados o dejan afuera las obras consideradas entonces "no literarias", lo cual nos obliga a buscar rasgos de difusión en otras fuentes. Un buen ejemplo de esto proviene de Argentina. Durante la década de 1830 la producción de poesía, humor y periódicos que promovían la causa del partido federal, liderado por el gobernador de Buenos Aires Juan Manuel de Rosas, llegaba a niveles nunca antes vistos en América Latina y tuvo una fuerte recepción entre las clases medias y bajas. Sabemos esto por lo que escribieron los del partido opuesto—los unitarios—y los que criticaban el impacto que tenía el verso popular. Sin embargo, no existe o no se ha encontrado todavía registro estadístico del material impreso y de propaganda de esa década, a pesar de alinearse con el partido en el gobierno. Saltando a finales de la década de 1870, Alberto Navarro Viola inicia la publicación del *Anuario bibliográfico de la República Argentina* en donde aparecen resúmenes de títulos publicados ese año a veces con datos sobre tiraje. Los títulos de literatura popular, si entran en el catálogo, reciben poca atención o son descartados. Tomemos el ejemplo de los dieciséis títulos del novelista popular Eduardo Gutiérrez que aparecen en 1886, penúltimo año en que se publicó el *Anuario*. El comentario de los editores revela la actitud vis-à-vis este tipo de texto:

> En números anteriores del *Anuario* hemos tenido ocasión de anunciar algunas de estas novelas que han merecido los honores de varias ediciones. En las nuevas como en las anteriores siguen codéandose todas las categorías de la canalla, el asesino vulgar, el ladrón de alta escuela... en una palabra, todos los que han nacido para ocupar una celda en la penitenciaria y que sólo por una neurosis literaria incomprensible pueden resucitar como personajes de novela. El estilo marcha de vulgaridad en vulgaridad, tropezando como un beodo con escenas repugnantes sin describirlas y repleto de un vocabulario recojido en los corrales y enriquecido en los conventillos y en las cárceles. (*Anuario bibliográfico* 225)

En segundo lugar, si bien la literatura popular sigue formatos y reglas formales de composición—rima, métrica, estilos en prosa—su contenido marca otras preocupaciones. El lenguaje muchas veces imita el habla popular, sea de residentes del campo, sea de comunidades de inmigrantes o de descendencia africana o indígena, en vocabulario tanto como en sintaxis. Por supuesto hasta finales del siglo los que podían escribir pertenecían a una minoría de alfabetos en América Latina y se sabían, algunos más que otros, reglas generales de gramática. Sin embargo, no quita que estos autores o bien provenían de las mismas capas sociales que sus personajes o bien pasaban horas entre los que componían la clase media-baja. Por otro lado, hubo escritores de literatura popular que nunca aprendieron las reglas formales de la escritura. El esclavo, el obrero, el arriero, la mujer que de algún modo "supieron" leer y escribir ofrecen ejemplos. Otros aspectos de la literatura popular se harán evidentes más abajo, pero esta definición de dos de sus características elementales—su alcance o diseminación, y su lenguaje—nos ayudan a aproximarnos al tema principal. Irónicamente, las mismas características detrás de la popularidad de este tipo de literatura resultaron en su marginación por élites intelectuales. Dicho de otra forma, el ser popular era equivalente a no ser de buena calidad "literaria".

El concepto de literatura decimonónica

La literatura del siglo diecinueve en América Latina es un tipo de producción cultural "especial" (y no lo digo porque sea el campo mío). Es especial porque es a la vez resultado y promotora de una revolución de la imprenta y de las formas de comunicación en la región, cambios fundamentales que no se dieron durante la época colonial y cuyas ramificaciones ya se habían implantado para comienzos del siglo XX. Es especial porque emerge durante las guerras de independencia y, salvo en el caso de Brasil, durante largos años de conflicto armado entre nuevas facciones partidarias. Y es especial, también, porque se produjo para un público que en su gran mayoría era analfabeto hasta finales de los 1800 o bien las primeras décadas de los 1900. Por supuesto se pueden ver paralelos entre estas características de la literatura decimonónica latinoamericana y la de Estados Unidos entre 1750 y 1850 o la de Francia en los siglos diecisiete y dieciocho. En ambos casos los avances en la tecnología de la imprenta dieron pie a una nueva industria editorial y a nuevos modos de comunicación a través de la cultura escrita. Una de las diferencias principales del contexto decimonónico en América Latina yace en el impacto que tuvieron las guerras y los cambiantes contextos políticos que iban de la mano del desarrollo de la imprenta y de "literaturas nacionales". Es decir, la publicación de periódicos, volantes, pasquines, versos, grabados, diarios y otro material impreso que tomó fuerza entre 1810 y 1830 y que se consolidó en los años posteriores, gracias en gran parte a la necesidad de producir propaganda política en períodos de guerra, dejó una impronta en la escritura latinoamericana del siglo XIX que no se asemeja a la escritura de otros contextos, a pesar de otros aspectos que tengan en común. Todo esto señala que el campo de la literatura decimonónica se beneficiaría de una reorientación que permita una reconceptualización más abarcadora de lo que es esta literatura. Quizás esta reorientación se pueda enfocar en el concepto de escritura más que en el de literatura.

Pensar en la "escritura" decimonónica quita en parte la necesidad de considerar el valor estético que se suele asociar a la noción comúnmente aceptada de literatura y que ha marginado al texto popular. Pero la reorientación y la reconceptualización del campo no deben limitarse a una cuestión semántica, sino que deben apuntar a un entendimiento del texto literario en el contexto especial de los años 1800, tomar en cuenta la materialidad del texto e incluir la importancia de las distintas prácticas de lectura. El concepto de literatura en el siglo XIX por el que abogo tiene que incluir tanto la cultura escrita como la cultura oral, lo cual es inseparable de las prácticas de "lectura". El significado de lo material del texto se verá enseguida; por el momento conviene enfatizar que la lectura individual en silencio era uno de varios modos de interactuar con el texto y no el más "popular". La lectura en voz alta en grupos pequeños o grandes, en iglesias o bares, en reuniones de amigos y familia, es una parte clave de la literatura del período. El canto de versos, al igual que la escritura de lo que primero se cantaba, es otra parte clave. El traspaso del texto, desde el número de un periódico que circulaba entre tres o cuatro lectores, el panfleto que un autor distribuía a su red de amigos, o la hoja suelta pegada a un muro en el centro de la ciudad, tenía su rol también en la difusión de la literatura y las prácticas de lectura.

Estos cambios de reorientar y reconceptualizar la literatura de la época ya se están dando en cierta medida en los estudios culturales, en la historia cultural, en los *performance studies* y en los estudios literarios más tradicionales que tratan del siglo XX. De hecho es casi "natural" incluir la cultura y la literatura populares en el estudio del siglo XX, pues pertenecen a la edad de producción masiva con la que es fácil asociar lo popular. La literatura popular anterior a 1900 ha sido más difícil de estudiar y ha atraído menos atención académica, aunque la generación de "grandes bibliófilos", con figuras como Antonio Zinny, José Toribio Medina y Juan Canter, escribió sobre literatura popular de los 1800.[1] También lo han hecho coleccionistas, filólogos, antropólogos y folkloristas de mediados del siglo XX que se han preocupado por los orígenes de los corridos o el alcance de la poesía gauchesca.[2] Más recientemente han salido estudios sobre la literatura popular decimonónica o sobre temas de la cultura popular en América Latina que involucran la escritura popular, y la historiografía latinoamericanista en la academia estadounidense se ha preocupado en los últimos quince años por recuperar lo popular en la política y en la vida cotidiana y por ver *agency* en lo popular.[3] Si bien los especialistas en literatura decimonónica son conscientes de la importancia de las distintas prácticas de lectura y del valor material del texto, estos temas ocupan un lugar secundario en la producción intelectual; se suele ver como algo curioso, pero no esencial para leer críticamente un texto. Y si bien los que trabajan textos anteriores al siglo XX entienden que la literatura de entonces no era la misma práctica social que

---

1. Estos autores no profundizaron en el tema de la literatura popular sino que recopilaron datos de distintas publicaciones, comentaron la autoría y a veces incluyeron historias vinculadas con la circulación de un texto. Ver por ejemplo las voluminosas historias de imprentas de Medina; y Zinny.

2. Representativa de este esfuerzo es una colección de una riqueza inigualable, la Encuesta de Folklore de 1921, ubicada en el Instituto Nacional de Antropología y Pensamiento Latinoamericano en Buenos Aires. La encuesta contiene material recogido por los maestros de las escuelas primarias sobre tradiciones rurales, música y poesía popular y otro contenido "folklórico" de la segunda mitad del siglo diecinueve hasta la segunda década del siglo veinte. Sobre corridos ver Simmons; McDowell; y de María y Campos. El interés en la literatura popular de otras regiones se ve en Keller; Rojas; y los "cancioneros" de varios países compilados en torno a mediados del siglo.

3. Sin ser una lista exhaustiva, unos buenos ejemplos del nuevo interés en el campo de la escritura popular incluyen: Prieto; Acree, "Gaucho Gazetteers"; Schlickers, aunque este estudio reproduce un conocimiento del texto popular rioplatense basado en estudios anteriores cuyas fuentes eran muy limitadas; Chasteen, 149-54; Dabove; Lewin; y, a pesar de que trate mayormente del siglo XX, Slater.

es hoy en día o que era a finales del siglo XX, es frecuente la aplicación anacrónica de una noción contemporánea de "literatura" al texto decimonónico. Es en parte gracias a ello que la presencia de la literatura popular hoy en día todavía no tiene lugar suficiente en nuestras revistas, libros de crítica y libros de texto, lo cual es signo de la necesidad de reflexionar sobre nuestro concepto de literatura del siglo diecinueve. Sin embargo, esta reflexión no puede llevarse a cabo sin emprender al mismo tiempo un proyecto de rescate y conservación de textos populares americanos del siglo XIX.

Rescate y conservación

Una segunda tarea fundamental para que la escritura popular pueda tener su lugar merecido entre otros textos es la de rescate y conservación. En su gran mayoría los textos populares eran por naturaleza efímeros, no diseñados para coleccionar ni publicar en formatos muy duraderos, y es en parte por ello que encontramos tan pocos de estos textos entre los que suelen estar en los estantes de nuestras bibliotecas. Si la calidad del papel usado en la impresión de algún que otro corrido era igual al que se usaba para publicar una gaceta entre la élite de México, sus destinos eran diametralmente opuestos. Aquí se involucra el público lector al que se dirigía un autor, pues este público determinaba a dónde iba a parar un texto después de ser leído (de cualquier manera). Por ejemplo, el periódico de una ciudad capital como *La Gaceta de Buenos Aires* tenía buenas chances de estar archivado en una recién establecida biblioteca pública, en los fondos del gobierno o en la colección particular de un letrado. El texto más popular se leía en otros ambientes más "sucios"—bares, pulperías, reuniones, entre soldados o vendedores ambulantes. Así, la materialidad del texto iba definiéndose según sus modos de lectura. El volante con algunos versos alimentando a las tropas paraguayas en la guerra de la Triple Alianza tenía más chances de usarse para prender un fogón que de guardarse en una biblioteca.[4]

Entonces, en primer lugar, hay que emprender una minuciosa labor de identificar los textos que todavía existen en distintos

---

4. Irónicamente uno de los textos más populares de la guerra paraguaya, el periódico *Cabichui* que fue publicado para las tropas paraguayas, se conserva entero, pues fue una publicación con apoyo estatal. Sobre este periódico ver Huner.

fondos en todas partes de América Latina. Este trabajo es el primer paso en rescatarlos del olvido. Significa una búsqueda archivística que por las condiciones de trabajo, los horarios y la logística de acceso a las colecciones puede ser inhóspita o inclusive poco práctica. Al mismo tiempo este trabajo puede resultar en el encuentro de tesoros—fuentes de cuya existencia sabíamos, o textos conocidos en tiempos pasados pero cuyos rastros se habían perdido—que pueden enriquecer lo que sabemos de literatura y cultura populares y facilitar el proceso de reconceptualización de la literatura del siglo XIX.

Una vez que se identifiquen tales textos, hay que rescatarlos también de los microorganismos que hacen trizas el papel, de inundaciones que destruyen archivos enteros, de temperaturas y humedad que hacen desaparecer la tinta y de otros factores que afectan la fisicalidad de los documentos. En una palabra, hay que elaborar formas de conservar los textos que encontramos. Desde finales de los 1800 se ha hecho esto con la publicación facsimilar de documentos, práctica que se usó mucho en torno al primer centenario de la independencia para vender periódicos de la época de las guerras como algunos de los "primeros" textos nacionales. A lo largo del siglo XX el facsímil ha servido para difundir textos de difícil o imposible acceso a un público amplio y alejado (en tiempo y distancia) del lugar donde se guarda. Tal es el caso del facsímil de la *Gaceta de Montevideo* o de los tres tomos de *El parnaso oriental*, para nombrar sólo dos ejemplos. En Buenos Aires el Instituto Bibliográfico Antonio Zinny emprendió en los años 1970 la labor de publicar en facsímil periódicos de las décadas 1820 y 1830, inclusive la colección completa del muy popular *El torito de los muchachos* de Luis Pérez. Al lado del facsímil algunas bibliotecas en Latinoamérica han hecho microfilms de estos textos efímeros, aunque a veces los mismos microfilms han empezado a deteriorarse, estropearse o perderse. Desde Estados Unidos el *Center for Research Libraries* ha lanzado un proyecto de microfilmación para preservar justamente este tipo de material.[5]

Quizás sea más económico y práctico para el investigador individual es hacer uso de la fotografía digital. Los avances en esta tecnología en los últimos cinco años han hecho posible la conservación de documentos en nuevos formatos que ocupan mínimo espacio físico—como archivos fotográficos, documentos PDF o archivos

---

5. http://www.crl.edu/areastudies/LAMP/

disponibles en *Internet*—y que pueden reproducirse a resoluciones sumamente altas. Obviamente hay una ética que va de la mano con la fotografía digital—copias para las instituciones donde se guardan los textos, reglamento de algún modo de la difusión del archivo digital. Sin embargo, esta tecnología promete mucho en cuanto a las posibilidades de rescate y conservación, que a su vez abren innumerables posibilidades para la investigación individual y la producción académica. Además, si logramos rescatar y conservar algunos de los textos populares todavía existentes podremos ir pensando en cómo incorporar esta voz popular en los cursos que enseñamos.

Integración de la voz popular en el aula

Si se logra hacer un lugar para la literatura popular en el estudio de América Latina del siglo XIX corresponde integrar esta voz a los cursos que enseñamos. Una ojeada a cualquier antología comúnmente asignada a nivel de grado revela que por lo menos allí la literatura popular todavía no ha cabido. La selección de *Martín Fierro*—poema que fue ridiculizado por los letrados hasta comienzos del siglo XX cuando el número creciente de inmigrantes empezó a asustar a los intelectuales y políticos y éstos lanzaron su campaña para crear nuevos símbolos nacionales—o alguna que otra "tradición" de Ricardo Palma serán la excepción. Al nivel de cursos de postgrado, el material disponible que trata de literaturas populares de América antes de 1900 también es muy reducido. Por supuesto novelas como *María o Santa* todavía se reeditan y por tanto son fáciles de adquirir para el alumnado. Pero cuando se trata de la obra teatral *Juan Moreira*, un espectáculo sumamente popular, o la novela del mismo título que vendió más ejemplares para 1900 que los más de sesenta mil de *Martín Fierro*, o de textos no publicados en ediciones recientes o facsimilares, las opciones se limitan drásticamente.

El proveer estos textos para uso pedagógico depende en primer lugar del punto con el que iniciamos el argumento: reorientar nuestro concepto de literatura del período. Ese proceso y la subsiguiente tarea de rescatar textos en peligro de desaparecer darán paso a publicaciones impresas o electrónicas de literaturas populares. Dicho de otro modo, si nosotros como investigadores logramos compilar un cuerpo de textos populares que se puedan compartir con un público lector amplio, se facilitará la adopción de tal material en el aula. La inclusión de estos textos en cursos introductorios o seminarios a su vez enriquecerá lo que aprenden nuestros estudiantes y cómo formulan su concepto de literatura. De la misma forma puede enriquecer la experiencia de enseñanza para nosotros.

El trabajo de rescate y de reorientación puede dar paso igualmente a la composición de nuevas antologías para uso en varios niveles del currículum. Enfatizo la noción de libros de texto aquí por la naturaleza del material decimonónico; es decir, puesto que no hubo producción de grabaciones audiovisuales hasta finales del siglo, y dado el carácter incipiente de la fotografía, dependemos casi exclusivamente de material escrito o impreso. Éste puede incluir por supuesto ejemplos de la cultura visual. Dicho lo anterior, con la excepción de la antología *Literatura hispanoamericana* editada por Anderson-Imbert y Florit, la mayoría de los libros de texto consisten de un solo volumen que contiene selecciones desde la escritura precolombina hasta la literatura de los últimos años. Por más meritorias que sean las actuales antologías, su estructura que cubre tanto material a lo largo de tanto tiempo restringe la selección de textos. Si hubiera una nueva división de los textos compilados habría más libertad de incluir otros materiales, inclusive literatura popular. Por ejemplo, podría haber una colección de antologías en letras latinoamericanas parecida a la que existe para la literatura estadounidense.[6] Tanto la *Norton Anthology of American Literature* como la *Heath Anthology of American Literature* se ofrecen en múltiples volúmenes. Una antología de literaturas latinoamericanas podría dividirse en volúmenes que tengan la siguiente periodización: 1) escrituras precolombinas, el encuentro y la época colonial; 2) 1810-1910, desde las guerras de independencia al comienzo de la Revolución mexicana; 3) siglos XX y XXI.

Por supuesto hay otras opciones para dividir los períodos y la organización temática; la idea es de ir abriendo espacio para incluir nuevo material en los libros de texto que usamos, lo cual se tendrá que hacer tarde o temprano dada la tremenda producción de literatura contemporánea. A lo mejor las nuevas antologías resultarían en modificaciones al esquema de ofrecer dos cursos introductorios—uno que cubre lo escrito pre 1900, y otro que trata la literatura después de 1900—aunque ya hay departamentos en Estados Unidos que han empezado a modificar si no ampliar el currículum

---

6. Le debo esta idea al profesor Christopher Conway de la Universidad de Texas en Arlington, quien me la sugirió.

(tres cursos introductorios que siguen la división de la antología arriba, o la eliminación de estos cursos y la oferta de seminarios más especializados al nivel de licenciatura) donde una antología de varios volúmenes funcionaría perfectamente.

Los medios enumerados hasta ahora—nuevas ediciones facsimilares, textos digitalizados o nuevas antologías—darían lugar a que la literatura popular entrara más en los estudios decimonónicos, y ello sólo puede ser ventajoso para nosotros como académicos y para nuestros estudiantes.

Conclusión

He propuesto aquí algunas ideas iniciales de cómo ir haciendo un lugar para la literatura popular en los estudios decimonónicos latinoamericanos. Como he argumentado, este tipo de escritura era parte fundamental del desarrollo de tanto la cultura impresa como la cultura política en toda América. Su diseminación y su lenguaje la puso al alcance de un público lector amplio, mas los rasgos de esta literatura se han ido perdiendo por la falta de atención crítica, por el carácter efímero del texto mismo, por las condiciones en los archivos que albergan los textos y por otros factores no enumerados. Para que esta literatura tenga más presencia en los campos de los estudios literarios y culturales, es necesario repensar cómo entendemos el significado de la literatura en los años 1800, hacer un trabajo de rescate de conservación de materiales encontrados e ir incorporándolos en nuestros proyectos de investigación y en nuestras clases.

En este artículo he presentado el caso de la literatura popular en términos muy generales. Algunos lectores me pueden culpar de dejar fuera los casos específicos, o de orientar mi enfoque más que nada hacia el contexto académico norteamericano, lo cual es verdad. He querido ofrecer un punto de partida, un marco general para ir pensando más en casos particulares de literatura popular en el siglo XIX. Espero aprender de mis colegas sobre casos particulares en las distintas regiones de América. En algunas universidades en América Latina se ofrecen hoy en día cursos que ya tienen un componente de literatura popular y hay variaciones en torno al concepto de la literatura y su estudio, sobre todo en la época anterior al 1900. No obstante estas diferencias entre sistemas educacionales en el norte y en el sur o entre la formación de académicos en diferentes regiones, la necesidad de hacer un lugar para la voz popular nos incumbe a todos los que nos interesamos en los estudios decimonónicos.

Bibliografía

Acree, Jr., William G. "Gaucho Gazetteers, Popular Literature, and Politics in the Río de la Plata." *Studies in Latin American Popular Culture* 26 (2007): 197-215.

Anuario bibliográfico de la república argentina, año VIII, 1886. Buenos Aires: Imp. M. Biedma, 1887.

Chasteen, John Charles. *National Rhythms, African Roots: The Deep History of Latin American Popular Dance.* Albuquerque: U of New Mexico P, 2004.

Dabove, Juan Pablo. *Nightmares of the Lettered City: Banditry and Literature in Latin America, 1816-1929.* Pittsburgh: U of Pittsburgh P, 2007.

de María y Campos, Armando. *La Revolución mexicana a través de los corridos populares.* Mexico, D.F.: n.p., 1962.

Gaceta de Buenos Aires, ed. facsimilar. 6 vols. Buenos Aires: Compañía Sud-Americana de Billetes de Banco, 1910-15.

Gazeta de Montevideo, ed. facsimilar. Con una introducción de Juan Canter y un estudio preliminar de M. Blanca París y Q. Cabrera Piñón. Biblioteca de Impresos Raros Americanos, 1. Montevideo: Facultad de Humanidades y Ciencias, Instituto de Investigaciones Históricas, Universidad de la República, 1948.

Huner, Michael Kenneth. "*Toikove Ñane Retã!*: Republican Nationalism at the Battlefield Crossings of Print and Speech in Wartime Paraguay, 1867-1868." En *Building Nineteenth-Century Latin America: Re-rooted Cultures, Identities, and Nations*, ed. William G. Acree, Jr. y Juan Carlos González Espitia. Forthcoming, Vanderbilt U P)

Keller, Jean P. "Popular Poetry in Colombia." *Hispania* 35.4 (1952): 387-91.

Lewin, Linda. "A Tale of Two Texts: Orality, Oral History and Poetic Insult in the Desafio of Romano and Inacio in Patos (1874)." *Studies in Latin American Popular Culture* 26 (2007): 1-26.

Lira, Luciano, ed. *El parnaso oriental o guirnalda poética de la república uruguaya.* Clásicos uruguayos, vols. 159-61. Montevideo: Ministerio de Educación y Cultura, 1981.

McDowell, John H. "The Mexican Corrido: Formula and Theme in a Ballad Tradition." *The Journal of American Folklore* 85.337 (1972): 205-20.

Prieto, Adolfo. *El discurso criollista en la formación de la Argentina moderna. 1988.* Buenos Aires: Siglo Veintiuno, 2006.

Rojas, Aristides. *Contribuciones al folklore venezolano.* Caracas: Fondo de Publicaciones de la Fundación Shell, 1967.

Schlickers, Sabine. *"Que yo también soy pueta": La literatura gauchesca rioplatense y brasileña (siglos XIX-XX).* Madrid: Iberoamericana; Frankfurt am Main: Vervuert, 2007.

Simmons, Merle E. "The Ancestry of Mexico's Corridos." *The Journal of American Folklore* 76.299 (1963): 1-15.

Slater, Candace. *Stories on a String: The Brazilian literatura de cordel.* Berkeley: U of California P, 1982.

El Torito de los Muchachos, ed. facsimilar. *Con un estudio preliminar de Olga Fernández Latour de Botas.* Buenos Aires: Instituto Bibliográfico Antonio Zinny, 1978.

Zinny, Antonio. *Efemeridografía argirometropolitana hasta la caída del gobierno de Rosas.* Buenos Aires: Imprenta del Plata, 1869.

El gabinete óptico de la ideología: visualidad y política en la época de Rosas (1829-1852)

BRENDAN LANCTOT
University of Puget Sound

En una carta fechada el 17 de agosto de 1844, Pascuala Beláustegui de Arana le escribe a Tomás Guido, radicado en Rio de Janeiro, de las novedades en Buenos Aires. Como buena federalista, se jacta de la relativa prosperidad de la ciudad capital, comparada con Montevideo, aunque también critica una curiosa costumbre de sus habitantes:

> En estos días han puesto un gabinete óptico. Usted sabe que esto es para muchachos, se pagan por cada persona cinco pesos incluyendo los niños; pues se llena el salón todas las noches, y con mucha frecuencia sacan cada noche 900 o mil pesos, de suerte que los bribones franceses que son dueños se han de enriquecer en un momento; si usted va al teatro está lleno, si a las funciones de iglesias, no se cabe en ellas, aún cuando predique el Padre Silva; en fin las gentes se ven en todas partes como que hay contento; le hago a usted esta relación porque como patriota tendrá el gusto de saber algo de su país. (Beláustegui citada en *Vida política de Juan Manuel de Rosas* IV, 246-47)

Las observaciones de Beláustegui acerca del éxito del gabinete óptico son indicativas de una incipiente cultura visual en el Río de la Plata, la cual precede a la masificación y la mediatización de la vida cotidiana por varias décadas. Miembro de la elite porteña, Beláustegui no esconde su desprecio por el público de un espectáculo que ella considera pueril. Irónicamente, su comentario hace eco de la misma retórica que probablemente se usaba para promocionar el gabinete: en el diario porteño *La Gaceta Mercantil* a lo largo de 1844, un aviso anuncia la presencia de un Cosmorama que "causa admiración por su brillante magnificencia capaz de encantar y recrear al espíritu menos intelectual" ("Cosmorama" 4). Al dirigirse a su interlocutor ("Ud. sabe"), Beláustegui nos recuerda que estas proyecciones son apenas una novedad tecnológica en la región; como registran los periódicos de la época, las diversiones audiovisuales eran una ocurrencia regular a lo largo de la primera mitad del siglo XIX (Gesualdo 70-73; Seibel 64-145). Lo que le parece notable a Beláustegui no es el aparato en sí, sino el éxito numérico—y comercial—del show. Dicho de otro modo, su carta da testimonio de un deseo de ver colectivo y, a su vez, delata una cierta ansiedad por un nuevo modo de agruparse. Pese a las declaradas sensibilidades de su autora, la carta alude así a la importancia de un fenómeno cultural que, quizás por no figurar entre las prácticas asociadas con la llamada "ciudad letrada", ha recibido escasa atención por parte de los estudios literarios y culturales.[1]

A la vez que Beláustegui se distingue de las masas urbanas, la frase despectiva "bribones franceses" recuerda la posición que ocupa América Latina con respecto a la modernidad. Si la primera mitad siglo XIX era la época en la cual "un nuevo conjunto de relaciones entre el cuerpo y formas del poder institucional y discursivo redefinieron el estatus de un "sujeto observador" (Crary, *Techniques of the Observer* 3), también marcaba el momento en que las nuevas naciones latinoamericanas renegociaban su relación con la metrópolis, luego de la desintegración del imperio español.[2] Por lo tanto, para examinar la producción cultural latinoamericana desde

---

1. En cambio, distintos aspectos de la cultura visual finisecular han sido el objeto de estudios académicos. Véanse, por ejemplo: *The Optic of the State: Visuality and Power in Argentina and Brazil* de Jens Andermann; *Images of Power: Iconography, Culture and the State in Latin America*, libro editado por Andermann y William Rowe; *Galerías del progreso: Museos, exposiciones y cultura visual en América Latina*, editado por Andermann y Beatriz González-Stephan; y, entre otros artículos suyos, "La construcción espectacular de la memoria nacional: cultura visual y práctica historiográfica (Venezuela siglo XIX)" de Beatriz González-Stephan.

2. Todas las traducciones que aparecen en este artículo son mías.

la perspectiva de los "estudios de culturas visuales", es necesario tener en cuenta algunos presupuestos problemáticos del "conocido estatus de esta 'pos-disciplina' como un discurso del occidente sobre el occidente"; como advierte Andrea Noble, "con la cultura visual como se practica actualmente, posiblemente tengamos que encarar un 'centro imperial': aquel centro que se desplaza al conservarse, haciéndose siempre más central, más secreto" (225). Es decir, analizar lo visual exige que se consideren las configuraciones locales del poder institucional y discursivo, porque ni el "sujeto observador" ni la imagen son construcciones estables o universales. Más allá de la coyuntura inmediata (el reciente bloqueo francés del puerto de Buenos Aires), el epíteto xenofóbico de Beláustegui evoca las tensiones de una economía poscolonial de bienes, capital, cuerpos, imágenes e ideas de la cual los gabinetes ópticos, cámaras oscuras, linternas mágicas, panoramas y otros espectáculos audiovisuales formaban parte.

Es en este contexto sociopolítico que proponemos indagar la presencia de los aparatos ópticos en la escritura rioplatense durante la dictadura de Juan Manuel de Rosas (1829-1852). En diversos textos, inclusive en aquellas obras que pertenecen al canon de la literatura nacional, artículos periodísticos y correspondencia personal, estos instrumentos tienen una presencia conspicua y ambigua. Más allá de una función informativa, su mención a veces cobra un significado ideológico; afín a la cueva de Platón, la *tabula rasa* de Locke o la "cámara oscura" de Marx. Estas instancias de la cultura visual operan como imágenes en el doble sentido que se usan como "vehículos concretos dentro de un tratamiento metafórico de abstracciones" y "objetos que son en sí imágenes gráficas o productores de imágenes" (Mitchell 162). Releer el archivo de la era rosista de este modo hace resaltar que, pese a las vehementes declaraciones partidarias de la época, los adversarios políticos compartían ciertos aspectos fundamentales de un modo de ver la nación vis-à-vis la modernidad. Dentro de un campo discursivo colectivo, los aparatos ópticos prefiguran lo que Jens Andermann ha llamado "la óptica del estado" que se desplegó a fin de siglo, cuando "con las nuevas representaciones del espacio como naturaleza y del tiempo como historia [...] el estado mismo se convirtió en la condición trascendental de lo real" (8). Al mismo tiempo, los escritos se refieren a los aparatos y las técnicas que encarnan con escepticismo o cautela, al aludir a las negociaciones culturales y políticas que necesariamente los acompañan. En este sentido, revelan una especie de *punctum* del imaginario nacionalista, una ausencia constitutiva de la comunidad imaginada.[3]

Durante la primera mitad del siglo XIX, las luchas por definir y legitimar nuevas formas de poder político coincidían con la emergencia de un nuevo régimen visual en el mundo occidental. Es una relación cuya formulación más sucinta quizás sea la célebre cita de *La ideología alemana* (1845) que "en toda ideología, los hombres y sus circunstancias aparecen al revés como en una cámara oscura" (Marx 180). Utilizando como vehículo un aparato un poco pasado de moda (debido al estreno del daguerrotipo en 1839), la analogía de Marx ofrece una repetición—es decir, una farsa—de un tropo bien establecido del pensamiento europeo.[4] Se opone así a la teleología del sentido común, porque, al llamar la atención al proceso histórico de formaciones ideológicas, apunta al hecho de que "los artefactos y los sistemas técnicos[…][no] fueron inventados primero y luego usurparon la cultura y, a su vez, llegaron a influir a los sujetos" (Zielisnki 20).[5] W.J.T. Mitchell conjetura que Marx "tal

---

3. Empleo el término *punctum* como lo usa Barthes en *La chambre claire*: es "una especie de *más allá* sutil—como si la imagen lanzara el deseo más allá de lo que nos permite ver: […] no sólo hacia la fantasía de una *praxis*, sino hacia la excelencia absoluta de un ser, cuerpo y alma juntos" (59). Es decir, planteo que las imágenes textuales de los aparatos ópticos señalan una presencia en *off* que mina la deseada coherencia de cualquier imaginario nacionalista.

4. Contrariamente a lo que sucede con el romanticismo, Marx no hace hincapié en lo poético que encarna la cámara oscura, sino en lo técnico. Samuel Taylor Coleridge, por ejemplo, describe la impresión de una totalidad inmediata que producen los versos de Milton al comentar que su obra poética "es más creación que pintura o, si es un cuadro, aún así, [es] con una presencia tal de toda la imagen expuesta a la vez al ojo, como pinta el sol dentro de una cámara oscura" (393).

5. La oración completa que contiene la frase emblemática es "Si en toda ideología los hombres y sus circunstancias aparecen al revés como en una cámara oscura, este fenómeno surge del proceso vital histórico tanto como la inversión de objetos en la retina de sus procesos vitales físicos" (180). En su lectura de la cámara oscura en las obras de Marx, Nietzsche y Freud, Sarah Kofman arguye que "la cámara oscura es el subconsciente de una clase, de la clase dominante que, para mantener indefinidamente su dominio, tiene un interés en esconderse del carácter histórico de ese dominio [y], en efecto, de todo lo que es histórico, el proceso de génesis, las visiones de la labor […], hasta la diferencia misma" (17). Jonathan Crary

vez se dio cuenta de que la cámara oscura siempre tenía una reputación doble como un instrumento científico y como una 'linterna mágica' para la producción de las ilusiones ópticas" (171), pero, no obstante las intenciones de su autor, emplear un aparato emblemático, cargado de un obvio valor metafórico, tiene el efecto paradójico de disminuir la importancia del objeto en sí y poner de relieve sus múltiples usos. Hay que entender la cámara oscura como lo que Deleuze llama un ensamblaje, "algo que es 'simultánea e inseparablemente un ensamblaje mecánico y un ensamblaje enunciativo', un objeto sobre el cual algo se comenta y, a la vez, un objeto que se usa" (Crary, *Techniques of the Observer* 30-31). Como una figura sobredeterminada, la cámara oscura subraya que la ideología no es un discurso discreto, sino una lógica totalizadora, a la vez científica y estética, seria y lúdica.[6]

Leída como la variante de un lugar común, la analogía de Marx señala cómo la proliferación material y verbal de aparatos ópticos durante la primera mitad del siglo XIX es evidencia de un profundo cambio epistemológico. Como sugieren los múltiples experimentos e inventos simultáneos de la época, la fotografía no surgió como fruto de los esfuerzos de un genio aislado, según un guión romántico, sino como el resultado de condiciones sociales que llevaron a la aplicación de materias y saberes existentes desde hacía muchos años. El estreno del daguerrotipo no marca así el origen definitivo de la historia fotográfica, sino que es el ejemplo más conspicuo de una redistribución de lo sensible:

> [...] el estatus epistemológico de todos los objetos en los cuales los proto-fotógrafos quieren invertir su deseo retórico—

---

plantea una idea parecida a la de Zielinski, aunque específicamente con respecto a la fotografía, cuando insiste en que "algunos aspectos centrales del 'realismo' decimonónico, de la cultura visual masiva, precedieron a la invención de la fotografía y de *ninguna manera requerían* procedimientos fotográficos, ni siquiera el desarrollo de técnicas de producción masificada" (17).

6. La integración que logra la inversión (o la distorsión) de la ideología es lo que Mitchell llama "la paradoja de la ideología": "no es meramente erróneo o sin sentido, sino un 'entendimiento falso', un sistema de errores lógico y coherente, regido por reglas. Es ésta la idea que capta Marx cuando hace hincapié en la ideología como una especie de inversión óptica" (172).

> por una parte, paisaje, naturaleza y la imagen fotográfica y, por otra, espacio, tiempo y subjetividad—están todos en el medio de una crisis inaudita. Cada uno de estos conceptos está experimentando una transformación radical, a medida que una episteme moderna en ciernes perturba la estabilidad de su antecedente ilustrado. (Bachten 18)

A medida que los límites entre el sujeto y el objeto se disuelven, el mismo cuerpo del observador se involucra en la producción de la imagen. Si bien las funciones o los lugares que ocupan con respecto al proceso son distintos, los (proto-)fotógrafos, los que fabrican o manipulan las imágenes, asumen una inmovilidad parecida a la pasividad de los sujetos y los públicos de éstas. Querer fotografiar, antes de la cámara, articula no sólo una crisis a nivel teórico, sino también las repercusiones sociales y políticas de la decadencia del paradigma ilustrado. La organización técnica y formal para fijar una imagen presupone y posibilita un orden para situar e identificar los sujetos.[7]

El régimen visual que emergía a comienzos del siglo XIX no abarcó una redefinición de la percepción sólo en términos del individuo, porque coincidió con la irrupción de nuevos sistemas políticos, cuya legitimidad dependía de la representación de un pueblo. Hacia 1800, mientras el absolutismo se debilita, "la soberanía", un neologismo por antonomasia de la Ilustración, "pierde [...] aquel rasgo característico del *imperium*: su ilimitación espacial" y surgen las bases "para concebir la idea de una comunidad que contiene en sí su propio fundamento y principio de legitimidad (*la nación soberana*)" (Palti 118-19). Dentro de un territorio delimitado, se hace necesario vincular un proyecto hegemónico con una representación de la totalidad de sus ciudadanos. En el caso de América Latina, el proceso tendía a ser prolongado y conflictivo, en parte debido al hecho de que las alianzas forjadas durante la lucha independentista no podían lograr un consenso en cuanto a la organización política de las nuevas naciones. Después de la revolución, además de la violencia civil, "nuevos modelos de representación, desarrollados en nuevos ámbitos de sociabilidad, más allá de los lugares de en-

---

7. O, según el argumento de Bachten, "el deseo de fotografiar, por lo menos al inicio, parecería involucrar una reproducción de esa misma economía empírico-trascendental de poder-saber-sujeto que ha posibilitado su propia concepción" (23).

cuentro de la elite urbana, crearon alianzas políticas y afiliaciones novedosas" (Adelman 392). Como concepto fantasmagórico, la nación soberana se hacía presente en diversos espacios nuevos, involucrando a una amplia gama de actores sociales. Más allá de los límites porosos de la ciudad letrada, se desplegaban una variedad de prácticas culturales que imaginaban un orden legitimador para modelos estatales rivales. Dicho de otro modo, la América Latina posrevolucionaria experimentó una inversión ideológica que no era un simple trueque de posiciones o privilegios preestablecidos.

Estudios recientes del campo de la historia social han arrojado luz sobre la complejidad de este proceso en la región del Río de la Plata durante la dictadura de Juan Manuel Rosas (1829-1852). Son trabajos que cuestionan e interrogan la perdurable meta-narrativa histórica que figura en este periodo como una desviación o anomalía que interrumpe una marcha de progreso iniciada durante la Independencia y que se completa durante la etapa que sigue al rosismo, la llamada "Organización Nacional". Es una perspectiva historiográfica que se remonta hasta mediados del siglo XIX, cuando los disidentes del régimen rosista pretendían escribir en un desierto cultural, en contra de un enemigo que, al apelar directamente a las clases populares para legitimar su mandato, supuestamente se había desvinculado de la ley escrita y de la escritura en general. En cambio, lo que demuestran los trabajos de Pilar González Bernaldo de Quirós, Jorge Myers, Ricardo Salvatore y Marcela Ternavasio, entre otros, es que el gobierno de Rosas dependía de una amplia gama de prácticas discursivas para construir su hegemonía.

Una indagación de la prensa pro-rosista no sólo revela que el régimen y sus partidarios empleaban el mismo léxico republicano que sus adversarios, sino que sus diversas publicaciones "son indicios de la continuidad—al menos en un sentido acotado—de aquella embrionaria esfera pública inaugurada durante la década de 1820" (Myers 31). En cuanto a la política electoral, el régimen recurría al plebiscito todos los años porque el sufragio "representó la continuidad del régimen institucional precedente, cuyo arraigo en el imaginario político bonaerense era lo suficientemente fuerte como para que Rosas no se animara a renegar de él" (Ternavasio 185). A la luz de estos estudios, el retrato de Rosas como un "corazón helado, espíritu calculador, que hace el mal sin pasión, y organiza lentamente el despotismo con toda la inteligencia de un Maquiavelo" (Sarmiento, *Facundo* 36) cede a una imagen más matizada de una organización política que era "[p]roducto, básicamente, de un pragmatismo político sin precedentes, [que] se fue construyendo *como un intento siempre renovado de dar respuesta al viejo problema abierto por la revolución*: la inestabilidad devenida frente a la sucesión política" (Ternavasio 187, cursivas mías). Es decir, el apodo de "Restaurador de las leyes" se refiere tanto a la noción de una institucionalidad nacional preexistente como a los valores tradicionales de la sociedad criolla rural. "Restaurar" un orden anterior exigía la invención y la repetición sostenida de representaciones de soberanía popular.

Además de utilizar el sistema electoral y la prensa para consolidar su poder, el régimen también ejercía su hegemonía con los sectores populares a través de ceremonias públicas y diversos aspectos de la vida cotidiana. Es un fenómeno que se intensifica "en particular durante el segundo gobierno de Rosas, cuando éste opta—para hacer frente a una situación crítica—por una fuerte movilización de la población en torno a la 'Santa Causa de la Federación'" (González Bernaldo 199). El patriotismo conspicuo y muchas veces obligatorio implicaba una vigilancia que no dependía siempre de una presencia oficial del gobierno, sino del escudriño constante de las costumbres, la moda y "un conjunto de expresiones verbales. Los agentes del orden debían interesarse en los rumores, los cuentos, las humoradas, y las poesías que circulaban en cocinas, pulperías, y carreras de caballos" (Salvatore, "Expresiones federales" 202). La expansión de la política no consistía meramente en la diseminación de una retórica populista vacía y manipuladora (según las acusaciones de sus enemigos), sino más bien en un discurso definido por Ernesto Laclau como: "un complejo de elementos en el cual las *relaciones* juegan un rol constitutivo" (92). A expensas de las identidades locales, hasta la conversación más informal podía convertirse en una expresión de la relación entre un interlocutor y la patria rosista. Consecuentemente, las actividades improductivas y el tiempo libre operaban como situaciones particularmente aptas para sondear y reforzar la adherencia partidaria de los habitantes de la "Santa Federación".

A comienzos del primer mandato de Rosas (1829-1832), el escritor Luis Pérez desempeñó un papel importante en la diseminación de esta nueva sensibilidad política, pretendiendo vincular la campaña con la capital a través de una serie de periódicos en verso como *El Negrito*, *La Gaucha* y *El Gaucho*, entre otros. Cabe notar que esta propaganda extraoficial duró poco, porque "[s]ólo cuando se necesitó movilizar a las masas rurales, alrededor de 1830, los diarios de Pérez circularon libremente" (Ludmer 111). Estas publicaciones buscaban fomentar una adhesión fervorosa y hasta violenta por la Federación durante un momento de crisis. Desde el 19 de agosto hasta el 24 de octubre de aquel año, Pérez publicó *El Torito de los Muchachos*, un periódico cuyo presunto editor (y personaje principal) es un gaucho gacetero. Los poemas que ocupan la mayor parte de las cuatro páginas de cada número presentan las voces de una variedad de personajes típicos, entre ellos gauchos, negros y hasta unitarios. De este modo, se representan de manera teatral y jocosa los distintos grupos sociales que constituían la sociedad bonaerense. Como se anuncia en la "Introducción que puede servir de pros-peto" del número inaugural, su propósito expreso es entretener a los federales de las clases populares: "Mi objeto es divertir / Los mozos de las orillas: No importa que me critiquen / Los sábios y cagetillas [sic]" (1). Destinado a ser leído, recitado o cantado en los espacios públicos de los márgenes geográficos y sociales de la ciudad, *El Torito de los Muchachos* se opone directamente al decoro y las reflexiones (o reacciones escritas) de la clase letrada urbana.

En el número del 19 de septiembre, Pérez se burla de las costumbres de los habitantes de la ciudad, al reparar en una diversión alternativa. En un aviso en prosa titulado simplemente "Otro", comenta sobre la llegada de un aparato óptico a la capital:

> Frente a la Universidad se ha establecido un *Tutilimundi* ò linterna mágica en la que a los que gusten se las enseñará entre otras vistas y perspectivas la del *Purgatorio por dentro*, como es regular se encuentra de toda clase de personas de varios estados, categoría y oficios, hasta escribanos; sin embargo de que estos no son propios de aquel lugar según la opinión de algunos autores clásicos porque no paran en él, y pasan para su destino porque allí no tienen que dar fé, ni hay pleitos.
>
> La entrada es *gratis* pero la salida no tan fácil. (40)

Colocado al pie de la última página de *El Torito*, el texto hace un pastiche de los avisos comerciales que aparecían en los periódicos de fines más prácticos, como *La Gaceta Mercantil*, *El Diario de la Tarde* o *The British Packet*. Como es típico de los anuncios, la nota pone de relieve el exotismo y la gran variedad de vistas que brindará el espectáculo. Al mismo tiempo, se desarrolla una crítica desde el primer renglón, ya que se asocia el aparato de procedencia extranjera con la universidad de los "sábios y cagetillas [sic]".[8] Se redobla la denuncia cuando se dice que "los autores clásicos"— los mismos que presumiblemente se leen en dicha universidad—son incapaces de explicar las imágenes proyectadas. Se implica que la diversión no es instructiva ni desinteresada; como subraya el caveat siniestro que concluye la nota, ya que más que instruir, la función confunde y desorienta. La entrada gratuita no da cuenta de un costo escondido: el público tiene una experiencia especular porque, cautivado por las imágenes de "toda clase de personas de varios estados, categoría y oficios" se enfrenta con un reflejo de su propia pasividad. No obstante la pérdida económica que incurre o no al asistir a la función, el espectador tiene que cumplir con "diversos modos de autocontrol y restricción social, particularmente para las formas de atención que exigen tanto silencio relativo como inmovilidad" (Crary, "Géricault" 9). Es una forma de disciplina, implica *El Torito de los Muchachos*, que no sólo distrae a su público, sino que es antitética a la participación activa que solicita el rosismo.[9]

Notas acerca del tutilimundi reaparecen en los dos siguientes números de *El Torito de los Muchachos*, y sirven para desmi(s)tificar aun más el espectáculo. Por oposición a la supuesta totalidad que presentan las imágenes dantescas anunciadas en la primera nota, las subsecuentes reparan en la necesidad de renovar constantemente las vistas exhibidas. La nota del 23 de septiembre comenta que "se necesitan algunas figuras nuevas porque aun se halla bastante desurtido, y los mejores figurones todavía no se han conseguido; sin embargo, de resultas del viaje, o el crucero de la Sarandí, puede aumentarse la colección" (44). Las imágenes anunciadas en la primera nota no logran sostener el interés ni la admiración de un público exigente. De este modo, *El Torito* evoca una reseña publi-

---

8. No hemos encontrado ningún anuncio contemporáneo que anuncie un espectáculo en ese local llamativo pero impreciso.

9. Véase, por ejemplo, la carta de Juan Manuel de Rosas a Alejandro Heredia, gobernador de Tucumán, fechada el 16 de julio de 1837: "...es de absoluta necesidad que en sus oficios y proclamas y en todos los actos oficiales suene siempre la Federación con calor, procurando hacer mención de ella cuantas veces sea posible con especial aplicación al caso o asunto de que se trate, y esto aunque parezca que es con alguna machaca o violencia, porque esa misma machaca prueba ante la generalidad del pueblo que la Federación es una idea que ocupa y reboza el corazón del que habla" (168).

cada en *La Gaceta Mercantil* el 8 de julio de 1826 sobre el retorno del italiano Félix Tiola y su fantasmagoría a Buenos Aires, la cual concluye al comentar que no es "que no nos haya agradado su fantasmagoría; sino solo que queremos recomendarle[...] que no sea tan avaro con sus fantasmas" (citado en Fernández 82). Si los dos textos aluden a las expectativas preestablecidas de un público ya acostumbrado a tales espectáculos, *El Torito* insinúa que su atractivo no consiste en el contenido específico de las imágenes, sino en la promesa de su constante renovación. Como sugiere la sarcástica referencia al secuestro de la goleta Sarandí, llevado a cabo por un grupo de marinos unitarios la semana anterior, estas modificaciones se relacionan directamente con las actividades de la banda opositora. Dada la vigilancia de las costumbres, seguir viendo las proyecciones del tutilimundi se convierte así en un gesto inequívoco de simpatía por los enemigos de la federación.

Una semana más tarde, *El Torito* da noticia de la partida inminente del espectáculo, anunciando que "[e]stimulado el encargado del *Tutilimundi* del negocio que le ha proporcionado la linterna mágica ha dividido la colección, y con una parte de ella marcha el día de hoy en unos *Paylebotes* de dos ruedas, sin saberse su destino, aunque se dice que pone la proa al Sud; y que si le va bien volverá por otra cantidad" (52). Por segunda vez, el periódico de Pérez omite mención de la temática del show y se detiene en sus aspectos comerciales y logísticos. La empresa, que ha resultado rentable a pesar de su entrada gratuita, expande y se divide para tentar a otros públicos, presumiblemente menos enterados que los lectores y oyentes de *El Torito*. Por oposición a la retórica publicitaria, que hace hincapié en la unicidad de un evento, las notas de *El Torito* se enfocan en la índole banal de una exhibición itinerante y en su relación pasajera con el público. Más allá de la simple burla de un entretenimiento que compite con el periódico, *El Torito de los Muchachos* critica la forma de atención que el tutilimundi exige. Además de no presentar vistas estrictamente federalistas, las funciones de la linterna mágica inhiben la participación vocifera, conspicua y colectiva que alienta el periódico. Presupone que la modalidad representativa del espectáculo no cuadra con las relaciones constitutivas del rosismo, como si el aparato proyectara un *Weltbild* desorientador. Sin embargo, como sugieren la existencia efímera de los periódicos de Pérez y la presencia continua de los espectáculos audiovisuales en el Buenos Aires de Rosas, éstas no tienen ninguna función ideológica intrínseca. La ansiedad que manifiesta el periódico en tiempos de crisis cederá a un pragmatismo: por ejemplo, el litógrafo Gregorio Ibarra emplea una linterna mágica en 1845 para realizar "un espectáculo de fantasmagoría a beneficio de las viudas de los federales abatidos en la batalla de India muerta" (Fernández 109). Congregarse como un público atento e inmóvil también puede servir para vigilar y socializar al pueblo rosista.

Ocho años después de la publicación de *El Torito de los Muchachos*, el letrado uruguayo Andrés Lamas recurrirá a un aparato óptico para reflexionar sobre la tensión entre la identidad local y una óptica extranjera. El breve texto "Visiones de la óptica" fue publicado en el primer número (15 de abril) de *El Iniciador* de Montevideo, periódico fundado por Lamas y Miguel Cané que, durante su breve existencia (hasta enero del año siguiente), era un foro para los principales disidentes del régimen rosista. Narrado en primera persona, el relato cuenta la inesperada visita de un vendedor ambulante extranjero y las visiones fantásticas de una sociedad ideal que se ven a través de la lente de una enigmática *óptique* que lleva el vendedor. La rápida acumulación de escenas, seguida por el rechazo abrupto de éstas por el narrador, presenta una versión condensada del imaginario progresista de Lamas y sus pares intelectuales y, a su vez, una reflexión acerba sobre la imposibilidad de concretizarlo. A pesar de las afiliaciones políticas de su autor, "Visiones de la óptica" también opera como una crítica de la inversión ideológica y la exclusión que estructuran este imaginario.

La historia comienza con un encuentro que tiene una semejanza notable con el cuento que inicia "El libro de arena" de Borges. Como en la ficción, un enigmático extranjero asoma a la puerta del cuarto del narrador, provocando poco más que el escepticismo de éste: "Cayó como llovido en mi cuarto un extranjero andrajoso con un cajón a la espalda y un atado de libros en la mano: el conjunto era extravagante, tenía un no sé qué de ridículo y misterioso que me hizo preguntarle con vivacidad—¿quién sois? ¿qué se os ofrece?" (18). Hablando un español plagado de galicismos, el extranjero insiste en que el narrador mire las vistas de *l'óptique*, que muestra "el *revers* de lo que veis todos los días" (18). Cuando el narrador por fin asiente y pone su ojo en el ocular del aparato, contempla una sucesión vertiginosa de imágenes. A medida que las enumera, su admiración y su asombro crecen y el relato se aproxima a la literatura fantástica y, en particular, a otro cuento de Borges—"El Aleph". El primer *coup d'oeil* abarca un territorio internacional, "una tierra" poblada de "repúblicas del siglo XIX con costumbres, con hábitos, con tendencias democráticas *suyas*, con el sello de la época". En esta matriz de tiempo preciso y geografía indefinida, el narrador termina enfocándose en "un Pueblo que no alimentaba odios, antipatías nacionales [...]" (18); de aquí en adelante, el panorama de la óptica será estrictamente nacional. Primero el narrador admira a los jóvenes formados por un sistema de educación pública, antes de dirigir la vista hacia los abogados, los jueces y los legisladores. Luego vislumbra las muchas bibliotecas y librerías, junto con los intelectuales, que son "literatos considerados, sin más caudal que sus libros, su cabeza y su tiempo" (18). La sociedad ideal, pues, se ve primero a través de las instituciones y los hombres públicos que constituyen la ciudad letrada.

A medida que las visiones dejan atrás la vida cívica y se enfocan en las costumbres y la esfera doméstica, ocurre un cambio simple pero significativo en la narración. Al describir los diversos cuadros que la óptica le presenta, el narrador comienza a señalar a las personas y las actividades que *no* ve:

> Allí vi un teatro que no es un *teatro en ruinas* [...] y su escena la ocupaban actores soportables, *no actores asesinos del poeta y del gusto, ni actores ruidos...*
>
> Allí vi gentes que saben que hay un arte moderno [...] gentes que no doblan la rodilla cuando con tono gótico se les nombre ARISTOTELES [...]
>
> Allí vi unas ruinas... en que se leía – FUE UNA PLAZA DE TOROS [...]
>
> Allí vi padres que no sacrificaban á sus hijas, que no las *vendían* al que más daba...
>
> Allí vi niñas que no eran coquetas, que engañaban á media docena para quedarse después à buenas noches.
>
> Allí vi niños que no fuman por la calles [...]
>
> Allí vi gentes que no jugaban al CARNAVAL... (19).

A través de la creciente negatividad del narrador, se hace evidente que la inversión de "lo que veis todos los días" no sólo se basa en los gustos y los modales burgueses, sino que depende también de una omisión de prácticas, individuos e instituciones que recuerdan la herencia colonial española, las poblaciones africanas y, sencillamente, lo popular. Mientras se acumulan las prohibiciones, el narrador deja de ser un espectador pasivo y se convierte en partícipe de la producción de un conjunto de imágenes visuales y verbales; la narración pasa de la descripción a la comparación, poniendo de relieve la oposición absoluta entre la realidad del narrador y el mundo de la óptica. El aparato divierte y, a su vez, permite que el observador asuma una perspectiva estrábica que evoca la visión progresista abogada por Esteban Echeverría: "un ojo clavado en el progreso de las naciones y el otro en las entrañas de nuestra sociedad" (254). En este sentido, el aparato fantástico prefigura la época finisecular en que "un nuevo público consumió imágenes de una 'realidad' ilusoria que era isomorfa a los aparatos usados para adquirir información sobre un observador" cuando, según Jonathan Crary, "la oposición que plantea Foucault entre espectáculo y vigilancia se hace insostenible" (*Techniques of the Observer* 112). Como instrumento de vigilancia y espectáculo, de diversión y disciplina, la óptica encapsula un deseado orden burgués a través de un catálogo exhaustivo, a la vez que encarna la tecnología necesaria para realizarla. Concibe de la sociedad nacional como una totalidad sin fisuras, que existe en una temporalidad vacía, horizontal y secular.[10]

En cierto momento, la radical negación de la diferencia—o, en sentido inverso, el exceso de diferencia del mundo del narrador—trunca esta narrativa nacional. El vistazo panorámico concluye de manera abrupta, cuando el narrador se aparta vehemente, negándose a ver más imágenes. No bien comenta que "vi gentes que no jugaban al CARNAVAL", exclama "Oh! amigo, basta, basta: estas son cosas exóticas, caprichos, visiones, de la óptica: cosas que solo en ella he visto, que nadie usa, de que nadie hace caso, que para nada sirven. No quiero perder más tiempo" (19). A primera vista, parece que la mera idea de las masas incultas le repugna, pero no tarda en identificarse a sí mismo como un hombre común y corriente, añadiendo que "hago lo que hace la mayoría para no tener dolores de cabeza[...]. Todo esto huele a idealismo; nosotros somos positivos, materiales" (20). Al expresar su preferencia por lo familiar, el narrador denuncia la óptica por ser una inversión grotesca de sí mismo y sus circunstancias; es una fantasía (ideológica)

---

10. Si bien esta noción de una temporalidad nacional se deriva del modelo propuesto por Benedict Anderson, "Visiones de la óptica" es, en parte, una reflexión sobre los límites de los medios impresos (y, de este modo, una autocrítica de la cultura letrada).

fallada que no logra hacerse pasar por real o realista. Él rechaza la imagen del mundo de la cual está ausente, no sólo porque es falsa, sino porque representa la imposición de una perspectiva extranjera y enajenadora (de un "bribón francés", para colmo). Alía lo utópico con lo extranjero y, a su vez, lo real con lo local o lo propio. De este modo, mantiene la rígida oposición diametral que estructura la ilusión ideológica de la óptica, porque sólo cambia la polaridad asignada a los términos.

Desde la perspectiva de Lamas y sus correligionarios, la actitud del narrador emblematiza la miopía colectiva de las clases populares que sostenían la hegemonía rosista. El protagonista sin facciones, convertido repentinamente en un hombre del pueblo, se niega a contemplar imágenes de una evidente función didáctica. Según una idea clave del pensamiento liberal, ya que es incapaz de mediar entre el estatus quo y una visión del progreso, el hombre del pueblo no puede actuar de forma directa e independiente en la vida política; como declara Juan Bautista Alberdi en *Fragmento preliminar al estudio del derecho* (1837), "[l]os pueblos ciegos no son pueblos, porque no es pueblo todo montón de hombres, como no es ciudadano de una nación, todo individuo de su seno" (127). Al mismo tiempo, "Visiones de la óptica" opera como una crítica irónica de la postura elitista de los disidentes liberales, porque en el relato es el hombre del pueblo que traduce las imágenes expuestas en la óptica, y también es la resistencia de este sujeto que recorta la ilusión. En consecuencia, la división nítida que separa las visiones de la óptica de "lo que veis todos los días", lo extranjero de lo local, o lo ideal de lo material, es artificial. Dicho de otro modo, las imágenes son inteligibles al narrador porque su propia óptica, su modo de ver la comunidad nacional, es anterior a su encuentro con *l'óptique* del vendedor. Si bien sus gustos no coinciden con el espectáculo que le ofrece el vendedor, la narración señala su capacidad (y quizás su deseo) de interpretar las vistas como representaciones simultáneas de una sociedad coherente; su propia imaginación, pese a sus declaraciones a favor de lo contrario, es técnica.

Si bien "Visiones de la óptica" y las notas sobre el tutilimundi fueron publicadas en periódicos que representan las principales facciones políticas en pugna en el Río de la Plata a mediados del siglo XIX, los dos casos se concentran en la tensión entre una modalidad visual y un público. Es una tensión que se genera en torno a la posibilidad de ver una representación de todo el mundo o, para ser más preciso, en torno a la cuestión de cómo situar el pueblo-público con respecto a un panorama tal. El rechazo de esta visión por parte de *El Torito de los Muchachos* y el protagonista de "Visiones de la óptica" no se trata de una simple aversión a la visión moderna, sino que revela la índole necesariamente incompleta de una imagen que pretende representar "toda clase de personas de varios estados, categoría y oficios". No obstante las perspectivas de Pérez y Lamas, estos aparatos ópticos, en la medida en que son ensamblajes, revelan la dificultad o imposibilidad de asimilar representaciones anteriores o actuales del pueblo a ellas. Dicho de otra manera, tanto el tutilimundi como *l'óptique* frustran el intento de reconocimiento o auto-representación; no ocurre la anagnórisis como la de "El Aleph": "vi el Aleph, desde todos los puntos, vi en el Aleph la tierra, vi mi cara y mis vísceras, vi tu cara, y sentí vértigo y lloré, porque mis ojos habían visto ese objeto secreto y conjetural, cuyo nombre usurpan los hombres, pero que ningún hombre ha mirado: el inconcebible universo" (194).

Sin embargo, la falta de reconocimiento señala una afinidad más profunda con la ficción de Borges, porque delata la presencia de una impolítica al centro de estos textos de corte propagandístico. Las omisiones de las ópticas representan los puntos ciegos de la mirada moderna que estructura cualquier proyecto nacionalista. Dar cuenta de estas omisiones, por tanto, constituye una impolítica, como Raúl Antelo emplea el término:

> Ella supone una comunidad cuya presencia está habitada, en su centro mismo, en su *aleph*, por una ausencia, que bien puede ser de identidad, de atributos, de proyectos o de acciones. Por eso mismo, la impolítica afirma que la comunidad es, en sí misma, una nada. No es, como pretende la modernización nacionalista, una realidad positiva e identificable, lo cual persigue el objetivo ético y estético de sustraer a la comunidad de toda posible *representación*. (18)

La presencia discursiva de los aparatos visuales da evidencia de la paulatina imposición de una óptica nacionalista moderna en el Río de la Plata decimonónico. Estos ensamblajes registran los esfuerzos de representar, ordenar y vigilar los sujetos nacionales de que dependen los reclamos a la soberanía popular. Al mismo tiempo, los tratamientos alegóricos de los aparatos visuales señalan la índole incompleta y provisoria de las representaciones del pueblo nacional. El tutilimundi de *El Torito de los Muchachos* y *l'óptique* de "Visiones de la óptica" sugieren que estas imágenes, contrariamente a la idea de que representan un todo coherente y estable, muestran ausencias y desapariciones que la retórica, ya sea en su vertiente política o publicitaria, intenta escamotear. Lo que queda afuera es un ente que se resiste a la fantasía ideológica, no por su contenido específico, sino por su modo de revelarse, es decir, por la tecnología que encarna. Sin embargo, como indica el texto de Lamas, la óptica no es exterior o ajena al sujeto observador: requiere del público mismo para darles forma (y legitimidad) a las visiones. Estos textos también sugieren la necesidad de asumir una mirada crítica que va más allá de otros binarismos que siguen condicionando nuestro estudio de la emergencia del estado-nación en América Latina. Más allá de la civilización y la barbarie, los unitarios y los federalistas, la escritura y la oralidad, la producción discursiva de la época rosista revela antagonismos económicos, sociales y estéticos que subyacen en la formulación de estas dicotomías.

Bibliografía

Adelman, Jeremy. *Sovereignty and Revolution in the Iberian Atlantic*. Princeton, NJ: Princeton UP, 2006.

Alberdi, Juan Bautista. *Fragmento preliminar al estudio del derecho*. Buenos Aires: Biblos, 1984.

Andermann, Jens. *The Optic of the State: Visuality and Power in Argentina and Brazil*. Pittsburgh: U of Pittsburgh P, 2007.

Andermann, Jens and Beatriz González-Stephan, eds. *Galerías del progreso. Museos, exposiciones y cultura visual en América Latina*. Rosario: Beatriz Viterbo, 2006.

Andermann, Jens and William Rowe, eds. *Images of Power: Iconography, Culture And the State in Latin America*. New York: Berghahn, 2006.

Antelo, Raúl. "Genealogía del entre-lugar modernista." Columbia University. New York, NY. 19 de abril del 2007. Conferencia.

Bachten, Geoffrey. *Each Wild Idea*. Cambridge, MA and London: MIT UP, 2001.

Barthes, Roland. *Camera Lucida*. Trans. Richard Howard. New York: Hill and Wang, 1981.

Borges, Jorge Luis. *El aleph*. Buenos Aires: Alianza, 2002.

Coleridge, Samuel Taylor. *The Major Works*. New York: Oxford UP, 2000.

"El Cosmorama. Brillantes fuegos diamantinos." *La Gaceta Mercantil*. 15 de mayo de 1844.

Crary, Jonathan. *Techniques of the Observer: On Vision and Modernity in the Nineteenth Century*. Cambridge, MA: MIT UP, 1992.

—. "Géricault, the Panorama, and Sites of Reality in the Early Nineteenth Century." *Grey Room* 9 (2002): 5-25.

Echeverría, Esteban. *Dogma Socialista*. Ed. Alberto Palcos. La Plata: U de la Plata, 1940.

Fernández, Mauro A. *Historia de la magia y el ilusionismo en la Argentina: Desde sus orígenes hasta el siglo XIX inclusive*. Buenos Aires: s.n., 1996.

Gesualdo, Vicente. "Los salones de 'vistas ópticas': antepasados del cine en Buenos Aires y el interior." *Todo es historia* 21.248 (1988): 70-80.

Goldman, Noemí and Ricardo Salvatore, eds. *Caudillismos rioplatenses: Nuevas miradas a un viejo problema*. Buenos Aires: Eudeba, 1998.

González Bernaldo de Quirós, Pilar. "Sociabilidad, espacio urbano y politización en la ciudad de Buenos Aires (1820–1852)." *La vida política en la Argentina del Siglo XIX: Armas, votos y voces*. Ed. Hilda Sábato and Alberto Lettieri. Buenos Aires: Fondo de Cultura Económica, 2003. 191-204.

González-Stephan, Beatriz. "La construcción espectacular de la memoria nacional: cultura visual y prácticas historiográficas (Venezuela siglo XIX)." *VII Jornadas Andinas de Literatura Latinoamericana*. Bogotá, 2006.

Irazusta, Julio. *Vida política de Juan Manuel de Rosas. A través de su correspondencia*. Vol. 4. 6 vols. Buenos Aires: Albatros, 1950.

Kofman, Sarah. *Camera Obscura: Of Ideology*. Trans. Will Straw. Ithaca: Cornell Univ. Press, 1998.

Laclau, Ernesto. *La razón populista*. Buenos Aires: FCE, 2005.

Lamas, Andrés. "Visiones de la óptica." *El Iniciador*. Ed. Mariano de Vedia y Mitre. Buenos Aires: Kraft, 1941.

Marx, Karl. *Selected Writings*. Ed. David McLellan. Oxford: Oxford UP, 2000.

Mitchell, W.J.T. *Iconology: Image, Text, Ideology*. Chicago and London: U of Chicago P, 1986.

Myers, Jorge. *Orden y virtud: El discurso republicano en el régimen rosista*. Buenos Aires: U Nacional de Quilmes, 2002.

Noble, Andrea. "Visual Culture and Latin American Studies." *CR: The New Centennial Review* 4.2 (2004) 219-238.

Palti, Elías J. *El tiempo de la política. El siglo XIX reconsiderado*. Buenos Aires: Siglo XXI, 2007.

Pérez, Luis. *El Torito de los Muchachos, 1830*. Ed. Olga Fernández Latour de Botas. Buenos Aires : Instituto Bibliográfico "Antonio Zinny", 1978.

Rama, Ángel. *The Lettered City*. Trans. John Charles Chasteen. Durham, NC: Duke UP, 1996.

Rosas, Juan Manuel de. *Correspondencia de Juan Manuel de Rosas*. Ed. Marcela Ternavasio. Buenos Aires: Eudeba, 2005.

Salvatore, Ricardo. "'Expresiones federales': Formas políticas del federalismo rosista." *Caudillismos rioplatenses: Nuevas miradas a un viejo problema*. Ed. Noemí Goldman y Ricardo Salvatore. Buenos Aires: Eudeba, 1998. 189-222.

—. *Wandering Paysanos: State Order and Subaltern Experience in Buenos Aires during the Rosas Era*. Durham and London: Duke UP, 2003.

Sarmiento, Domingo Faustino. *Facundo: Civilización y barbarie*. Buenos Aires: Alianza, 1988.

Seibel, Beatriz. *Historia del teatro argentino: Desde los rituales hasta 1930*. Buenos Aires: Corregidor, 2002.

Ternavasio, Marcela. "Entre la deliberación y la autorización. El régimen rosista frente al dilema de la inestabilidad política." Goldman y Salvatore 159-87.

Zielinski, Siegfried. *Audiovisions: Cinema and Television as Entr'Actes in History*. Amsterdam: Amsterdam UP, 1999.

El arte panorámico de las guerras independentistas: el tropo militar y la masificación de la cultura[1]

BEATRIZ GONZÁLEZ-STEPHAN
Rice University

El siglo XIX se presentó como uno de los laboratorios de la modernidad de mayor intensificación de prácticas de la imaginación histórica en función de la producción de ficciones nacionales, a la par también de un despliegue profuso de invenciones tecnológicas al servicio de una creciente masificación de la cultura. No sólo se fue expandiendo la comunidad de lectores gracias a las imprentas de vapor—que podían "ilustrar" las páginas con grabados y fotografías—sino que también fue aumentando un público urbano cada vez más ávido de manifestaciones espectaculares, es decir, una población no necesariamente entrenada en las letras, pero sí cautivada por modalidades culturales escópicas, que bien podían ir desde los circos ambulantes, desfiles, ferias y exposiciones, cuadros vivos, apoteosis, hasta el consumo de tarjetas postales, daguerrotipos, estereoscopios, dioramas...

La frontera entre la cultura letrada y elitesca, y la visual y de masas fue frágil y porosa. Muchos géneros altos y bajos se contaminaron y transfirieron mutuamente sus formatos. De la misma manera que el aparato oficial se preocupaba por implementar la escolarización con mayor o menor fortuna, la industria de los inventos con sus cámaras fotográficas, microscopios, estereoscopios, luz

---

1. La autora presentó esta ponencia en el Coloquio Internacional, University of Ottawa, *De Independencias y Revoluciones. Avatares de la Modernidad en América Latina,* 24-27 de septiembre, 2008. (Nota del editor).

eléctrica, avivaron una nueva sensibilidad escópica que exigía a su vez nuevos dispositivos de visibilidad. Después de todo la cultura visual fue clave en la promoción de los nuevos valores de la república, porque trazaba eficientes narrativas que promovían sensibilidades consensuadas para la creación del orden cívico al tiempo de agilizar el control estatal sobre masas no siempre dóciles.

Así pues, tanto las invenciones en el área de la cultura material—como resultado de la revolución tecnológica—, como la aparición de nuevos formatos en el área de la cultura del entretenimiento—como consecuencia de estas nuevas tecnologías—, atrajo a muchos intelectuales y artistas en las últimas décadas del siglo (entre ellos, Juana Manuela Gorriti, Manuel Ignacio Altamirano, Domingo Faustino Sarmiento, Arístides Rojas, Rubén Darío, Julián del Casal, Enrique Gómez Carrillo, Manuel Ugarte, Amado Nervo, hasta Horacio Quiroga) quienes dejaron constancia en sus escritos sobre estas nuevas ofertas de la cultura. Para referir un caso notable, el mismo José Martí, en sus años que pasó en la América del Norte (1881-1895), desarrolló una afición por las novedades tecnológicas que luego reseñaba meticulosamente en sus crónicas. Apreciaba los alcances pedagógicos de las exposiciones que consideraba espacios más democráticos de escolarización, porque al educar la mirada de las masas, su instrucción podía ser más eficiente y recibir por tanto una instrucción mas práctica y menos libresca.

Sin alterar propiamente su concepción jerárquica de la cultura (el dominio de las letras seguiría siendo competencia de una élite), siguió muy de cerca los avances y experimentos de la fotografía en color y las tomas en movimiento que adelantaban Muybridge y Richard Jahr por esos años; y en particular mostró gran interés por la creciente moda de los panoramas y de los cicloramas (panoramas móviles) que constituyeron para la época la modalidad más cercana al documental cinematográfico.

Aunque la invención del panorama a fines del XVIII por el inglés Robert Barker causó en sus primeras décadas (hasta 1830) un furor inusitado en Europa y luego en la América del Norte, mantuvo más o menos su clientela a lo largo del siglo, para cobrar un nuevo y último esplendor a fines de la centuria ante las demandas de un público curioso por saber acerca de las devastadoras guerras en marcha (la de Crimea, la franco-prusiana y antes la de Navarino, por ejemplo). Los panoramas nunca fueron considerados como arte; más bien como cultura de entretenimiento, a pesar de que desafiaban las reglas estéticas del ilusionismo, el vértigo de la dupli-

Aunque la invención del panorama a fines del XVIII por el inglés Robert Barker causó en sus primeras décadas (hasta 1830) un furor inusitado en Europa y luego en la América del Norte, mantuvo más o menos su clientela a lo largo del siglo.

cación, el sublime impacto de la representación realista del detalle: se mantuvo siempre en el renglón de las técnicas industriales y un oficio de empresarios. Pero muchos pintores de temas históricos abrevaban de estos artificios, y las tensiones no fueron pocas.

Por su parte, José Martí presentía que este entretenimiento "espectacular" de la guerra, al capturar la atención de las masas urbanas, podía informar a bajo costo los acontecimientos que sacudían el mundo, amén de anticipar el advenimiento del cine. Pero también para el cubano, no muy afecto a los géneros artísticos "blandos" que afeminaban segun él las sensibilidades con idilios improductivos (recordemos que llamó "noveluca" a su *Amistad Funesta*), estas modalidades épicas de la cultura popular optimizaban ciudadanías menos flébiles y apuntalaban la virilidad del cuerpo letrado. Apreciaba:

> Continúan en boga en Europa los grandes panoramas [...] No son estos panoramas meras vistas o lienzos, sino edificios enteros, parte de los cuales está dispuesta de manera

> que representan a lo vivo, con gran verdad y arte, memorables escenas históricas. El más conocido es el de Philippoteaux, en los Campos Elíseos. Es un gran edificio circular, en cuyos muros interiores están pintados, con naturalidad y verdadera ciencia, los alrededores de París durante el sitio. La ilusión es completa [...] hay un foso, lleno de trincheras, de caballos, de espías, de cañones, de empalizadas, de sacos de arena, de balas, de cadáveres [...] Cada detalle es una belleza sorprendente [...] todo el exceso de color y todo el brillo deslumbrante no está menos encaminado a excitar la cólera de los franceses [...]. (Martí 1963: XXIII, 227)

Quiero ahora recuperar para las reflexiones que siguen el énfasis que puso José Martí en los panoramas de tema histórico por la misma preferencia que tuvo por el género historiográfico en detrimento del novelesco; la celebratoria recepción que hizo de *Venezuela heroica* (1881) del escritor venezolano Eduardo Blanco y su recomendación como lectura obligatoria en las escuelas; la asimilación de las tecnologías de la visualidad en función de una mayor democratización de la cultura; y la conveniencia de promover entre las sensibilidades sociales tropos militares, no sólo como incentivo "patriótico" en momentos de consolidación estatal para producir tradiciones historiográficas modélicas y no problemáticas (la invención de pasados), sino también como ficciones que pudiesen contrarrestar—para un buen número de intelectuales—la oferta de los imaginarios decadentes que "feminizaban" la cultura de la modernidad finisecular. Por consiguiente, lo que reconocemos como novelas históricas por decir lo más obvio, así como toda la historiografía política, así como la pintura de tema histórico, estuvieron emparentados no sólo con la producción de pasados, sino con otras guerras menos obvias del presente, y sobre todo con la tecnología de los panoramas; de otra forma, el monumentalismo histórico le debió no poco a los panoramas de guerra de la cultura de masas y al consumo de modas marciales, pero por sobre todo, al modo "panorámico" de la representación de la guerra en tiempos de paz, y que el estado nacional capitalizó oportunamente con miras a refrendar la ideología del progreso.

En varios trabajos anteriores me he referido a la importancia estratégica que tuvo para el régimen de Antonio Guzmán Blanco (1870-1888) la celebración en 1883 del Centenario del Natalicio del Libertador Simón Bolívar con la primera gran Exposición Nacional venezolana, al transformar el antiguo convento colonial de San Francisco en una moderna estructura neo-gótica que fungió de Palacio de la Exposición. Como acontecía en este tipo de eventos, las exposiciones universales—y la venezolana lo fue—al aprovechar alguna efeméride significativa, servían para condensar los bienes materiales y simbólicos de la nación, convirtiéndose en los lugares por excelencia del progreso. Al menos en el caso venezolano sirvió al ya largo régimen del Ilustre Americano para apuntalar los mecanismos de control y de su propia perpetuación en el poder, amén de servir como vitrina de exhibición de los recursos del país ante una concurrencia local e internacional abrumadora.

El Palacio con sus profusas ojivas, vitrales, torre almenada, se erigía frente al Capitolio, cuyo techo abovedado serviría en la misma ocasión de espacio idóneo para el despliegue del "panorama" de 360 grados de la *Batalla de Carabobo* de Martín Tovar y Tovar y que los venezolanos apreciarían hasta los días de hoy. La exposición sintetizaba a golpe de ojo toda la historia y geografía nacionales. Era una cátedra magistral nunca antes vista para una población habituada a los espectáculos públicos permanentes del guzmanato. Sólo que esta vez tendría que pagar para ver el universo de novedades, y pagar el doble de noche para verlas bajo la luz de 14 reflectores y 43 bombillas eléctricas. La iluminación ofrecía una nueva luz sobre la historia nacional que ahí se fabricaba en forma esquemática y asequible. La gramática visual organizaba el ojo para recomponer espacialmente la representación de un país ordenado, con un pasado prestigioso y monumental, productivo, con artes y letras. La fachada neogótica—que remedaba los estilos prestigiosos de los países industriales del norte, donde gótico y máquinas se daban la mano para representar la ecumene cristiana de las metrópolis europeas—organizaba simbólica y políticamente el discurso material de la nación.

Sin embargo, aunque el año del Centenario fue un momento de acuñación importante, hubo a lo largo de las décadas anteriores todo un clima de consumo cultural que difundió al menos entre la población caraqueña su familiaridad con las tecnologías visuales de los oramas, estereoscopios y tarjetas postales con vistas de paisajes o de guerra y retratos de generales. Por otra parte, aunque la historia de los panoramas en América Latina sea agenda pendiente por largo tiempo (ya que se trataba de una modalidad efímera cuyo soporte material no se conservó), una cuidadosa revisión de los periódicos de la época pueden dar pistas muy valiosas. El periódico *El*

Venezolano, en su edición del domingo del 14 de enero de 1846, publicó en su columna de remitidos un aviso donde comentaba el éxito que estaba causando el diorama en el portal de Mercaderes (una modalidad de espectáculo escópico con transparencias que permitía el juego de luces y sombras), y que dada la numerosa concurrencia era indispensable conseguir un local más grande para atender la demanda del público. Caracas era una capital pequeña que no pasaba de 50 mil habitantes, pero con la prosperidad que había traido el auge del café, contaba con 500 establecimientos comerciales.

Ya en la década de 1870, el "Salón Nuñez" en la misma esquina de Mercaderes, Sur 4, se había convertido en un negocio especializado en la venta de panoramas y vistas universales; Paulo Emilio Romero, en la esquina de Amadores, y Pedro Jáuregui, frente al Panteón, ofrecían sus servicios de "artistas" para decorar los muros de las casas con todo tipo de paisajes panorámicos. Y en esta misma línea, y probablemente uno de los antecedentes más interesantes (y menos reconocidos) es el trabajo del pintor Pedro Castillo, que decoró los muros de la casa del general José Antonio Páez en la ciudad de Valencia (entre 1830 y 1832) con cuadros de la guerra de la Independencia. Probablemente se trataba de la serie más extensa de panoramas de batallas, organizada en forma consecutiva, a manera de un performance pictórico (y adelantándose a los panoramas móviles) donde la vista desplegaba tanto ejércitos como la topografía del paisaje. Aunque estos paisajes bélicos no fueron de consumo público, al menos sí podemos suponer que ese ambiente fecundó la obra de Eduardo Blanco cuando se desempeñó como secretario personal de Páez. Recordemos ahora muy rápidamente que los capítulos de *Venezuela heroica* están concebidos como cuadros de una exposición. Del mismo modo, no es de extrañar que también Tovar y Tovar se inspirase en esta serie para elaborar el panorama circular de Carabobo. Volveremos sobre ello más adelante.

Hacia 1872, James Mudie Spence, viajero norteamericano radicado varios años en Venezuela, organizó en El Café del Avila la primera exposición artística. Allí reunió a todos los artistas plásticos del momento, que luego habrían de exponer en el Palacio de la Exposición Nacional en 1883. Aprovechó ese espacio para intercalar entre las obras pictóricas de los artistas venezolanos, no sólo las esculturas de la única mujer artista que se conoce, Dolores Ugarte, sino algunos panoramas que habían tenido cierto éxito en los Estados Unidos hacia 1840-50, como las vistas panorámicas de la ciudad de Nueva York, las Cataratas del Niágara, y el extenso panorama del Río Mississippi de John Banvard. Por consiguiente, cuando se inauguró el Teatro Guzmán Blanco (1874) la moda de los panoramas estuvo tan difundida, que las paredes y el cielo raso del mismo fueron decorados con vistas de paisajes, más cuando las compañías de óperas montaban con no poca frecuencia *Aída*, *Nabuconodosor*, *La Traviata* (que fueron las preferidas por el guzmanato), los decorados reproducían estas geografías exóticas y lejanas a manera de vistas panorámicas.

Hasta aquí algunos trazados dispersos de lo que podemos suponer fue la experiencia de los caraqueños en cuanto a su contacto con la cultura visual de los panoramas, sin descontar el intenso despliegue y saturación que el gobierno de Guzmán Blanco hizo en promover el culto a los héroes y la hipertrofia escópica del culto bolivariano.

Volvamos al año de la Exposición de 1883. La arquitectura neogótica del Palacio fue el gran marco simbólico bajo el cual se interpretaron las muestras de la cultura dispuestas en su interior. No es casual que haya sido bajo la cobertura medievalizante del Palacio de la Exposición donde por primera vez los venezolanos pudieron ver orquestadamente no sólo el cuadro *La Firma del Acta de la Independencia* (de siete metros de largo), y en forma panorámica en el Capitolio *La Batalla de Carabobo* de Martín Tovar y Tovar, sino apreciar en una secuencia ininterrumpida los óleos de *El combate en el Lago de Maracaibo* (de tres metros de largo) de José Manuel Maucó; *El Desembarco de Bolívar en Ocumare* y *La Batalla de Carabobo* de Juan Antonio Michelena; la *Entrega de la bandera invencible de Numancia al Batallón sin nombre* de Arturo Michelena; *Incendio provocado por Ricaurte en el Parque de San Mateo* de Antonio Herrera Toro; *La muerte de Girardot* de Cristóbal Rojas; *La muerte de Rivas Dávila* y la *Entrevista de Bolívar y Sucre en el desaguadero de los Andes* de Manuel Otero; *Una noche en Casacoima* de Pedro Jáuregui; y ver también en formato de libro la segunda edición aumentada de *Venezuela heroica* de Eduardo Blanco, cuyos capítulos en forma de "cuadros" y a manera de folletín habían estado saliendo desde 1875 en la revista *La Tertulia*, y que por entregas iba suministrando nuevas secuencias de las batallas de "La Victoria", "San Mateo", "Sitio de Valencia", "Matasiete", "Las Queseras", "Boyacá", y finalmente "Carabobo" del pasado independendista. Tanto la recepción por partes de *Venezuela heroica*,—que sin duda fue acondicionando las expectativas in crescendo del público—, como la impactante experiencia de ver ahora en los cuadros de la Exposición lo que habían leído, reponía virtualmente la ficción heroica y monumental de la guerra en un presente casi absoluto, lo que permitió satisfacer doblemente tanto si acaso la curiosidad por el pasado nacional como visibilizar las recientes batallas que transcurrían en el Viejo Mundo.

Si bien los venezolanos no habían conocido del todo o no exactamente hasta la fecha las modas visuales de los panoramas en toda su variedad, esta nueva experiencia los exponía a ese efecto sobrecogedor de estos géneros melodramáticos de simulación. Calculamos que la Exposición no se experimentó de la misma manera que un museo; probablemente a mitad de camino entre las artes y las manifestaciones de la industria cultural. Fue una feria de variedades.

El caso es que si los venezolanos llevaban casi una década leyendo a *Venezuela heroica* y probablemente tenían más bien estampas fragmentarias en su memoria, ahora la Exposición lograba conjugar en un gesto magistral no sólo el texto en forma de libro, sino ilustrar a través de sus galerías las escenas del pasado con extensos óleos y murales de la guerra. Los que no habían podido leer los cuadros, ahora las imágenes visuales componían en una operación estrábica las narrativas históricas para esa audiencia masiva y sorprendida: por un lado, esas imágenes casi vivas de hombres viriles construían un pasado, al tiempo de cancelar cualquier otro período anterior o inmediatamente posterior al evento emancipador; y, por el otro, el efecto producido por la técnica realista y meramente descriptiva reconvertía ese pasado en un presente absoluto: la Independencia se extendía en un presente contínuo sin fisuras, lo que por otra parte le permitió a Guzmán Blanco asimilar su investidura con la de Bolívar. Las máscaras y las poses estaban a la orden del día...

Las masculinidades con el aparato de guerra parecían controlar las subjetividades del momento y convertir la "guerra" en el gran lenguaje de los tiempos modernos. Recordemos cómo José Martí destacaba la eficacia de la técnica del panorama, porque al representar "cada detalle, a lo vivo, con verdadera ciencia", la "ilusión es completa". La pintura histórica terminaba así cumpliendo varias funciones: re-creaba un pasado, e in-formaba un presente. Una ilusión perversa porque distorsionaba a la vez la memoria histórica con importantes borraduras. No es casual al respecto que el gran fresco de *La Batalla de Carabobo* dispuesto en la cúpula del Salón Elíptico tenga una disposición circular, panorámica, que produce el efecto de una visión desde arriba contínua de la guerra, sin rupturas espacio-temporales, ahistórica, que podría sobredeterminar ciudadanías en permanente pie de guerra, o al menos condicionar la producción de retóricas grandilocuentes. En un sentido parecido, *Venezuela heroica* está narrada en presente, lo cual permite a través del acto performativo de la lectura, borrar la distancia de los hechos, pero también hacer visible lo narrado: "No avasalla, empero, el desaliento, ni a Ribas ni a Bermudez; la recíproca emulación que los domina, al par los enardece, y nada ven como imposible a su genial bravura. Con mejores tropas, y alentando con halagadoras promesas a las consternadas familias, esperan seducir de nuevo la fortuna con los pródigos que les impulsa a realizar la propia valentía. ¡Qué hombres y qué lucha!" (206).

La puesta en circulación de una estética "marcial" para las sensibilidades colectivas optimizaba las relaciones modernas entre los estados nacionales y el control de las turbulencias de las masas con fines básicamente mercantiles. Se apostaba a la centralidad del poder y a la concentración del poder de la masa. Los temas bélicos—tanto en su versión culta, como su expresión en la industria cultural: los panoramas, fotografías, de soldados—fueron potentes argumentos para ordenar las subjetividades dentro de una gramática que podía disciplinar las ciudadanías para el trabajo y la producción de capital.

En este sentido, el *revival* del gótico, con sus ficciones prusianas edulcoraba la nueva violencia del aparato estatal guzmancista, y no menos encubría las nuevas modalidades de reacomodo del imperialismo económico: el estado guzmancista se había eregido sobre una nación desmembrada en guerras intestinas y revoluciones populares, y por tanto debía ofrecer un modelo alternativo para ordenar a las masas.

Veamos la lógica que medió entre la estética visual de los panoramas y las ficciones históricas. Recordemos que los medios y sus respectivas técnicas no son instrumentos pasivos, sino que construyen realidades.

Todo el corpus de narrativas históricas estuvieron signadas básicamente por una gramática de la linealidad, deudora en buena medida de la cultura visual de los panoramas de tema histórico que ordenaba para las masas sucesiones de episodios planos y dinámicos de acciones.

A estas alturas es importante destacar la diferencia que media entre el régimen panorámico de las vistas (urbanas o pai-

"La Batalla de Carabobo" de Martín Tovar y Tovar.

sajísticas) y el de tema histórico. Muchos de los textos históricos tomaron sus retóricas de los dispositivos de estos panoramas, es decir, técnicas fuertemente descriptivas. Sin duda que para ambos casos la estructura circular de la edificación cumplía la misma función de templo de ilusiones al jugar con novedosas perspectivas de simulación y poner a prueba la competencia del ojo. Sin embargo, en los panoramas de paisaje, la experiencia escópica obligaba al espectador a distanciarse de esa perspectiva precisamente para poder captar la totalidad de la vista. En el caso de los panoramas históricos la mecánica de la percepción no llevaba a la distancia, sino a imbuirse y quedar arropado por las acciones representadas. El espectador era arte y parte del espectáculo bélico, con lo cual la ficción del pasado se naturalizaba en un presente melodramático acrítico y emotivo. También recordemos cómo el mismo Martí apuntaba que "cada detalle es una belleza sorprendente [...] a excitar la cólera de los franceses"; como el uso del tiempo presente en el texto de Eduardo Blanco cumplía las mismas funciones ("Campo-Elías y Montilla se abrazan en medio del combate; y juntos cargan de nuevo al enemigo"; "Ribas abandona la defensa y forma una sola masa con los restos de su ejército").

Estos panoramas fueron una máquina formidable para imaginar el pasado "tal como sucedió realmente". Naturalizaba la historia al eliminar su complejidad. Al interpelar las emociones, la distancia entre el espectador y la imagen quedaba eliminada. Era el efecto del simulacro de las técnicas del realismo, que creaban con su precisión y exactitud el efecto deslumbrante de un duplicado de "lo real". Como medio masivo de entretenimiento didáctico, trabajaba sobre la formación de una memoria colectiva, y por tal, podría considerarse como una de las primeras modalidades de la industria cultural.

Del mismo modo, la recepción que tuvo *Venezuela heroica* promovió "batallas por entregas semanales": sus "cuadros" avivaron el deseo siempre inconcluso de más escenas. El mismo régimen paratáctico, de superposición de cuadros biográficos—a semejanza de las pinturas dispuestas a lo largo de la galería—ordenaba la producción de las letras. Así como la superficie del panorama alineaba los tiempos históricos en un presente continuo, la escritura historiográfica también disolvía lo heterogéneo en el régimen diegético del discurso. Los contrarios terminaban por disponerse juntos en la serialidad de la escritura. De este modo, la ficción del evolucionismo quedaba no sólo refrendada por la misma práctica historiográfica, sino que ella misma era agente de ese tiempo diegético esencial para crear la falacia de la linealidad teleológica de la ideología del progreso. El texto terminaría por tener la misma estructura circular que cualquiera de los panoramas de su género.

La representación de la guerra en términos panorámicos fabricaba imágenes históricas gratificantes que aliviaban los traumas en torno a pasados problemáticos: la representación de la Independencia al estilo bonapartista desdibujaba la Guerra Federal (1858-1863) y reemplazaba al héroe popular Ezequiel Zamora por el protagonismo blanqueado de los Bolívar. La irrupción de la Guerra Federal un decenio antes de la autocracia guzmancista fue indicador de problemas neurálgicos no resueltos con las guerras de la emancipación. Quedaban pendientes el derecho a la tierra, la esclavitud, una población mestiza y de color pauperizada por la oligarquía. El asesinato de Zamora, como el fracaso de esta revolución, constituyó una zona traumática en el reciente horizonte del guzmanato, siempre amenazado con sublevaciones y manifestaciones protestatarias. La paz había que preservarla a como diera lugar, más si se apostaba a atraer inversiones de capitales. Por consiguiente, hubo que fabricar—y aquí los artistas fueron hábiles políticos—un tejido de imágenes que, por un lado, interpelaran a estos sectores populares vencidos con imágenes gratificantes; y, por el otro, conciliasen las contradicciones y fisuras en torno a un pasado y a una guerra problemática. Así la Guerra de la Independencia, más fácil de manejar, absorbía metonímicamente a la Guerra Federal, con sus campesinos y llaneros.

De este modo, la modalidad panorámica trocaba las imágenes peligrosamente anárquicas de la turba revolucionaria, mestiza, campesina y esclava, por ejércitos uniformados: ofrecía un tropo alternativo para contrarrestar las amenazas de las sublevaciones populares. Pero también la visión estereoscópica de la guerra trocaba los residuos de *una* memoria por *otra* más favorable al proyecto de la oligarquía liberal. Bolívar, en su elegante uniforme napoleónico; Sucre, Páez, Arismendi, Ricaurte, Soublette, en sus vistosas casacas prusianas, reemplazaban festivamente a Zamora: blanqueaban el protagonismo social de la historia. La potencia plástica de la técnica panorámica producía *after-images* históricamente rentables. Irónicamente, la única figura que aparece fallecida en un primer plano en *La Batalla de Carabobo*, es un soldado negro o mestizo: de algún modo lo reprimido se reintroducía subliminalmente. Con toda la complejidad y polivalencia que esta representación conlleva, ese sujeto otro estaba en el escenario, era tomado en cuenta junto a esos otros protagonistas (sabemos que se trataba del Negro Primero que había luchado al lado de Bolívar y Páez); pero a su vez la ansiedad que genera su diferencia étnica lo convierte en un cuerpo alegóricamente disciplinado (muerto) a través del uniforme militar, que reprime tanto lo que ese sujeto socialmente simboliza, como los miedos que infundía en la clase dominante.

De igual modo, la hipertrofia de figuras masculinas que configuran un cerrado *mannerbund* tanto en los óleos (por ejemplo *La Firma del Acta de la Independencia*) como en el texto de Eduardo Blanco, ocluía otra historia de sujetos contestatarios femeninos, como fue la huelga de lavanderas, pero también la pujante presencia en el escenario público de mujeres intelectuales, empresarias, y directoras de revistas y orquestas en las últimas décadas del siglo. Por tanto, al menos en el caso venezolano, presumimos que la temida masa o turba popular en el imaginario del cuerpo letrado (configurado por un sujeto masculino blanco) fue asimilada a los sectores campesinos del llano, como el ascenso de la mujer letrada. No perdamos de vista que el mismo Eduardo Blanco le dedicó una novela entera, *Zárate* (1882) a uno de los bandidos más renombrados de los Valles de Aragua. Sin embargo, su representación resulta escurridiza: se resuelve como una figura ambigua, a caballo entre dos mundos; por un lado, sujeto buscado por la ley, por el otro, comerciante y noble amigo de los Delamar. El artista Lastenio Sanfidel no logra fijar el rostro de Santos Zárate/Oliveros en el retrato. Su ubicuidad es síntoma de la imposibilidad de enmarcarlo. El llanero Zárate representó un principio de heterogeneidad no asimilable al proyecto nacional. Así pues, la sombra de Ezequiel Zamora ejerció—y tal vez sigue ejerciendo—una violencia contra los discursos culturales hegémonicos.

De una forma parecida—aunque no sea éste el espacio para detenerme en ello—, la ansiedad que produjo la turba popular en el cuerpo de letrados tuvo diversas modalidades de expresión. No siempre el sujeto popular en sí resultó demonizado. Las compulsiones deben ser culturalmente localizadas de acuerdo a las fuerzas disrruptivas que cada contexto socio-histórico genera. Y para volver al caso que nos ocupa, en *Venezuela heroica* los sujetos que son presentados como fuerzas "enemigas" son precisamente, por un lado, "los salvajes moradores de nuestras llanuras", que alrededor de Boves, "estremecían nuetras llanuras de sangre y de pillaje"; "su codicia excitaba los desenfrenados apetitos", "ignorancia y rusticidad" "de las selváticas falanges" (113); y, por el otro lado, la masa de mujeres, niños y ancianos que huyen despavoridos de ambos ejércitos. Este "tumulto" siempre aparece en términos "enajenados", "escuálidos" ("una madre poseída de desesperación se aleja corriendo como una enajenada", "desgraciada que enloquece de terror", "cual fantasmas invisibles")[174]. Hay una homologación implícita entre esos habitantes de las llanuras y el "tumulto" irracional sustancialmente constituido por mujeres. Ya Le Bon había caracterizado a la turba como irracional, histérica, y por ende, femenina. Es decir, el descontrol de la turba se conceptualizaba en términos de su afeminamiento, con lo cual, y por oposición, el orden se asimilaba a los elementos viriles, racionales. No en vano, los patriotas siempre forman ejércitos uniformados, "sin un grito", y "con una serenidad olímpica". Tampoco entonces es casual que José Martí prologara este libro enfatizando su lectura del "maestro al discípulo", y "del padre al hijo".

En este sentido, el recorrido por la Exposición disciplinaba también el cuerpo a través de la mirada. Al no haber un punto único ni fijo, la circularidad del panorama ofrecía una experiencia niveladora y democrática. Por tanto, la Exposición fue en cierto sentido una "escuela de la mirada", un *performance* que interpelaba a la concurrencia para una ciudadanía moderna, contenida y obediente. Frente a la montonera, los artistas ofrecían imágenes de otras masas pero contenidas, alineadas, disciplinadas, ordenadas bajo una voluntad que las reducía a la obediencia.

No sólo la galería de murales y óleos ofrecía tropos alternativos para las masas. También los nuevos medios, como la fotografía de multitudes o de grupos humanos urbanos, devolvían imágenes "ordenadas" para el consumo. Tanto los desfiles militares como las tarjetas postales con retratos de generales, familiarizaban a la colectividad con sensibilidades proclives a la lealtad, a la sumisión, y al acomodo a jerarquías tradicionales convenientes para los tiempos modernos. La imagen del ejército pasó a convertirse en la masa ideal porque, además de presentar una desindividuación de los sujetos, celebraba cuerpos sexualmente homogéneos, es decir, saludaba como productiva la composición viril y homosocial de la comunidad.

La centralidad del protagonismo Bolívar/Guzmán en la cultura de la Exposición producía imágenes rentables: una de ellas tenía que ver con la inflación de la "metáfora militar" en tiempos de paz, que aseguraba el orden cívico moderno para las transacciones mercantiles. La hipertrofia épica, al favorecer la metáfora militar, decía de cuerpos colectivos esforzados en un gesto de lucha sincronizado; pero también ordenados para el trabajo sostenido; disciplinados para el máximo rendimiento al servicio de una tarea común.

Así, estos ejércitos y estas batallas se distanciaban cada vez más de las guerras de la Independencia; preparaban las sensibilidades de la muchedumbre moderna para otras batallas: eran los ejércitos de obreros para el trabajo industrial que anunciaba los nuevos tiempos. Por ello, la hipertrofia de la imaginería heroica, en clave neogótica, sintonizaba a la par con la exhibición de las novedades tecnológicas: motores y máquinas, telégrafos y teléfonos, dinamos y baterías, vaticinaban la aceleración de la producción de materias primas para las naciones industriales, y las condiciones duras del trabajo fabril para las naciones dependientes.

En este sentido, valió la pena direccionar toda la imaginería de acuerdo a una concepción jerárquica no muy distante de las re-

El cuerpo musculoso y heroico del soldado y del obrero era el motor de la futura nación; pero también la máquina simbolizaba no sólo el progreso material sino las próximas guerras.

laciones patriarcales. El lenguaje del neogótico reacomodaba hegemonías patriarcales pero modernizadas, legitimadas a través de un nuevo cristianismo secular. No en vano todo el edificio de la Exposición galanteaba con las formas de la modernización conservando estructuras coloniales.

Hoy en día podría parecer extraña la convergencia de motores, dinamos, máquinas, dispositvos eléctricos en un espacio neogótico. La tecnología pertenecía al mundo de las sensibilidades viriles. El cuerpo musculoso y heroico del soldado y del obrero era el motor de la futura nación; pero también la máquina simbolizaba no sólo el progreso material sino las próximas guerras. Por ello en esta etapa finisecular la relación entre nación y militarismo, entre épica y modernidad tecnológica, entre virilidades, máquinas y musculaturas, sólo prefiguraba los fascismos que se habrían de desplegar en los próximos decenios del nuevo siglo XX.

El panorama de la guerra en sus diversos formatos fue la clase magistral de un triple disciplinamiento: la audiencia aprendía a mirar y a memorizar las imágenes sin el dictamen del maestro ni del libro; ordenaba la imaginación histórica y canalizaba las pasiones políticas; y preparaba el contexto de multitudes organizadas y obedientes para una sociedad totalitaria que no contraviniera los intereses del mercado internacional.

A modo de epílogo

El panorama del Salón Elíptico sigue siendo el techo que cubre el espacio del Congreso de la República, y ha servido de cielo a innumerables sesiones de las cámaras de representantes que han decidido y siguen decidiendo la vida política del país. También donde son investidos los magistrados supremos de la nación. El joven artista venezolano Miguel Amat realizó recientemente una serie fotográfica titulada *Paisajes Heroicos* (entre 2003 y 2007) inspirada en el mural de la *Batalla de Carabobo*. Retoma y retrabaja el legado ideológico y político del "panorama" de tipo histórico para vaciarlo de sus contenidos tradicionales. Su proyecto se inscribe en una voluntad "anti-panorámica", expresión literal del artista. Al despojar la escena de su narrativa épica (porque la intervención técnica supone la borradura completa de los agentes de esa historia) vacía por completo el paisaje de la grandilocuencia y monumentalismo del género historiográfico, a la par de borrar (y tachar) la versión de una historia ya desgastada. Ejerce por tanto una doble borradura: retira lo que de hecho ya no tiene significado pero sí significante. Precisamente los excesos y abusos con que se ha venido manejando y manipulando el sistema de referencias de esa historiografía épico-militar. El vacío viene siendo el reverso de una saturación discursiva, donde sólo quedan las huellas, la geografía despojada. Al quitarle el referente a estos panoramas, según Amat, pierden completamente su significado original, y quedan como meros paisajes generales desreferencializados.

Pero no creo que haya que leerlas como nostalgia, o tal vez sí... porque recupera parte del formato panorámico, es decir, la vista extensiva de una vasta geografía para ser mirada desde cierto punto alto, colocando al sujeto que mira en una posición de observador dominante que con su ojo posee ese paisaje que se extiende hasta el infinito. A diferencia del panorama de tema histórico, el panorama de paisaje no involucra emocionalmente al espectador. Este puede mantener la distancia necesaria que estimula el deseo de penetrar en ese territorio, y que de alguna forma el sujeto viaja hacia esos espacios llenándolos con su propia subjetividad. Regula después de todo una gramática colonizante. No se termina de escapar del régimen panorámico, o al menos de su legado, que entrañaba el carácter espectacular cónsono para el entretenimiento de las masas.

    Lo que me interesa ahora es destacar el modo cómo la historia oficial venezolana ha sobrevivido bajo la modalidad panorámica (lineal, recurrente, cíclica, grandilocuente, épico-militar), y que Miguel Amat la enfrenta para desconstruirla, o al menos para retirar actores ya vencidos por el tiempo, pero también indirectamente para llamar a otros actores a ocupar ese espacio. Es interesante notar que en la operación de vaciamiento borra "todos" los actores sociales e históricos, aún los que fueron obliterados en el pasado. Estamos en todo caso atrapados en la técnica panorámica; y el giro podría ir simplemente del gesto heroico al bucólico, que no deja de ser después de todo también nostálgico.

Bibliografía

Aguirre, Robert D. *Informal Empire. Mexico and Central America in Victorian Culture*. Minneapolis: Minnesota UP, 2005.

Bennett, Tony. *The Birth of the Museum. History, Theory, Politics*. Londres: Routledge, 1995.

Blanco, Eduardo. *Venezuela heroica*. 1a ed. 1881; 2a ed. ampliada 1883. Madrid: J. Pérez del Hoyo, 1970.

Blanco, Eduardo. *Zárate*. 1a ed. 1882. Caracas: Ediciones Villegas, 1956.

Bordoni, Silvia. *Storia del Panorama. La visione totale nella pittura del XIX secolo*. Roma: Officina Edizione, 1984.

Boulton, Aldredo. *Historia de la Pintura en Venezuela. Época Nacional*. Tomo II. Caracas: Ernesto Armitano Editor, 1973.

Cantini, Lorenzo. *Torture Instruments/Instrumentos de tortura*. Trad. Donatella Montina. Florencia, s.f., s.e.

Castellanos, Rafael Ramón. *Caracas 1883 (Centenario del Natalicio del Libertador)*. Caracas: Academia Nacional de la Historia (Estudios, Monografías, Ensayos), vols. 33 y 34, 1883.

Comment, Bernard. *The Painted Panorama*. Nueva York: Harry N. Abrams, Inc., Publishers, 2000.

Crary, Jonathan. *Techniques of the Observer. On Vision and Modernity in the Nineteenth Century*. Cambridge, Massachusetts: MIT, 1999.

D'Arcy Wood, Gillen. *The Shock of the Real. Romanticism and Visual Culture, 1760-1860*. Nueva York: Palgrave, 2001.

Darío, Rubén. "Peregrinaciones". *Obras Completas*. Madrid: Afrodisio Aguado, 1950-55. Tomo IV. 12-35.

Debord, Guy. *La sociedad del espectáculo*. Trad. José Luis Pardo. Valencia-España: Pre-Textos, 2007.

Escenas épicas en el arte venezolano del siglo XIX. Caracas: Fundación Galería de Arte Nacional, 1992.

Gasparini, Graziano. *Caracas: la ciudad colonial y guzmancista*. Caracas: Ernesto Armitano Editor, 1978.

González-Stephan, Beatriz. "El ordenamiento de la cultura nacional: una vitrina para la exportación (la Exposición Venezolana de 1883)". *Ficciones y silencios fundacionales. Literaturas y culturas poscoloniales en América Latina (siglo XIX)*. Ed. Friedhelm Schmidt-Welle. Madrid/Frankfurt: 2003. 359-409.

González-Stephan, Beatriz. "Martí, invenciones tecnológicas y Exposiciones Universales." *Casa de las Américas* 243 (2006): 25-46.

González-Stephan, Beatriz y Jens Andermann, eds. *Galerías del progreso. Museos, exposiciones y cultura visual en América Latina*. Argentina: Beatriz Viterbo Editora, 2006.

Heidegger, Martin. *The Question Concerning Technology and Other Essays*. Nueva York: Harper & Row, 1977.

Hyde, Ralph. *Panoramania! The Art and Entertainment of the 'All-Embracing' New*. Londres: Trefoil Publications y Barbican Art Gallery, 1988.

Jay, Martin. "Scopic Regimes of Modernity". *Modernity and Identity*. Ed. Scott Lash y Jonathan Friedman. Oxford: Blackwell, 1991. 178-195.

Jonsson, Stefan. "The Invention of the Masses: The Crowd in French Culture from the Revolution to the Commune". Ed. Jeffrey T. Schnapp y Matthew Tiews. Stanford, California: Stanford UP, 2006. 47-75.

Kent, Christopher. "Spectacular History as an Ocular Discipline." *Wide Angle* 18. 3 (1996): 1-21.

Kracauer, Sigfried. *History: the Last Things Before the Last*. Nueva York: Oxford UP, 1969.

LeBon, Gustave. *The Crowd. A Study of the Popular Mind*. 1a ed. 1891. London: Ernest Benn Limited, 1947.

Levin, David Michael, ed. *Modernity and the Hegemony of Vision*. Berkeley: California UP, 1993.

Martí, José. *Obras Completas*. "Periodismo diverso". Vol XXIII. La Habana: Editorial Nacional de Cuba, 1965. 134-310.

Martín-Barbero, Jesús. *De los medios a las mediaciones. Comunicación, cultura y hegemonía*. Bogotá: Convenio Andrés Bello, 1998.

McDermott, John Francis. *The Lost Panoramas of the Mississippi.* Chicago: Chicago UP, 1958.

McQuire, Scott. *Visions of Modernity. Representation, Memory, Time and Space in the Age of the Camera.* Londres: Sage Publications, 1998.

Miller, Angela. "The Panorama, the Cinema, and the Emergence of the Spectacular." *Wide Angle* 18.2 (1996): 34-69.

Mirzoeff, Nicholas. *An Introduction to Visual Culture.* Londres/Nueva York: Routledge, 1999.

Misle Caremis, Carlos Eduardo. *Sabor de Caracas.* Caracas: Banco de Venezuela, 1980.

Mosse, George L. *Fallen Soldiers. Reshaping the Memory of the World Wars.* Nueva York: Oxford UP, 1990.

Mosse, George L. *The Nationalization of the Masses. Political Symbolism and Mass Movements in Germany from the Napoleonic Wars Through the Third Reich.* Nueva York: Howard Fertig, 1975.

Oettermann, Stephan. *The Panorama. History of a Mass Medium.* Nueva York: Zone Books, 1997.

Robichon, Francois. "Le panorama, spectacle de l'histoire." *Le Mouvement Social* 131 (1985): 65-85.

Sehsucht. Das Panorama als Massenunterhaltung des 19. Jahrhunderts. Kunst und Ausstellungshalle der Bundesrepublik Deutschland Ed. Bonn: Stroemfeld/Roter Stern, 1993.

Thomson, Richard. *The Troubled Republic. Visual Culture and Social Debate in France 1889-1900.* Londres: Yale UP, 2004.

Mansilla, el tesoro de las doscientas mil líneas

Cristina Iglesia
Universidad de Buenos Aires

7

En una de sus causeries publicadas a fines de la década del ochenta, Lucio V. Mansilla inserta una nota al pie que dice así:

> Mi secretario ha hecho un cálculo que no deja de ser curioso. Dice (no se refiere a mis traducciones) que lo escrito por mí (no incluye la prensa diaria) representa, por la parte más baja (no siendo muy entrecortada mi forma habitual) doscientas mil líneas; y que si yo fuera inglés (un *penny a line*) esto me habría valido ya diez y siete mil quinientos chelines, o sea ochocientas y cinco libras esterlinas, o sea cuatro mil trescientos setenta y cinco pesos oro, o sea 10.937, 50 pesos de curso legal. Y que, como yo no he ganado hasta ahora un centavo con mis producciones (sino que al contrario, tengo que comprarme a mí mismo para regalar mis libros), no hago sino trabajar *pour le Roi de Prusse*; y que, por consiguiente, padezco (desde que *time is money*) de una neurosis que él llama disipación literaria, por no decir libertinaje de la pluma.[1]

La pequeña escena que la nota describe presenta a Mansilla y su secretario interesados en poner nombre a su "patología" y convencidos de que la manía escrituraria que lo consume sólo puede contabilizarse en cifras impactantes o nombrarse bajo rótulos que

---

1. Mansilla, Lucio V., "Namby Pamby" en *Mosaico. Charlas inéditas*, Buenos Aires, 1997, 118 y 119.

suenan como verdaderas señales de alarma: disipación literaria, libertinaje de la pluma.[2]

De noche o de día, soñando despierto, solo o en compañía, en casa o en viaje, Mansilla se narra siempre como un personaje que no puede dejar de escribir o como un cuerpo desgarrado por la escritura: "...y como Bickert en el cuento de Hoffmannm suele figurárseme que me he convertido en una hoja de papel y que un aprendiz de poeta, armado de una pluma de pavo muy mal cortada, me desgarra en todo sentido, escribiendo en mi blanca superficie...".[3] Mansilla suele aconsejar leer y escribir todos los días, leer con dos lápices en la mano, uno rojo y otro azul, leer sentado, leer para escribir lo que la lectura le sugiera. Anotar, clasificar ideas, llevar un diario de su vida, escribir cartas, esquelas y tarjetas postales, y sobre todo atrapar contra la página las ideas que surjan porque, como escribe en pleno clima de crisis económica "es más fácil hacer bajar el precio del oro que echarle el galgo a una idea que se escapa".[4]

La figura de escritor que surge de estas páginas de fin de siglo es la de un autor acosado por la acumulación de relatos en sus cajones o en sus sueños, la de un deudor perseguido por acreedores que firma pagarés de escritura a diestra y siniestra: promete *causeries*, adelanta temas, títulos o dedicatorias, anuncia un libro de memorias o una novela que se llamará "En Montevideo" y que nunca llegará a escribir. Un autor que está siempre en falta porque la demanda autogenerada por su desborde nunca será abastecida, ni siquiera atemperada.

Las *causeries* se publican como folletín del diario Sud-América desde agosto de 1888 hasta fines de 1890, en el último tramo de

---

2. Mansilla tuvo varios secretarios, entre ellos, Trinidad Sbarbi Osuna, el único identificado con nombre y apellido. En las *causeries*, la figura del secretario es una invención feliz cuya función no sólo es copiar lo que el escritor dicta sino también ser un primer lector que propone cambios, correcciones, e incluso obstaculiza las desviaciones permanentes de la escritura de Mansilla. Se trata de un personaje inteligente y obstinado que, convertido en interlocutor permanente, es capaz de influir en los rumbos del texto. Ver, en particular, "Si dicto o escribo" en Mansilla, Lucio V., *Entre-nos. Causeries del jueves*, Buenos Aires, Hachette, 1963.

3. Mansilla, Lucio V., "Soñando" en *Mosaico. Charlas inéditas*, Buenos Aires, Biblos, 1997, pág. 70.

4. Mansilla, Lucio V.; "Autores escritores" en *Mosaico. Charlas inéditas*, ed. cit., pág. 64.

una década signada por crisis económicas y sociales. Sud América es un diario ligado financiera y estilísticamente al sistema político. Su objetivo y su razón de ser consiste en "vender" a Juárez Celman y sus seguidores en el interior de una puja entre sectores hegemónicos del Estado, y en este sentido, apela a recursos que hoy llamaríamos de prensa amarilla o sensacionalista.[5] En este diario, que es casi puro presente, Mansilla se apropia poco a poco de la sección "Crónica del día" aunque el núcleo de sus relatos excluye el presente como centro de interés.

Las *causeries* utilizan la digresión—cuya eficacia folletinesca Mansilla ya había probado en una excursión a los indios ranqueles—para captar el ritmo alucinado de la ciudad entregada a la locura del dinero a futuro. Convertida en forma moderna de circulación del relato, la digresión es, en Mansilla, una promesa de pago; su pacto de escritura y de lectura tiene la lógica del "pagaré", ese "gran invento moderno" basado en la dilación casi infinita de una promesa incumplida porque el pagaré siempre se renueva, "y como todo el mundo sabe, el pagaré nunca se paga".[6] El pagaré es antiguo y nuevo, pertenece al pasado, al presente y al futuro, como las *causeries*.

Para este gran cazador de anécdotas, como le gusta definirse, iniciar un relato será siempre una tentación inevitable pero terminarlo, ponerle fin, será el desafío más difícil de cumplir. Precisamente porque, según sus palabras, "no hay nada tan peliagudo como concluir" la ausencia de final o su demora no harán más que incrementar los intereses de sus deudas de escritura.[7] Mansilla se muestra así, en uno de sus autorretratos favoritos, como el escritor hipotecado por su propio repertorio de anécdotas, como el escritor que literalmente, "se debe" a su público.

Pero cuando el vértigo de la digresión parece dominarlo amaga con recurrir a su contrario: "me refugio en el aforismo", "me salvo por el lado de la máxima" son expresiones que indican la

---

5. Cfr. Duncan, Tim; "La prensa política: 'Sud-América', 1884-1892" en Ferrari, G. y E. Gallo (comp.): *La Argentina del 80 al centenario*, Buenos Aires, Sudamericana, págs. 761-783, 1980. Excelente estudio que vincula el éxito de los textos de Mansilla con el éxito coyuntural del juarismo.

6. "El pagaré" en *Entre-nos*, ed. cit., pp. 515-516. En este texto, Mansilla llega a imaginar una enorme masa de pagarés no pagados moviéndose en círculos pesadillescos sobre la ciudad de Buenos Aires.

7. *Entre-nos*, ed. cit, 649.

necesidad de detención en la tranquilizadora quietud de la moral. La máxima o el aforismo implican quietud y sobre todo, clausura. Pero en Mansilla todo es ilusorio porque ni la máxima ni el aforismo son puertos seguros a los que se llega sino *boomerangs* narrativos, puntos de partida de la aventura digresiva: una de las fórmulas preferidas de las *causeries* consiste en reescribir la estructura fija y cerrada de una máxima en fragmentos inacabados que resultan desvíos reiterados e imprevisibles. Mansilla opera una alquimia semejante con la anécdota, un género vinculado con lo inédito o con lo no sabido. En este género brevísimo la destreza consiste en articular un aguzado sentido de observación con la mayor economía narrativa. El carácter fulgurante de la anécdota es su rasgo definitorio. Se trata de un relato que avanza velozmente hacia su término, que se autoconsume rápida y certeramente, y que se desinteresa del desarrollo de la historia y de su representación. Llegar al punto final, de la manera más concisa, de la manera más precisa, eludiendo toda amplificación literaria: precisamente lo contrario de lo que Mansilla se propone hacer con los géneros breves. Cada una de sus *causeries* bien puede considerarse la amplificación, o el estallido, de una máxima o de una anécdota, que disgregada parecerá perdida y reencontrada a lo largo del texto, porque Mansilla, como un ilusionista de la palabra, hará que los lectores pongan sobre la mesa su "impaciencia y curiosidad" (título de otra *causerie*) cada vez que pierden o recuperan el hilo del relato. Por otra parte, Mansilla trabaja con un anecdotario personal que, elaborado con recursos de otros géneros, se convierte en un extraño mixto de autobiografía, máxima y anecdotario.

La saga del viaje

Tres de sus más famosas *causeries*—"Por qué", "En Chandernagor" y "Los siete platos de arroz con leche"—desplegadas en varias entregas del periódico podrían constituir escenas o capítulos de lo que llamo la novela de aprendizaje de Mansilla.

La *causerie* "Por qué" narra el antes del viaje de iniciación.[8] Organizada como respuesta a dos interrogantes formulados por

---

8. La interrogación—por qué—se vincula al relato en todas las *causeries*, o el relato está siempre atado a esta pregunta, según se mire. El caso, la aventura, la situación narrada siempre elude una respuesta uní-

Carlos Pellegrini—por qué Mansilla ha viajado a la India y por qué lo hecho a una edad tan temprana—, la *causerie* se instala cómodamente en la tradición de la novela de aprendizaje en la que un joven sale al mundo y encuentra aventuras, pruebas, peligros y certezas. La juventud es la edad que contiene el verdadero significado de la vida. "Mi vida empieza a los 17 años", escribe Mansilla en este texto que narra entre otras cosas la separación de la familia, la separación del cuerpo y del texto del rosismo, del saladero y del matadero y donde la causa o el origen del viaje es la lectura prohibida de Rousseau. La anécdota bien podría ser así de breve: el padre de Mansilla, militar leal a Rosas y casado con Agustina, hermana del "dictador", descubre que su hijo lee a Rousseau. Decide entonces enviarlo lejos para protegerlo de los posibles efectos de esa lectura. Hay otra versión no tan literaria de las razones de este viaje precoz: Mansilla se habría enamorado de una "obrera del sombrero" con la que planea fugarse al Uruguay. La fuga se frustra por la traición del mensajero y el padre decide mandarlo de viaje a la India, lo más lejos posible para evitar un casamiento que la familia considera inadecuado.

La segunda serie, llamada "En Chandernagor" promete a sus lectores develar algún secreto, algún misterio de ese viaje de iniciación y se sitúa en el presente del viaje. La tercera y última, "Los siete platos de arroz con leche", relata el viaje de regreso a Buenos Aires, poco antes de Caseros y el encuentro diferido con Rosas, su tío, tras una serie de dilaciones reforzadas por siete platos de arroz con leche que debe consumir el joven recién llegado durante la tensa y cada vez más opresiva espera. Este relato, en el que la ingestión del postre criollo subraya la humillación a la que Rosas somete a su sobrino que se le ha vuelto afrancesado, narra el final de la primera juventud y reescribe con la distancia de la vejez el demorado encuentro con Mariano Rosas en los toldos ranquelinos y sugiere que "aprender a esperar" fue su principal aprendizaje familiar, un aprendizaje que convertirá en eficaz maquinaria de escritura.

---

voca para el interrogante que, formulado o no en el texto, funciona como estímulo de la escritura finisecular de Mansilla.

El *"fantasy"* como mercancía

La serie "En Chandernagor" es un ejemplo extremo de la técnica de amplificación a que Mansilla somete las anécdotas. Es la única vez que separa con títulos, epígrafes y dedicatorias diferentes una serie de cuatro entregas del folletín unidas por el delgado hilo de una anécdota difícil de adivinar, difícil de localizar. Como Leubucó en "Una excursión a los indios ranqueles", Chandernagor opera como una palabra mágica que, por sí sola, convoca extrañezas, lejanías, pesadillas y pases a través del espejo de los sueños.

En un texto que se anima al exceso del *fantasy*, el personaje es un Mansilla adolescente que en una minúscula posesión que los franceses conservan en la India sólo por pura vanidad imperial (un territorio no más grande que una pequeña estancia "de las nuestras") pasa la noche más angustiosa y terrorífica de su vida. Chandernagor es también un bosque del horror que Mansilla describe como un follaje tupido y húmedo en el que las casas, los caminos, las figuras humanas, se pierden, son consumidos, desaparecidos. Como el banian, la higuera siniestra que está en el centro de este paisaje, "el formidable banian que se extiende y se esparce a la manera de vastísima enramada pues cada gajo que llega a tocar tierra echa raíces y se vuelve a su vez un tronco",[9] el texto de Mansilla liga el bengalí con el porteño, los miedos desconocidos de la India con los conocidos "julepes" de la infancia provocados por los relatos de los sirvientes negros de su familia en Buenos Aires. Finalmente, en una escena atroz, el temor recurrente de Mansilla hacia los perros amplifica la pesadilla: en el fondo oscuro de la noche de Chandernagor, una jauría de más de cien chacales está a punto de devorarlo y dejar "sólo sus huesos".

Pero aunque lo que se sobreescribe es el terror de una noche poblada por boas constrictoras y tigres con fauces abiertas como cavernas, lo que se narra en realidad es el temor a quedar fijado a la mirada perturbadora de una mujer. "Tuve miedo[...] grité [...] nadie vino [...] y aquello no era un sueño [...]. Pocos instantes después vagaba aterrado por las orillas del río, envuelto en una niebla tropical tan densa que no me permitía ver mis propias manos e instintivamente buscaba su casa [...] sus negros ojos me guiaban como

---

9. *Entre-nos*, ed. cit, 637.

estrellas polares [...]".[10]

En la noche de calor sofocante, intentando escapar aunque una fuerza misteriosa lo retenga cada vez, el joven descubre que el mundo visible está lleno de lo invisible. Víctima de una atracción magnética, víctima sobre todo de sus miedos más profundos, no puede dejar de avanzar hasta volver a encontrar la figura de la mujer cuya mirada ha provocado todos los temores. "Al verla, después de la noche de terror, allí donde esperaba verla, donde no podía dejar de estar porque ella misma me había llevado allí con su sugestión hipnótica, sentí otros miedos más humanos".[11]

En un espacio cargado de extranjería, el joven en busca de experiencias extraordinarias aprende algo que sabía antes de partir: la terrible conmoción que puede producir en un hombre la mirada penetrante de una mujer: "¡Cuándo dejarán las mujeres de curiosear las emociones de la cara de un hombre joven o buen mozo que nunca han visto; cuándo dejarán de hacerlo entre nosotros sobre todo, donde las señoras y las señoritas, cualquiera sea su condición social—en Europa y Estados Unidos no es así—miran, re miran y examinan analíticamente desde la cabeza a los pies a quien no conocen",[12] escribe divertido para disipar el temor.

Como en otras *causeries* en las que Mansilla sigue a una mujer, en Venecia o en París, la serie "En Chandernagor" deja nuevamente abierta la posibilidad de que el encuentro nunca se hubiera producido y en cambio eligiera soñarlo, como lo sugiere el epígrafe de la última entrega: "En *Through the Looking Glass* se le permite a Alice que vea al rey que duerme, y Tweedledee le pregunta: "-¿Sabéis en lo que sueña? -Nadie puede adivinarlo -contesta Alice-. ¿Por qué no? –dice Tweedledee, triunfante-, sueña con vos".[13]

Si el Mansilla joven, en vez de comprar mercaderías compra placeres y dilapida 20.000 libras esterlinas antes de dejar la India, el Mansilla adulto acumula relatos rentables. Para hacerse leer, algo que Mansilla considera el único sentido de la escritura, no vacila en echar mano, en el clima de fin de siglo, del *non sense* de Carroll o de los misterios de Hoffmann como condimentos que sumarán valor de lectura a su literatura. Haciendo gala de un profesionalismo

---

10. *Entre-nos*, ed. cit, 646.
11. *Entre-nos*, ed. cit, 657.
12. *Entre-nos*, ed. cit, 643.
13. *Entre-nos*, ed. cit, 653.

exagerado, rayano en el cinismo, el *caseur* anota: "Es muy fácil inventar cosas asombrosas. La dificultad consiste en perfeccionarlas bastante para darles valor comercial. De eso, exactamente, es de lo que yo me ocupo".[14]

---

14. *Entre-nos*, ed. cit, 648.

Fotografía y teratología en América Latina
Una aproximación a la imagen del monstruo en la
retratística de estudio del siglo XIX[1]

ANDREA CUARTEROLO

Instituto de Historia del Arte Argentino y Latinoamericano (UBA)
CONICET

Introducción

Para la mayoría de los países latinoamericanos, el siglo XIX fue el siglo de su emancipación política y de su constitución en estados nacionales. En este período ya no sería tan decisivo el uso de las armas, como el afianzamiento de las ideas de la Ilustración y de los valores de civilización y progreso sostenidos por los nuevos detentadores del poder: los burgueses. Esto significó, entre otras cosas, "constituir el cuerpo de la nación vinculado a los diferentes grupos sociales y étnicos en un 'proyecto' de construcción de la identidad: dar consistencia, en suma, al recién adquirido gentilicio nacional, una noción generalizada e inclusiva, independientemente de las enormes diferencias y, en consecuencia, contradicciones existentes entre sus elementos constitutivos en lo económico-social, político y cultural" (Navarrete 11).

La fotografía, asociada en este período casi exclusivamente

---

[1]. Una versión previa de este artículo fue publicada en Barrancos, Dora et al. (comps.), *Criaturas y saberes de lo monstruoso*. Buenos Aires, Facultad de Filosofía y Letras de la Universidad de Buenos Aires, 2008.

a la práctica retratística, cumplió un rol fundamental en el proceso de homogeneización social, construyendo la imagen de un "ciudadano domesticado, previsible y, en consecuencia, indiferenciado; pero, sin duda alguna, conciente individualmente de formar parte de la élite social" (Navarrete 14).

El retrato en el siglo XIX fue sin duda una imagen cuidadosamente construida, producto del esfuerzo de las elites burguesas por imponer al futuro una determinada imagen de sí mismas. Sin embargo, si enfocamos la cuestión en forma dialéctica, comprobaremos que todo proceso identitario parte de la representación invertida de un opuesto. No son sólo las características que elegimos para definirnos las que construyen nuestra identidad, sino también aquello que marcamos como diferente, eso que cada época y sociedad designa como anormal. Slavoj Žižek sostiene que la "diversidad" fascinante del otro funciona como un fetiche por medio del cual podemos preservar la identidad no problemática de nuestra posición subjetiva" (141). ¿Pero qué define esa otredad? Cada sociedad decide qué entra y qué queda fuera de los límites de la normalidad. Así, la categoría de lo anormal depende siempre de una relación de poderes.

El uso 'panóptico' de la fotografía

Según Michel Foucault, en el paso del siglo XVIII al XIX se operó un cambio de modelo de control político, que dio paso al nacimiento de la sociedad disciplinaria.[2] Los modos de ejercer el poder sobre lo diferente o potencialmente peligroso dejaron de ser la exclusión y el castigo y pasaron a ser el control y la vigilancia. Para explicar esta nueva tecnología del poder, Foucault compara a la sociedad moderna con el Panóptico diseñado en el siglo XIX por el jurista inglés Jeremías Bentham. Esta figura arquitectónica concebida en un principio para las prisiones, pero generalizada, luego, en otro tipo de instituciones, inducía al recluido a un estado consciente y permanente de visibilidad que garantizaba el funcionamiento automático del poder. Así, el dispositivo se convirtió en una suerte de metáfora de la nueva sociedad disciplinaria. Ya no se trataría de expulsar lo diferente sino de asignarle un sitio, de ponerlo en

---

2. Véase Foucault, Michel, *Vigilar y castigar. Nacimiento de la prisión.*

cuarentena con el propósito de observarlo y estudiarlo. El principal objetivo de este nuevo modelo de control político era, entonces, el de detectar a aquellos individuos que no se ajustaban a las reglas, para tratar de encauzarlos o conducirlos hacia una idea predefinida de normalidad.

El desarrollo, por esta época, de ciencias como la antropología, la criminología o la psiquiatría es una prueba de este creciente interés por identificar aquello que, ya fuera por carecer de un espacio dentro de la sociedad o por cumplir en ella funciones negativas, caía fuera de los límites del orden preestablecido. La confianza ciega que la sociedad decimonónica depositaba en la capacidad de la fotografía para reproducir objetivamente la realidad hizo que este medio se convirtiera en un instrumento insuperable para identificar y clasificar todo aquello que no entraba en la normalidad homogenizante de la época. La fotografía pasó a ser, entonces, uno de los más novedosos engranajes del gran panóptico de la sociedad disciplinaria moderna.

En la década de 1880, el francés Alphonse Bertillion había elaborado un método para la identificación de criminales que incorporaba la fotografía como pieza primordial. Este método fue pronto adoptado en diversas partes del mundo. En 1887, el Comisario de Pesquisas de la Policía de Buenos Aires, José Álvarez, más conocido como Fray Mocho, publicó su célebre *Galería de Ladrones Comunes*, una nómina de doscientos delincuentes que incluía no sólo detallados informes de los antecedentes personales y judiciales, sino también una fotografía de frente y perfil de cada preso. Muy pronto esta práctica fue utilizada también para el registro de prostitutas y hacia principios de siglo se intentó imponerla entre algunos sectores que comenzaban a demostrarse conflictivos, como los obreros e inmigrantes. En abril de 1899, por ejemplo, un decreto municipal promulgado por iniciativa del intendente de la ciudad de Buenos Aires Adolfo Bullrich obligó a los cocheros a realizarse un retrato fotográfico para confeccionar una ficha individual y un carnet profesional. Los trabajadores, indignados por esta disposición que consideraban los ponía casi al mismo nivel que a los delincuentes, organizaron una huelga y un insólito desfile de carruajes por las calles metropolitanas a modo de protesta. Enarbolando enormes carteles con leyendas del tipo "Retraten a los ladrones públicos", "Retraten a los caloteadotes", "No somos vagos", los cocheros pusieron en evidencia su descontento ante este nuevo tipo de prácticas disciplinarias y mantuvieron a la ciudad sin coches de alquiler durante días.

El uso 'panóptico' de la fotografía no se limitó al ámbito criminológico. La fotografía de tipos populares, por ejemplo, fue uno de los géneros más difundidos durante la segunda mitad del siglo XIX. Inicialmente destinadas a satisfacer la curiosidad del público europeo sobre las características físicas de los habitantes de sus "exóticas" colonias al otro lado del Atlántico, estas imágenes pronto se convirtieron en un registro de las diferentes razas a las que había que civilizar. La antropología también se sirvió de la fotografía como auxiliar en la clasificación de sus objetos de estudio. Hacia fines del siglo XIX, la acelerada desaparición de muchas tribus indígenas en casi toda Latinoamérica la volvió un medio sumamente apropiado para el registro y la clasificación de los diferentes pueblos aborígenes.

Sin embargo, de todos los usos que la sociedad disciplinaria dio a la fotografía en Latinoamérica, quizás el menos estudiado sea el de la fotografía médica. Si para Foucault, el ejercicio moderno del poder era principalmente del orden de la normalización de los individuos, la medicina tuvo un rol fundamental en el funcionamiento de este sistema. El proceso de medicalización de la sociedad impuso como meta la empresa perpetua de restituir al individuo al sistema de la normalidad y, por tanto, se volvió indispensable la constante distinción entre lo sano y lo patológico. La fotografía fue un instrumento privilegiado en esta tarea clasificatoria.

Las primeras imágenes médicas datan de la etapa misma del daguerrotipo. Ya en 1840, tan sólo un año después del anuncio del invento, Alfred Donné, médico del hospital de la Charité en París, realizó una serie de microfotografías de diferentes tipos de tejidos y fluidos humanos, utilizando una cámara de daguerrotipos adaptada a un microscopio; y en 1844, los fotógrafos Octavius Hill y Robert Adamson realizaron la primera fotografía conocida de un enfermo, al retratar a una mujer que padecía de bocio.

A partir de la década de 1850, y a medida que el mercado de la fotografía crecía en forma exponencial en Europa y los Estados Unidos, los aparatos y materiales fotográficos se hicieron cada vez más accesibles para un creciente número de retratistas aficionados, entre ellos médicos y científicos ansiosos por utilizar el nuevo invento en sus propias investigaciones. Las enfermedades de origen mental fueron uno de los temas predilectos de la temprana fotografía médica. En 1852, por ejemplo, el médico francés Duchenne de Boulogne retrató a un grupo de enfermos con trastornos neurológicos, y entre 1848 y 1859, el psiquiatra inglés Hugh Diamond hizo lo mismo con varios de sus pacientes internados en el Springfield Hospital de Surrey. En los Estados Unidos, otros médicos siguieron el mismo camino. Durante la Guerra de Secesión norteamericana, por ejemplo, el Dr. Reed B. Bontecou, cirujano en jefe del Hospital General de la Armada en Washington, fotografió a muchos de sus pacientes heridos en el frente de batalla con el propósito de crear un registro para el recién inaugurado Museo Médico de la Armada.

Muy pronto, diferentes instituciones médicas comenzaron a contar con su propio servicio fotográfico. En 1869, el patólogo Alfred Hardy y el Dr. Aimé de Montméja, Jefe de Oftalmología del Hospital de Saint Louis en París y pionero de la fotografía médica, fundaron allí el primer servicio fotográfico reconocido oficialmente. Más célebre aun es el caso del hospital parisino de la Salpêtrière, donde, desde el año 1862, el doctor Jean-Martin Charcot desarrollaba revolucionarias investigaciones sobre la histeria femenina. El servicio fotográfico de esta institución fue fundado en 1875 por Paul Régnard y Désiré M. Bourneville, pero fue la incorporación del fotógrafo Albert Londe en 1882 la que jugó un papel crucial en la historia de la fotografía científica. Las imágenes que Londe tomó de las pacientes allí internadas fueron parte integral del proyecto epistemológico de Charcot y contribuyeron no sólo a documentar, sino más bien a recrear la noción de histeria desarrollada y "puesta en escena" por este médico en sus célebres conferencias.[3] Londe fue, además, un gran difusor de las aplicaciones científicas de la fotografía, y sus libros, *La Photographie Moderne* (1888) y *La photographie médicale* (1893), fueron una fuente vital de información técnica y práctica para la formación de nuevos profesionales en este campo.

Monstruos en la fotografía del siglo XIX

Dentro del corpus de imágenes médicas y antropológicas realizadas en el transcurso del siglo XIX en Latinoamérica, sin duda las que hoy generan mayor curiosidad son aquellas que entran en el campo de la teratología. Teratología es el nombre que se le dio a la

---

3. Para un análisis más exhaustivo del trabajo de Charcot véase Didi-Huberman, Georges, *Invention of Hysteria. Charcot and the Photographic Iconography of the Salpêtrière*.

disciplina que estudia las anomalías en el desarrollo embriológico, y sus causas. El término fue utilizado por primera vez en 1832 por el zoólogo francés Isidore Geoffroy Saint Hilaire en su célebre libro *Historia general y particular de las anomalías en la organización de los hombres y los animales*, más conocido como *Tratado de Teratología*. En esta monumental obra de cuatro volúmenes, Saint Hilaire desarrollaba su teoría del detenimiento embrionario, según la cual las anomalías se producirían por una interrupción en el desarrollo normal del feto, y proponía una amplia clasificación de los diferentes tipos de monstruos que sería ampliamente utilizada por la medicina en todo el mundo. Es interesante notar que, a partir de ese momento, el discurso médico incorporó en la descripción de este tipo de patologías el calificativo de "monstruo", que por siglos había estado reservado al campo de lo fantástico o mitológico y que evocaba una serie de prejuicios y temores más asociados al pensamiento medieval que al cientificismo decimonónico.

En el siglo XIX, esos desafortunados individuos que caían en la categoría de lo monstruoso generaban una verdadera fascinación. En gran parte, este interés provenía de la difusión que las polémicas teorías de Charles Darwin habían tenido entre la opinión pública culta. Para comienzos de la década de 1860, Darwin ya había publicado el *Origen de las especies*, y sus ideas sobre la selección natural y la supervivencia de las especies más aptas eran ampliamente conocidas en los círculos intelectuales latinoamericanos.

Para Michel Foucault, el monstruo humano era, en el siglo XIX, un individuo que no sólo violaba las leyes de la naturaleza sino también las leyes de la sociedad.[4] Además de representar una excepción en relación con la forma de la especie, planteaba problemas concretos a las regularidades jurídicas. ¿Cómo tratar a un hermafrodita? ¿Debe considerárselo un hombre o una mujer? ¿Tiene autorización para contraer matrimonio?, y si es así, ¿con un individuo de qué sexo? Cuando nace un monstruo con dos cuerpos o dos cabezas, ¿hay que darle un bautismo o dos? ¿Un niño deforme tiene derecho a la herencia paterna o no debe considerárselo un individuo completo? El monstruo humano planteaba entonces un problema jurídico y biológico que combinaba lo imposible con lo prohibido. La fotografía se encargó muy pronto del registro de estos individuos que caían en el dominio de lo inclasificable.

---

4. Véase Foucault, Michel. *Los anormales*.

Fotografía y teratología en el discurso médico

Contrariamente a lo que sucedió en muchos países de Europa y en los Estados Unidos, donde un acceso más democrático a la tecnología permitió que muchos médicos y científicos pudieran experimentar por sí mismos con el naciente arte fotográfico, los orígenes de la fotografía médica en Latinoamérica estuvieron estrechamente relacionados con la retratística de estudio. En efecto, no existían aún, hacia finales de siglo, muchos médicos que pudieran asumir la tarea de registrar fotográficamente a sus pacientes, y por lo tanto debió recurrirse a los únicos que, por ese entonces, tenían la experiencia y la tecnología para realizar este tipo de trabajo: los retratistas comerciales. El fotógrafo portugués Christiano Junior, activo en la Argentina, Brasil, Uruguay y Paraguay durante la segunda mitad del siglo XIX, fue, sin duda, uno de los pioneros de la fotografía médica en Latinoamérica. Hacia 1866, mientras se encontraba al frente de un estudio en la Rua da Quitanda 45 de Río de Janeiro, realizó, muy probablemente a raíz del encargo de algún médico u hospital de la capital carioca, un curioso álbum con casos notables de elefantiasis. Se trata de un minucioso registro de un grupo de pacientes afectados por esta enfermedad, muy común en los países cálidos, que produce una obstrucción de los vasos linfáticos y causa impresionantes deformidades en los miembros inferiores.[5] La mayoría de los enfermos son esclavos negros, pero también se incluyen algunos casos de hombres de raza blanca, e incluso mujeres.

La circulación de este álbum no se circunscribió al campo elitista de los profesionales médicos. Cuando Christiano mudó su

---

5. Al parecer, éste no fue el único trabajo de este tipo que emprendió el fotógrafo. En el curso de esta investigación encontramos información sobre la existencia de otro álbum de unas veinticinco imágenes, también presumiblemente realizado por Christiano Junior, que documenta diversos tipos de afecciones en la piel, tales como rupia, condromas y otras lesiones producidas por enfermedades infecciosas como la sífilis. El coleccionista argentino Carlos Vertanessian tuvo en su poder una serie de fotografías pertenecientes tanto al álbum de la elefantiasis como al de las afecciones de la piel. Estas últimas imágenes coinciden además con la descripción del álbum de Christiano Junior sobre enfermedades infecciosas incluído en el catálogo *on line* de publicaciones médicas del siglo XIX *Cabinet of Art and Medicine*, que lo data aproximadamente en 1865. Véase www.artandmedicine.com/biblio/authors/Christiano2.html y www.artandmedicine.com/biblio/authors/Christiano.html.

estudio a Buenos Aires se llevó consigo este trabajo, aun sabiendo que tenía muy pocas probabilidades de comercializar ese material en nuestro país. En 1876, ya en Buenos Aires, participó en la segunda exposición anual de la Sociedad Científica Argentina, que por primera vez incluyó una sección de fotografía, tipografía y telegrafía. Junior decidió presentar un conjunto de retratos, vistas y costumbres del país, junto con las fotografías de la elefantiasis. El jurado, compuesto entre otros por Estanislao Zeballos, le otorgó la medalla de oro, y en agradecimiento Junior donó estas imágenes a la Sociedad Científica.[6] Al año siguiente, quizás alentado por el éxito obtenido en esta muestra, volvió a presentar estas fotografías en la Primera Exposición del Club Industrial y fue nuevamente premiado. Christiano editó entonces, por propia iniciativa, un catálogo razonado con el material exhibido, en el que describía por primera vez sus imágenes de la elefantiasis con las siguientes palabras: "Un álbum con varias fotografías de individuos atacados de elefantiasis. Lo formamos durante nuestra residencia en Río de Janeiro, en 1866, y según el parecer de los médicos nacionales y extranjeros que lo han visto, ningún fotógrafo hasta aquella fecha, había sacado del natural un trabajo semejante".[7] La existencia de al menos cinco álbumes de esta temática, uno de ellos dedicado "a los señores médicos de Buenos Aires", es prueba de que Christiano siguió haciendo reproducciones de estas imágenes en nuestro país y, lejos de esconderlas, se encargó de hacerlas circular por los ámbitos especializados. Aunque era poco factible que este material proveyera al fotógrafo de algún tipo de rédito económico, Junior sabía que estas empresas, que ponían el nuevo arte fotográfico al servicio de la ciencia, eran sumamente prestigiosas para una sociedad cada vez más imbuida de las ideas del positivismo.

Christiano Junior no fue el único fotógrafo comercial en realizar fotografías que pudieran encuadrarse en el campo de la teratología. La *Revista Médico Quirúrgica* fue una de las primeras publicaciones médicas que existieron en la Argentina. Desde su primer número en 1866 y por casi veinte años, esta revista de aparición quincenal, que contaba entre sus redactores con figuras de

---

6. Véase *Anales de la Sociedad Científica Argentina*, Tomo II, 2do semestre de 1876, 126-150.

7. Citado por Alexander, Abel, *Christiano Junior y su álbum de Elefantiasis*, informe inédito gentileza del autor.

la talla de los doctores Telémaco Susini o Ángel Gallardo, abordó en forma local temas y cuestiones que hasta entonces sólo habían circulado en nuestra comunidad científica a través de las publicaciones que llegaban de Europa. Además de discutir problemáticas y casos médicos específicos de nuestra geografía, esta revista fue una de las primeras en incluir fotografías (Foto 1). Hasta 1890, año de introducción de la técnica del fotograbado de medio tono, los libros y revistas no podían incluir imágenes más que en forma de grabado o de fotografías pegadas. Este último sistema, que implicaba el montado de un positivo en papel albuminado por cada ejemplar de la publicación en cuestión, era sumamente costoso. Sin embargo, ciertos libros o revistas de calidad solían incluir algunas pocas imágenes originales de este tipo. En el número del 23 de noviembre de 1882, la *Revista Médico Quirúrgica* incluyó en su portada una fotografía pegada de un paciente afectado de una total atrofia de los miembros superiores e inferiores (Foto 2.1). La foto estaba acompañada por la leyenda "monstruo unitario de la familia de los ectromelianos", término que correspondía a la ya mencionada clasificación propuesta por Geoffroy Saint Hilaire en su *Tratado de Teratología*. La fotografía estaba firmada en el borde inferior por el fotógrafo de origen húngaro Emilio Halitzky, activo en Buenos Aires desde 1866. Al igual que en el caso de Christiano Junior, este profesional no tuvo ningún tipo de reparo en realizar una imagen bastante alejada de los parámetros del "buen gusto" de la época. Por el contrario, no sólo firmó su foto sino que agregó la dirección de su estudio en la calle Tacuarí 82, de la misma manera que lo haría en cualquier fotografía tomada en su galería. Si bien estos trabajos debían ser bien remunerados por los médicos de la época, es indudable que la realización de estas imágenes era para los retratistas comerciales una cuestión de prestigio. De todas las fotografías de este tipo que se publicaron en la *Revista Médico Quirúrgica*, ésta es la única que está firmada. Sin embargo, la estética de las demás imágenes sugiere que también fueron tomadas por fotógrafos de estudio, tal vez incluso por el mismo Halitzky.

La ausencia de reglas definidas para la realización de esta clase de retratos daba cuenta de la extrema novedad de la fotografía médica. Lógicamente, los retratistas comerciales contratados para la tarea trasladaban a estas imágenes muchas de las técnicas, convenciones estéticas y códigos de representación típicos de su oficio. Muchas veces, el único rastro que delataba las exigencias propias del registro médico era el hecho de que los sujetos posaran desnudos, pero aun en esos casos el fotógrafo frecuentemente realizaba también una imagen del sujeto vestido. La verosimilitud de la fotografía parecía ser condición suficiente para los médicos, que aparentemente no imponían a los fotógrafos ningún otro tipo de exigencia. Aunque existían algunos primeros planos que fragmentaban el cuerpo del enfermo focalizándose sólo en las zonas más afectadas, la mayor parte de estas imágenes tomaba a los sujetos de cuerpo entero, sin omitir el rostro. Los enfermos no eran todavía fotografiados como especímenes destinados únicamente a ejemplificar una patología, como sucedería más adelante, sino que se los capturaba en su condición de individuos, utilizando para ello la mayoría de las técnicas y convenciones propias del retrato burgués.

Los 'monstruos' aparecían con frecuencia retratados en estudios decorados con fondos pintados de motivos arquitectónicos o bucólicos paisajes que introducían la figura en el contorno de un mundo irreal (Foto 2.1 y 2.2). Se repetían, además, poses y gestos típicos de los retratos de estudio, seguramente sugeridos por el propio fotógrafo (Foto 3.1 y 3.2).

De la misma manera, se utilizaban muchas de las técnicas ensayadas en el desempeño de la profesión. Por ejemplo, hasta fines del siglo XIX era extremadamente raro en las fotografías infantiles que el fotógrafo bajara la cámara al nivel del niño. Por el contrario, solía subirse al infante a algún tipo de mueble o plataforma para fotografiarlo a la misma altura que a un adulto. Ésta es la misma técnica que encontramos en algunas fotografías latinoamericanas de enanos (Foto 5.1 y 5.2). El sujeto era subido a una silla e incluso fotografiado junto a un acompañante de tamaño normal, que servía de referencia y reforzaba la pequeñez del paciente (Foto 6.1 y 6.2).

Era también frecuente la utilización de muchos de los elementos simbólicos que en el retrato burgués funcionaban como marcas de clase, tales como ornamentados muebles de salón, columnas y balaustradas, libros, alfombras o cortinados (Foto 4.1 y 4.2). Sin embargo, la mayoría de las fotografías médicas carecía de la principal y más frecuente marca de clase: la vestimenta. Desnudos o vestidos con ropas miserables que delataban el origen humilde de muchos de ellos, los sujetos de los retratos médicos eran introducidos a través de la fotografía en un mundo que no les era propio. La contraposición de sus cuerpos deformes y mutilados con la ostentación y riqueza de las escenografías de las galerías de pose, producía un poderoso efecto de extrañamiento. Este efecto se acrecentaba aun más en los casos en que las fotografías eran acompañadas por algún tipo de texto que analizaba el caso médico representado. La *Revista Médico Quirúrgica*, por ejemplo, publicaba junto con cada fotografía una detallada historia clínica del enfermo, que incluía una gran cantidad de datos personales, tales como composición familiar, nivel educativo, tipo de vivienda, ocupación, carácter del paciente, etc. En la mayoría de los casos discutidos en esta publicación, se trataba de pacientes de origen humilde que, por lo general, acudían al hospital por primera vez en su vida. De esta manera, mientras la fotografía descontextualizaba al sujeto y lo introducía en un mundo ficticio que le era ajeno, el texto se ocupaba de describir minuciosamente su entorno, restituyéndolo a su universo de pertenencia.

La fotografía de monstruos fue concebida como un instrumento empíricamente confiable para documentar y clasificar lo anormal o patológico. Sin embargo, las mismas características discursivas de la imagen atentaron contra ese objetivo. Más que proveer información sobre el sujeto retratado y sobre su contexto, la fotografía introducía al monstruo en un mundo burgués conocido y manejable. A través de su elaborada puesta en escena, estas imágenes contribuían a codificar al "monstruo", lo volvían comprensible, reduciendo así lo extraordinario a lo ordinario.

Fotografía y teratología en el discurso antropológico

La relación entre fotografía y teratología no fue privativa del discurso médico. La antropología también utilizó el dispositivo fotográfico para construir su propia versión de la monstruosidad.

Hacia fines del siglo XIX, ciertos pensadores del positivismo europeo, tales como Herbert Spencer, intentaron aplicar las ideas de Darwin sobre la evolución de las especies al campo de la sociología. El esquema spenceriano proponía una estructura social equilibrada en la que cada miembro tenía asignado un lugar y una función. De la misma manera que existían en el modelo darwiniano especies más aptas para sobrevivir que otras, Spencer sostenía que dentro de la sociedad existían clases menos adaptadas o capaces de sumarse al camino ininterrumpido del progreso. Estas ideas fueron extremadamente productivas para muchos de nuestros intelectuales latinoamericanos. La tesis de que ciertas clases eran superiores social y culturalmente servía para justificar no sólo el desarrollo desigual de las regiones del continente sino también la concentración del poder en manos de una elite aristocrática. Marta Penhos sostiene que hacia fines de siglo, "el destino de los indígenas, sellado por las leyes de la supervivencia del más apto, se percibió como un hecho más en la inevitable marcha del progreso" (25).

Si la medicina dividía a los individuos en sanos y enfermos, la antropología se focalizó en el binomio progreso/atraso. Este proceso estuvo acompañado de un viraje en la representación del indio por parte de la sociedad blanca. Los indígenas dejaron de ser sinónimo de peligro y se convirtieron en objeto de estudio de ciencias que, como la antropología, buscaban elucidar el origen de las razas latinoamericanas. La teratología tenía mucho que decir cuando se trataba de definir orígenes. Isidore G. Saint Hilaire sostenía que las condiciones ambientales podían afectar al organismo en su estado embrionario y producir diversos tipos de monstruos. Estos cambios se transmitían por herencia y provocaban a largo plazo la transformación de las especies. En otras palabras, un detenimiento en el desarrollo del feto producía un monstruo, y cuando esta alteración se propagaba, surgía una nueva raza. Esta idea permitió estudiar a los pueblos indígenas latinoamericanos desde el concepto de degeneración o anomalía. Según Frida Gorbach:

> Si un cuerpo anómalo era el resultado de un detenimiento embrionario [...] entonces las razas americanas podían explicarse de la misma manera como se explicaba el nacimiento de un monstruo: algo en la geografía detuvo el desarrollo del embrión en una fase anterior a su conformación final, la anomalía se adaptó a la naturaleza americana y nació entonces una raza intermedia, ubicada a medio camino entre los animales y el hombre. (62)

En efecto, ya desde el siglo XVI, cuando los primeros europeos tomaron contacto con los milenarios pueblos que habitaban nuestras tierras, se asoció a los indígenas con animales, híbridos y monstruos. La misma palabra Patagonia, que designa la región austral de nuestro país, proviene de la creencia de los primeros exploradores de que la región estaba habitada por gigantes. Mateo Martinic Beros relata que la iconografía y la literatura de la época representaban a los patagones en un contexto fabuloso, en el que se incluían otros seres cuyo tamaño era proporcionado al de aquellos, tales como animales descomunales, o incluso monstruos marinos.[8] Los aborígenes, por su parte, eran mostrados como individuos de gran estatura, ataviados con pieles o túnicas y armados con arcos, flechas y escudos, en actitudes que recordaban a los gigantes homéricos. A pesar de que Martinic Beros sostiene que tanto el mito del gigantismo como su expresión iconográfica cedieron a fines del siglo XVIII, existen fotografías que contradicen esta afirmación. El investigador chileno Christian Baéz, analiza en su artículo "Tierra de Gigantes" la imagen de un indio selknam fotografiado junto a un individuo de raza blanca al que supera ampliamente en tamaño (Foto 8). Si bien es posible que existiera una diferencia de estatura real entre ambos sujetos, el fotógrafo acrecienta el efecto colocando al indígena en primer plano y ubicando al individuo blanco ligeramente hacia atrás. La voluntad por parte del fotógrafo de apoyar el mito del gigantismo a través de su imagen delata, según Báez, una intencionalidad oculta. "El gigante se configura como una manera de engrandecer la propia empresa de conquista, la exaltación del otro— asignándole cualidades extraordinarias—es una propia proyección de la satisfacción del ego. Mientras más grande, valiente y feroz es mi adversario, mayor es mi victoria" (67).

En su nueva condición de objetos de estudio, los indígenas latinoamericanos se volvieron pronto piezas vivientes de las grandes exposiciones mundiales o de las ferias y espectáculos ambulantes, que constituían un redituable negocio en diversos puntos de nuestro continente y Europa. En estos ámbitos, los aborígenes eran exhibidos para el divertimento del público occidental, junto con fenómenos de circo, contorsionistas y otras "maravillas" del estilo. Despojados de su dignidad, la única función de estos individuos era la de ratificar la inferioridad social que la sociedad blanca les había asignado. En estas exhibiciones nuevamente se homologó a los indígenas con lo monstruoso mediante constantes asociaciones que los acercaban al reino animal. En 1881, por ejemplo, un grupo de indios fueguinos fue secuestrado y embarcado a Europa, donde fueron exhibidos como feroces caníbales en distintas ciudades del viejo continente. Durante su estadía en París, se encerró a estos aborígenes en el "Jardín zoológico de aclimatación", un espacio ideado por el mismo Isidore-Geoffroy Saint Hilaire, que tenía como propósito facilitar el estudio del comportamiento animal, especialmente de su

---

8. Véase Martinic Beros, Mateo, "Del mito a la realidad", 1920.

vida reproductiva. Para deleite del público europeo, el nuevo "habitat" de los fueguinos se completó con precarias réplicas de sus viviendas originarias, utensilios autóctonos traídos en el viaje, algunas aves y animales pequeños y diferentes tipos de restos óseos que ayudaban a reforzar las teorías sobre el canibalismo y salvajismo de estos pueblos. Los indígenas fueron visitados en el zoológico por diversos científicos y antropólogos, que los estudiaron midieron y catalogaron como bestias salvajes, además de ser fotografiados por célebres retratistas como Pierre Petit.[9] Este fotógrafo, dueño de uno de los estudios más exclusivos de París, realizó varias tomas en el zoológico de aclimatación, que capturaban a los fueguinos en el contexto de este espacio construido de acuerdo al imaginario europeo de la época. Los aborígenes posan frente a la primitiva choza de hojas, las mujeres aprietan contra sus pechos desnudos a sus niños y los hombres portan los arcos y lanzas que los identifican como cazadores (Foto 9). Contrariamente a los registros fotográficos de carácter más puramente antropológicos realizados de este mismo grupo, por ejemplo por Gustave Le Bon, en las imágenes de Pierre Petit el espacio construido en el que se inserta a los indígenas—no muy diferente, por otra parte, a uno de los tantos telones pintados con motivos exóticos que formaban parte de la escenografía de las galerías de pose—tiene un peso fundamental en la narrativa de la imagen.

Pocos años después, en 1889, tuvo lugar otro caso bastante similar. El empresario francés Maurice Maître llevó a Paris a once desafortunados indígenas de la tribu selk'nam para exhibirlos en la gran Exposición Universal que, paradójicamente, conmemoraba los cien años de la Revolución Francesa. La gira del empresario continuó en Londres donde los selk'nam fueron exhibidos en el Acuario de Westminster. Para resaltar la supuesta ferocidad de estos indígenas y sugerir sus costumbres antropófagas, Maître los alimentaba con carne de caballo y pescado crudos y los mantenía en un estado de suciedad y absoluto abandono. Cuatro de los once onas perecieron a lo largo del viaje. Los sobrevivientes fueron expuestos, por último, en el Musée du Nord y en el Musée Castan de Bruselas, dos

---

9. Para más información sobre el secuestro de estos indígenas fueguinos en 1881 véase Gómez, Juan, "Desde Ushuaia hasta el Cabo de Hornos. La Patria de los Yamanas" y Baez, Christian y Peter Mason, *Zoológicos humanos*.

ferias o teatros de atracciones, donde los aborígenes compartían cartel con enanos, figuras de cera, marionetas, bailarines exóticos, ilusionistas y otros espectáculos similares.[10] Maître los mostró al público europeo "con pesadas cadenas [...] 'cual tigres de bengala'" y se fotografió junto a ellos frente a un telón pintado con motivos selváticos,[11] mientras sostenía en sus manos una fusta para domar bestias (Foto 10). En este caso la imagen yuxtapone al blanco y al "salvaje", enfatizando claramente la relación jerárquica. Maître se representa a sí mismo como un cazador junto a su presa.

La animalización del indígena se facilitaba aún más cuando éste efectivamente poseía alguna patología médica que lo encuadraba en el campo de la teratología. Máximo y Bartola, por ejemplo, eran dos enanos microcéfalos a los que se exhibía como supuestos descendientes de la nobleza azteca. Habían nacido realmente en San Salvador y su madre los había vendido a un comerciante europeo que los llevó de gira por Inglaterra. Hacia 1850, estos hermanos, que sufrían además de retraso mental, fueron contratados por el famoso empresario norteamericano P. T. Barnum para formar parte de su museo viviente. La deformidad en la cabeza, que producía su condición, hizo que se los asociara a las antiguas culturas mayas que solían deformar conscientemente sus frentes. Su falta de desarrollo intelectual servía para reforzar la idea de que los indígenas formaban parte de una etapa anterior de la evolución humana. En 1883, los hermanos fueron fotografiados por el norteamericano Chas Eisenmann, un retratista especializado en fotografía de fenómenos de circo (Foto 11).[12] Eisenmann los retrató disfrazados con una grotesca vestimenta que, seguramente, respondía al imaginario occidental de lo que debía ser un atuendo indígena. En los *cabinets* que el fotógrafo vendía en serie a un público masivo ávido de entretenimiento barato, aparecía la leyenda "Aztecas del Antiguo Mé-

---

10. Para más información sobre el secuestro de estos indígenas selk'nam en 1889 véase los textos de Baez Christian y Peter Mason, "Detrás de la imagen. Los Selk'nam exhibidos en Europa en 1889" y "In Heavy Chains like Bengal Tigers. Native People of *Tierra del Fuego* on Show in London in 1889".

11. Martín Gusinde toma esta frase de Julios Popper. Véase Gusinde, Martín, *Los Indios de Tierra del Fuego*, 152.

12. Para un análisis más amplio de la fotografía de fenómenos de Chas Eisenmann véase Mitchell, Michael, *Monsters. Human Freaks in American's Gilded Age. The Photographs of Chas Eisenmann*.

xico". Nuevamente aparece en la imagen la figura yuxtapuesta del blanco para marcar relaciones de jerarquía. En este caso, el aventurero norteamericano que explotaba a los mellizos microcefálicos, aparece sujetando con orgullo a Máximo del cabello, tal como si fuera una presa que acaba de cazar.

Igualmente célebre es el caso de Julia Pastrana, una india mexicana que sufría de hipertricosis (Foto 12). Esta condición se caracterizaba por el crecimiento excesivo de vello en la cara y el cuerpo, el tamaño exagerado de las orejas y la nariz, y una dentadura grotesca. Apodada también la "mujer gorila" o "la mujer más fea del mundo", su aspecto general la acercaba a una suerte de eslabón perdido en la cadena evolutiva. Pastrana fue descubierta por un empresario que se convirtió en su representante y la introdujo en el mundo del espectáculo. Pronto se volvió famosa y su *manager*, temeroso de perder los jugosos beneficios que le aportaba su exhibición, le propuso matrimonio. Julia quedó embarazada y dio a luz a un infante también deforme pero ninguno de los dos sobrevivió al parto. Tristemente, su trágica historia no terminó allí, pues el inescrupuloso marido decidió embalsamar los dos cuerpos y continuó exhibiéndolos por Europa en un ataúd de cristal. Tanto las fotografías de Pastrana viva como las de su momia (Foto 13) formaron parte del redituable negocio generado en torno a su figura y a su historia.

Conclusión

Según Peter Burke todo grupo puede enfrentarse a la alteridad de dos posibles maneras. Una es "negar o ignorar la distancia, asimilar a los otros a nosotros o a nuestros vecinos, mediante la utilización [consciente o inconsciente] de la analogía" (155). Esta visión del otro como reflejo del yo, contribuye a hacer inteligible lo exótico, a domesticarlo. Contrariamente, la otra posibilidad consiste en inventar otra cultura opuesta a la propia, en convertir en "otros" a nuestros congéneres, dotándolos de características inversas—y frecuentemente negativas—a las que me definen. Para recuperar o reconstruir estas imágenes mentales, dice Burke, "resulta indispensable a todas luces el testimonio de las imágenes visuales [pues] [...] mientras que los escritores pueden ocultar sus actitudes mentales detrás de una descripción impersonal, los artistas se ven obligados por el medio que utilizan a asumir una postura clara" (156), representando a esos otros ya sea como espejos o como inversiones del yo. Teniendo en cuenta estas dos formas de reacción ante la alteridad, podemos concluir que la imagen fotográfica del monstruo en el siglo XIX fue utilizada por el discurso médico y por el discurso antropológico en forma antagónica. Por un lado, el retrato médico introducía al monstruo en un mundo burgués, conocido y manejable, codificándolo y volviéndolo comprensible. A través de una elaborada puesta en escena, la fotografía hacía, de alguna manera, lo que la medicina no podía: restituía al "monstruo" al mundo "civilizado". Por otro lado, en el retrato del indígena, los fotógrafos de estudio tendieron a utilizar la imagen del monstruo para construir un estereotipo del otro, que adoptó la forma de una imagen inversa de sí mismo. Estas fotografías servían para deshumanizar al indio, para animalizarlo o acercarlo a una etapa anterior de la evolución humana, en definitiva, para apoyar la idea de su pertenencia a la barbarie.

Todo individuo se define a sí mismo a través de la construcción de un otro, que le resulta a la vez atractivo y repulsivo. En una escala mayor las sociedades se definen a través del mismo proceso dialéctico. A este respecto es sumamente iluminadora la metáfora del estaño del espejo, que propone Slavoj Žižek en su libro *Por qué no saben lo que hacen*. El estaño del espejo es la parte donde la superficie reflectora está rayada, de modo que vemos el revés oscuro, detrás de la imagen. La reflexión del sujeto en el espejo encuentra su límite en el "estaño del espejo", en los puntos donde, en lugar de devolverle a quien se mira su propia imagen, el espejo lo enfrenta con un punto negro carente de sentido en el cual no puede reconocerse. Pero son justamente esas rayas negras las que delatan a la imagen especular como construcción y develan la existencia de un sujeto real frente al espejo. Si el retrato fotográfico fue el espejo en el que se miró la burguesía decimonónica, la fotografía del monstruo, es sin duda el estaño de ese espejo, el punto negro que detrás de los prejuicios y estereotipos presentes en toda construcción del "otro" permite distinguir la verdadera visión del "yo" implícita en esas imágenes.

Fotografías

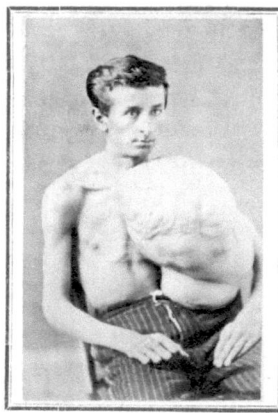

FOTO 1
Paciente con lipoma de enorme dimensión
(Fotógrafo no identificado)
Albúmina
Buenos Aires, 1877
Foto publicada en la *Revista Médico Quirúrgica*,
Año XIV, n° 12, 23 de septiembre de 1877

Fotografía y teratología en América Latina | 155

FOTO 2.1
Monstruo unitario de la familia de los ectromelianos
(Fotografía de Emilio Halitzky)
Buenos Aires, albúmina, 1882
Fotografía publicada en la *Revista Médico Quirúrgica*. Año XIX, nº 18, 23 de diciembre de 1882

FOTO 2.2
Fernando Monegal
(Fotografía de G. Monegal)
Buenos Aires, *Carte de visite*, 1889
Colección de la autora

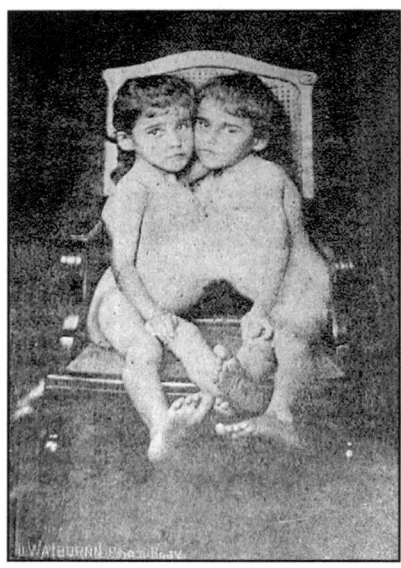

FOTO 3.1
Las siamesas Rosalina y María
(Foto grabado de D. Walborn)
Río de Janeiro, junio de 1899

FOTO 3.2
Dos hermanas
(Fotógrafo no identificado)
Buenos Aires, ca 1870

Fotografía y teratología en América Latina | 157

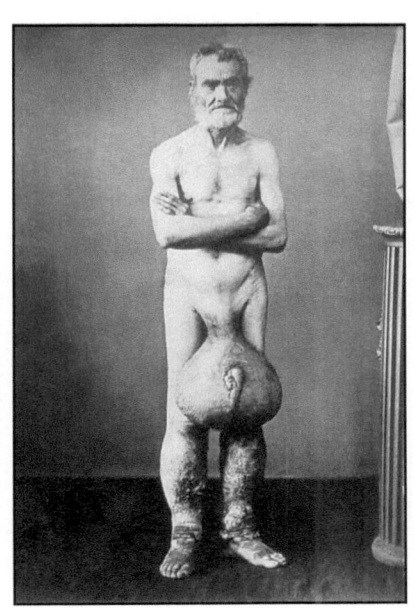

FOTO 4.1
Enfermo de Elefantiasis
*(*Fotografía de Christiano Junior*)*
Río de Janeiro, ca. 1866
Álbum de casos notables de elefantiasis

FOTO 4.2
Caballero
*(*Fotografía de Offer y Coca*)*
Carte de visite, Buenos Aires, ca. 1865
Colección de la autora

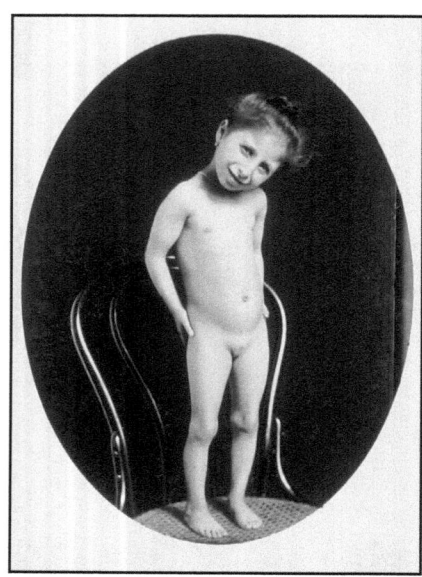

FOTO 5.1
Enana de 70 centímetros
(Foto atribuida a Christiano Junior)
Ca. 1890

FOTO 5.2
Niña sobre silla
(Fotógrafo no identificado)
Carte de visite, Buenos Aires, ca. 1868
Colección de la autora

Fotografía y teratología en América Latina | 159

FOTO 6.1
Enana de 70 centímetros
(Fotografía atribuida a Christiano Junior)
Ca. 1866

FOTO 6.2
Otilia Saravi y Carlos Horne
(Fotografía Maurel)
Carte de visite, Buenos Aires, ca. 1865
Colección de la autora

FOTO 7.1
Paciente con afección anestésica
(Fotógrafo no identificado)
Buenos Aires, Albúmina, 1877
Fotografía publicada en la *Revista Médico Quirúrgica*. Año XIV, nº 8, 23 de julio de 1877

FOTO 7.2
Caballero
(Fotografía de B. Loudet)
Carte de visite, Buenos Aires, ca. 1870
Colección de la autora

Fotografía y teratología en América Latina | 161

FOTO 8
"Gigante" Selknam de Tierra del Fuego
(Fotógrafo no identificado)
Ca. 1880

FOTO 9
Indios yamanas en el Jardín Zoológico de Aclimatación
(Fotógrafo Pierre Petit)
Bois de Boulogne, Paris
Septiembre de 1881

Fotografía y teratología en América Latina | 163

FOTO 10
El empresario Maurice Maître y un grupo de Selknam en la Exposición Universal de París de 1889
(Fotógrafo no identificado)

FOTO 11
*Los enanos microcéfalos, Máximo y Bartola, supuestos
descendientes de la nobleza azteca*
(Fotografía de Chas Eisenmann)
Carte de visite, ca. 1883

Fotografía y teratología en América Latina | 165

FOTO 12
La mexicana, Julia Pastrana, apodada "La mujer más fea del mundo"
(Fotógrafo no indentificado)
Ca. 1858

FOTO 13
La momia de Julia Pastrana y su hijo
(Fotografía de Berm Zrone)
Carte de visite, Dresden, ca. 1861

Bibliografía

Alexander, Abel, Beatriz Bragoni y Luis Priamo. *Un país en transición. Fotografías de Buenos Aires, Cuyo y el Noroeste. Christiano Junior, 1867-1883*. Buenos Aires: Fundación Antorchas, 2002.

Báez Allende, Christian. "Tierra de gigantes. Fotografías de los selk'nam de la Tierra del Fuego". *Memoria del 8° Congreso Nacional y 3° Latinoamericano de Historia de la Fotografía*. Buenos Aires: Sociedad Iberoamericana de Historia de la Fotografía, 2006. 65-68.

Báez Allende, Christian y Peter Mason. "Detrás de la imagen. Los Selk'nam exhibidos en Europa en 1889". *Revista Chilena de Antropología visual* 4 (2004): 253-267. 28 Oct. 2005. http://www.antropologiavisual.cl/baez_mason.htlm.

—. "In Heavy Chains like Bengal Tigers. Native Peoples of Tierra del Fuego on Show in London in 1889" en *Jahrbuch für Geschichte Lateinamerikas* 42 (2005): 99-114.

—. *Zoológicos humanos. Fotografías de fueguinos y 'mapuche' en el Jardin d' Acclimatation de París, siglo XIX*. Santiago de Chile: Pehuén Editores, 2006.

Burke, Peter. *Visto y no visto. El uso de la imagen como documento histórico*. Barcelona: Crítica, 2001.

Burns, Stanley. *A Morning's Work. Medical Photographs from the Burns Archive & Collection 1843-1939*. Santa Fe: Twin Palms Publishers, 1998.

Cuarterolo, Andrea. "El retrato fotográfico en la Buenos Aires decimonónica: la burguesía se representa a sí misma". *Revista Varia História* 35 (Junio de 2005): 39-53.

—. "El estaño en el espejo. Monstruos en la fotografía latinoamericana del siglo XIX". Barrancos, Dora, et al. (comp.). *Criaturas y saberes de lo monstruoso*. Buenos Aires: Facultad de Filosofía y Letras de la Universidad de Buenos Aires, 2008. 67-87.

Didi-Huberman, Georges. *Invention of Hysteria. Charcot and the Photographic Iconography of the Salpêtrière*. Cambridge: MIT Press, 2003.

Edwards, Elizabeth. *Anthropology & Photography 1860-1920*. Londres: Royal Anthropological Institute, 1994.

Foucault, Michel. *Vigilar y castigar. Nacimiento de la prisión*. Buenos Aires: Siglo XXI Editores, 1976.

—. *Los anormales*. Buenos Aires: Fondo de Cultura Económica, 2000.

Gómez, Juan. "Desde Ushuaia hasta el Cabo de Hornos. La Patria de los Yamanas". *Memoria del 8º Congreso Nacional y 3º Latinoamericano de Historia de la Fotografía*. Buenos Aires: Sociedad Iberoamericana de Historia de la Fotografía, 2006. 141-152.

Gorbach, Frida, "Los indios del Museo Nacional. La polémica teratológica de la patria". *Ciencias* 60-61 (Octubre 2000 Marzo 2001): 57-63.

Gusinde, Martín. *Los Indios de Tierra del Fuego: resultado de mis cuatro expediciones en los años 1918 hasta 1924 organizadas bajo los auspicios del Ministerio de Instrucción Pública de Chile*. Tomo I. Buenos Aires: Centro Argentino de Etnología Americana, 1982.

Hunter, Jack. Freak Babylon. *An Illustrated History of Teratology & Freakshows*. Londres: The Glitterbooks of London, 2005.

Martinic Beros, Mateo. "Del mito a la realidad". Casamiquela, Rodolfo, et al. *Del mito a la realidad. Evolución iconográfica del pueblo tehuelche meridional*, Viedma: Fundación Ameghino, 1991.

Mason, Peter. "The Lives (and Deaths) of Fuegians and their Images". *The Lives of Images*. Londres: Reaktion Books, 2001. 19-54.

Mitchell, Michael. *Monsters. Human Freaks in American's Gilded Age. The Photographs of Chas Eisenmann*. Ontario: ECW Press, 2002.

Navarrete, José Antonio. "Las buenas maneras. Fotografía y sujeto burgués en América Latina (siglo XIX)". *Aisthesis* 35 (2002-2003): 10-15.

Penhos, Marta. "Frente y perfil. Una indagación acerca de la fotografía en las prácticas antropológicas y criminológicas en Argentina a fines del siglo XIX y Principios del XX". Penhos, Marta, et al. *Arte y Antropología en la Argentina*. Buenos Aires: Fundación Espigas, 2005. 17-64.

Poole, Deborah. "An image of 'Our Indian': Type Photographs and Racial Sentiments in Oaxaca 1920-1940". *The Hispanic American Historical Review (HAHR)* 84:1 (Febrero de 2004): 37-82.

Torres, José Manuel. *La retina del sabio. Fuentes documentales para la historia de la fotografía científica en España*. Santander: Aula de fotografía de la Universidad de Cantabria, 2001.

Žižek, Slavoj. *Porque no saben lo que hacen. El goce como un factor político*. Buenos Aires: Paidós, 1998.

Documentos y fuentes

Anales de la Sociedad Científica Argentina, Tomo II, 2do semestre de 1876.

Junior, Christiano. *Álbum de enfermedades infecciosas*, ca. 1865.

Junior, Christiano. *Casos Notables de Elefantiasis, durante su permanencia en el Brasil (Álbum fotográfico)*. Río de Janeiro, ca. 1866.

Londe, Albert. *La photographie médicale: Application aux sciences médicales et physiologiques*, Paris: Gautier-Villars, 1893.

Londe, Albert. *La Photographie Moderne. Pratique et Applications*. Paris: G. Masson, 1888.

Revista Médico Quirúrgica, Año XVI, n° 13 (8 de octubre de 1879).

—, Año XIV, n° 8 (23 de julio de 1877).

—, Año XIV, n° 12 (23 de septiembre de 1877).

—, Año XIX, n° 18 (23 de diciembre de 1882).

Saint-Hilaire, Isidore Geoffroy. *Histoire générale et particulière des anomalies de l'organisation chez l'homme et les animaux ... comprenant des recherches sur les lois et des variétés et vices de conformation, ou Traité de tératologie*, 4 vols., Paris: J.B. Baillière, 1832-1836.

La ciudad bajo los ojos del Modernismo

Paola Cortés-Rocca
San Francisco State University

1. Darío: la aristocracia salvaje y cosmopolita

La ciudad es el espacio moderno por excelencia, es el lugar donde habitan los temas que definen la Modernidad: las transformaciones técnicas que acortan las distancias—el telégrafo, la expansión ferroviaria y el desarrollo de las rutas marítimas—, la reproductibilidad técnica de la imagen, la nueva circulación de la información en periódicos y revistas, la constitución de la opinión pública, y en América Latina, los procesos de consolidación y modernización de estados nacionales. La ciudad encuentra las palabras para ser narrada en un género como la crónica y en una estética como la del Modernismo.

El Modernismo se funda alrededor de lo urbano y de un aspecto particular de lo urbano: se trata de la ciudad como espacio y como experiencia, no sólo en oposición a lo rural (para citar aquí la lógica de Sarmiento), sino también como espacio sin fronteras, como punto de conexión con el mundo. En "Divagación", un poema de Prosas profanas (1896), Rubén Darío dibuja esta geografía en clave amorosa. El poema cartografía una serie de preguntas y sugerencias: "¿Te gusta amar en griego?" "¿O un amor alemán?" "O amor lleno de sol, amor de España" "Ámame en chino, en el sonoro chino" "Ámame japonesa, japonesa" "O con amor hindú que alza sus llamas." Es decir,

ámame así, fatal, cosmopolita

> universal, inmensa, única, sola
> y todas; misteriosa y erudita
> ámame mar y nube, espuma y ola. (32)

No se trata exactamente de lo universal (de lo que está fuera de las diferencias nacionales), ni de lo internacional (de aquello que está en todos lados porque homogeniza lo nacional). Se trata de lo cosmopolita, es decir, de una experiencia y de una subjetividad única y misteriosa, capaz de formar parte, al mismo tiempo, de una sola y de todas las lógicas urbanas.

Si luego de formulada la primera pregunta—"Te gusta amar en griego?"—, el Yo lírico aclara "Amo más que la Grecia de los griegos / la Grecia de Francia porque en Francia / el eco de las risas y los juegos /su más dulce licor Venus escancia" (26), es porque este cosmopolitismo del sujeto modernista, no lo convierte en griego en Atenas, en francés en París. No es una afirmación de la capacidad de un sujeto de habitar simultáneamente varios espacios, no es tampoco la afirmación de un espacio transnacional, sino la postulación de la mezcla y la co-existencia en un espacio urbano inventado por un programa estético. Tal como lo propone la ecuación de Rubén Darío en las "Palabras liminares" de *Prosas profanas*, "Buenos Aires: Cosmópolis" (9). Si *la* cosmópolis es una ciudad latinoamericana, si la verdadera Grecia—la que se ama—es la de los franceses, es porque se trata de un cosmopolitismo mediado por el deseo, filtrado por la traducción cultural y lingüística. Se trata, incluso, de lo que podríamos llamar un "cosmopolitismo ficcional". Y remarco acá el sentido de la palabra "ficción", precisamente como aquello que escapa de lo verdadero y lo falso, como impostura con efectos reales.

El sujeto modernista juega a ser un ciudadano del mundo, a habitar todas las ciudades al mismo tiempo, aunque sabe perfectamente que se trata de una impostura. En "Epístola", un poema de *El canto errante* (1907) que está estructurado como una crónica de viaje, el poeta se dirige a su destinatario—explícito en la dedicatoria "A la señora de Leopoldo Lugones"—y le cuenta que estuvo por aquí y por allá,

> Y me volví a París. Me volví al enemigo
> terrible, centro de la neurosis, ombligo
> de la locura, foco de todo *surmenage*
> donde hago buenamente mi papel de *sauvage*

encerrado en mi celda de la rue Marivaux,
confiando sólo en mí y resguardando el yo. (138)

El poeta latinoamericano juega, en la poesía modernista, al cosmopolitismo. Se trata de una ficción porque los demás le recuerdan su condición periférica, su rol de salvaje en la metrópolis. Pero como todas las poses, después de mucho practicarlas siempre se vuelven un poco reales. O por lo menos tienen la contundencia que les da el existir en el poema: efectivamente, en el poema, el yo se desplaza de una ciudad a otra, de una lengua a otra, de una tradición a otra. Y en el campo de la cultura finisecular, la ficción cosmopolita del modernismo, tiene efectos reales al recolocar a la literatura Latinoamericana en una dimensión que excede lo continental.

Se advierte aquí, el programa político del Modernismo, que no toma la forma de una serie de "temas" a incorporar en la escritura, sino de una alteración en la asignación de valores y de las posibilidades de renovación técnica de la literatura. Darío refuncionaliza la relación entre las metrópolis y la periferia y lo hace situando el problema en términos de lenguaje. En su ensayo "El Modernismo" recupera la tradición literaria española—Santa Teresa, Cervantes, Quevedo sobre todo—, pero para contraponerla con el presente de la literatura en España. La metrópolis se revela entonces, como un espacio provinciano. "El formalismo tradicional, por una parte; la concepción de una moral y de una estética especiales, por otra, han arraigado el españolismo", dice Darío (269). Si España está cerrada sobre sí misma y atenta a las formas tradicionales, América en cambio, está— imaginariamente—vinculada al resto de las ciudades del mundo. América es el espacio del "soplo cosmopolita" así como del "anarquismo en el arte, base de lo que constituye la evolución moderna o modernista" (ídem 269). Es a través de la lengua, de una politización de la lengua, que es posible declarar que la periferia es cosmopolita y la metrópolis provinciana, que el tiempo de la metrópolis es el pasado y el de la colonia, el presente y el futuro. La renovación de la lengua literaria estará, entonces, en la escritura anárquica del *sauvage*.[1]

Lo que se pone en discusión aquí es también cómo producir un corte cultural con el antiguo imperio (Darío se refiere, en este

---

1. El centro del programa modernista es la renovación formal de la lengua literaria, es ese imperativo del "yo persigo una forma que no encuentra mi estilo". Y sin embargo no se trata del llamado arte por el arte o

mismo texto, a la "independencia mental de España"), es decir, cómo inaugurar una estética latinoamericana. Y sin embargo no se trata de borrar el pasado y comenzar de nuevo—un gesto que luego caracterizará a la vanguardia pero también a proyectos como el de Esteban Echeverría, poeta y miembro de la generación del 36, que propone el reemplazo del castellano por el francés, como idioma oficial de la Argentina—, sino de invertir las jerarquías. La renovación de la poesía escrita en castellano es el mejor modo de cortar lazos con la tradición española: no por negación, sino como una suerte de revancha del subalterno que ahora refina la lengua del imperio. Según Darío, esta alternancia entre el centro local y la metrópolis obedece a "razones clarísimas": desde luego, por nuestro inmediato comercio material y espiritual con las distintas naciones del mundo, y principalmente porque existe en la nueva generación americana un inmenso *deseo de progreso* y un vivo entusiasmo" ("El modernismo" 272, el destacado es mío). Si bien es posible afirmar que la

---

del cultivo de la forma, sino del primer intento de desarmar la oposición forma-contenido, intento que será el centro de los programas de vanguardia del 20 y del 30. El modernismo crea una lengua literaria que coloca en primer lugar "el problema de la forma frente a la dictadura del contenido (que nunca es tal en el realismo o en el naturalismo) y que luego desembocará en las vanguardias históricas" (Montaldo 32). Pese a la asociación entre Modernismo y la estética de *l'art pour l'art*—asociación muchas veces promovida por el mismo Darío—, Darío no concibe el lenguaje como puro ornamento ni como joya, es decir, como suplemento de otra cosa que es previa y ajena—el contenido o a la idea. En las "Dilucidaciones" que abren *El canto errante* (1907), Darío afirma: "Jamás he manifestado el culto exclusivo de la palabra por la palabra". Y recupera una objeción recibida de Ortega y Gasset quien sostiene que las "palabras pueden emplearse como signos de valores, nunca como valores". De acuerdo, continúa Darío, "mas la palabra nace juntamente con la idea, o coexiste con la idea, pues no podemos darnos cuenta de la una sin la otra. [...]. En el principio está la palabra como única representación. No simplemente como signos, puesto que no hay antes nada que representar. En el principio está la palabra como manifestación de la unidad infinita, pero ya conteniéndola. *Et verbum erat Deus*" (14). Hay aquí una particular concepción del lenguaje, explicitada por este mito de origen. En el principio está la palabra y efectivamente no es signo, representación, señalamiento de nada porque no hay nada antes de ella. La palabra, el verbo que es Dios, tiene un carácter creador y es simultáneamente aquello que resulta indiferenciable de la idea, "pues no podemos darnos cuenta de la una sin la otra" (14).

única experiencia internacional real que se da en Latinoamérica es la de antiguas y nuevas formas del imperialismo y la desigualdad, eso no debilita la fuerza que el "cosmopolitismo" tiene en el imaginario de las élites y de los intelectuales latinoamericanos. Se trata de un programa y de un deseo. Es entendible aquí, la operación que Darío produce en la frase "deseo de progreso". El progreso (o mejor aún, el progreso como un deseo), marca el vocabulario político de Latinoamérica desde las últimas dos décadas del fin de siglo y Darío lo traslada al campo cultural. Así, el cosmopolitismo del modernismo funciona como progreso estético y acompaña las fantasías de progreso político y económico.

El Modernismo se constituye como una poética de la Modernidad precisamente porque cruza una reflexión sobre el lenguaje con una serie de problemas como el cosmopolitismo, la posibilidad de renovación de la tradición, la posibilidad—inédita hasta el momento—de invertir en el campo cultural, las jerarquías entre la metrópolis y la periferia. Se trata de una poética que, en su dimensión política, cosmopolita y urbana, contiene en sus materiales mismos, una reflexión sobre ciertos fenómenos modernos como la constitución de la opinión pública o la autonomización de la esfera estética, fenómenos que tienen como condición o como consecuencia, la ampliación del acceso al espacio político, cultural y estético. La estética de Darío aborda entonces, un problema que es también, el problema de Baudelaire o del poeta moderno: la relación con la multitud. La pregunta entonces es ¿cómo ser moderno sin las masas? y al mismo tiempo ¿cómo ser moderno con las masas?

La "Epístola", un poema que Darío escribe ya como poeta consagrado, parece sintetizar perfectamente estos pliegues de la subjetividad modernista en su articulación y distancia con lo masivo. El poeta cosmopolita y viajero, se sincera:

> Sí, lo confieso: soy inútil. No trabajo
> por arrancar a otro su pitanza; no bajo
> a hacer la vida sórdida de ciertos previsores.
> Yo no ahorro ni en seda, ni en champaña, ni en flores
> (...)
> Me complace en los cuellos blancos ver los diamantes.
> Gusto de gentes de maneras elegantes
> y de finas palabras y de nobles ideas.

> las gentes sin higiene ni urbanidad, de feas
> trazas, avaros, torpes, o malignos y rudos,
> mantienen, lo confieso, mis entusiasmos mudos. (138-9)

El espacio de la bohemia, la figura del dandy permiten tomar distancia por un lado, con el utilitarismo burgués (el culto al ahorro y al trabajo) y por otro, con la excesiva rigidez de los cánones estéticos (hay en el bohemio, siempre algo de salvaje y de anárquico). Al mismo tiempo lo distancia de la masa cuya sombra acecha el poema proyectada por la figura de "las gentes sin higiene ni urbanidad". El sujeto modernista se define no tanto a partir de una diferencia real sino de un despliegue de maneras elegantes, de finas palabras y nobles ideas. Se trata de una suerte de aristocracia ficcional—o tal como lo propone Darío en el "Prefacio" de *Cantos de vida y esperanza*—de "la aristocracia del pensamiento", de "la nobleza del Arte" (3). Este mismo "Prefacio", escrito unos pocos años después que el poema "Epístola", desarrolla con el lenguaje del ensayo, esta noción de una aristocracia ficcional que hunde sus raíces en el lenguaje. Luego de argumentar que el Modernismo propone una renovación formal, el poeta aclara que: "Hago esta advertencia porque la forma es lo que primeramente toca a las muchedumbres. Yo no soy un poeta para las muchedumbres. Pero sé que indefectiblemente tengo que ir a ellas" (4). Entre este no ser parte de la muchedumbre pero ir a ella, se define el modo en que la sensibilidad modernista habita el espacio de la Modernidad. O para decirlo nuevamente con la "Epístola": "A veces me dirijo al mercado, que está en la Plaza Mayor / Me rozo con el núcleo crespo de muchedumbre / que viene por la carne, la fruta y la legumbre" (140). El aristócrata de la lengua no es parte de la muchedumbre pero se relaciona con ella, fugazmente, en este roce, porque sabe que es la condición de posibilidad de su existencia y de su poética.

    El artista que desprecia la vulgarización, se encuentra fascinado—y funda su poética—en una Modernidad que está necesariamente fundada en la ampliación de distintos consumos, incluido el consumo cultural. El artista desprecia ese mundo en que todo se ha vuelto objeto de consumo, pero al mismo tiempo contempla fascinado su contracara: un mundo en el que todo se estetiza y en el que el ocio o el tiempo libre empieza a ser dedicado al arte o a las prácticas culturales. Y aquí un gran evento que funciona como sinécdoque de la Modernidad es la Exposición universal. Las ferias, que Darío recorrió con sus crónicas, borronean la diferencia entre el museo y el mercado, en ellas cada objeto—incluso las nacionalidades—está allí, para ser, simultáneamente, objeto de admiración y de consumo. En este mundo en el que el consumo se estetiza y el arte se vuelve objeto de consumo, el poeta es un poeta moderno precisamente porque como ningún otro poeta anterior, puede escribir una crónica como la que Darío escribe en marzo de 1900 y que se titula "La mujer española". Allí, Darío revela las ambigüedades del aristócrata del pensamiento que vive en ese tiempo en el que—para usar una imagen de Baudelaire—el poeta pierde su aureola en el fango del macadam. En este texto de 1900, el poeta moderno da cuenta de una reunión a la que asistió con su amigo "el marqués Valdeiglesias", analiza el vestuario de las mujeres y establece posiciones teóricas a favor del "tipo español, cuya línea propia se ha bastardeado y confundido entre curvas francesas y restas anglosajonas" (322). Cita para sostener sus observaciones, y como figura de autoridad en la materia, a la escritora española Emilia Pardo Bazán que considera como atentado a la "clásica gracia española, los vestidos pesados y de corte masculino del país de las misses, los impermeables y abrigos largos, ciertos calzados y sobre todo los formidables sombreros de París" (ídem 322).

2. Martí: el oficio de mirar

Darío señala la relación ambigua del poeta moderno con la multitud. No está en la multitud pero se dirige a ella con una estética atenta a la Modernidad, es decir, a ese tiempo habitado por las multitudes. Este juego entre el no "estar en" pero "ir hacia" o "rozar" lo multitudinario, aparece como núcleo central de un género típicamente moderno: la crónica.[2] La crónica debe su existencia a la constitución de un público lector, a la curiosidad por saber qué

---

2. Darío anula la distinción genérica clásica entre la "alta literatura"—la poesía, la prosa poética, etc.—y la escritura profesional que estaría dada por el periodismo, no sólo a través de su actividad como cronista, sino también cuando explícitamente afirma que "hoy, y siempre, un periodista y un escritor se han de confundir [...]. Hay crónicas, descripciones de fiesta o ceremoniales escritas por repórters que son artistas, las cuales, aisladamente tendrían cabida en obras antológicas. El periodista que escribe con amor lo que escribe, no es sino un escritor como otro cualquiera [...]. Solamente merece la indiferencia y el olvido aquel que, premeditada-

pasa en otro lado. Por eso, la ciudad es condición de posibilidad del género y al mismo tiempo, aquello que estructura el género. Julio Ramos señala que el género reproduce la caminata del cronista por la ciudad, constituye un modo de conectar sus fragmentos y de darle inteligibilidad a la experiencia urbana. Sin embargo, lo que distingue a la crónica decimonónica es precisamente el hecho de que el género exhibe la multiplicidad y la fragmentación de la experiencia moderna, sin resolverla jamás. Precisamente por esto—y algunas otras características que desarrollaré luego—, el gran cronista moderno es José Martí.

En la crónica sobre el Día de Gracias, que Martí escribe durante su estadía en New York, advertimos la imposibilidad de encontrar un principio que vincule las fiestas de acción de gracias, el juego de pelota entre Yale y Princeton y el retrato de Mark Twain. Martí es el gran cronista del siglo XIX porque en sus textos, la escritura se despliega en el espacio del periódico, la característica central de la experiencia urbana de fin de siglo: fragmentación que sorprende, deslumbra y entristece a los hombres más sagaces del XIX. Las crónicas de Martí son relatos que, en lugar de imponer una unidad de sentido o de atender a una pequeña porción de realidad— como las crónicas contemporáneas—, explicitan la marca de lo moderno: la experiencia del shock, la proliferación de percepciones desconectadas.

Con Martí, además, el género alcanza su mayor condensación y adquiere especificidad porque redefine de un modo específico, la relación entre el cronista y la multitud. En una crónica sobre el Puente de Brooklyn, publicada en 1883, dice Martí:

> *Llamemos* a las puertas de la estación de New York. Millares de hombres, agolpados a la puerta central *nos impiden el paso* [...]. Ya la turba cede: dejamos sobre el mostrador de la casilla de entrada, un centavo que es el precio del pasaje [...]. Ya no es el suelo de piedra sino de madera, por bajo de cuyas junturas se ve pasar como veloces recaderos y monstruos menores, los trenes del ferrocarril elevado [...] la calzada de acero cargada de gente, se entra al cabo por la de mampostería que lleva al dorso la fábrica de amarre de Brooklyn que [...] sirve de techumbre a las calles del tránsito, bajo ellas

---

mente, se propone escribir, para el instante, palabras sin lastre e ideas sin sangre" ("El periodista y su mérito literario", 219-220).

> semejantes a gigantescos túneles, y vierte al fin, en otra estación de hierro, a regarse hervorosa y bullente por las calles, la turba que *nos venía empujando* desde New York, *entre algazara, asombros, chistes, genialidades y canciones*. ("El puente de Brooklyn" 424-426, los destacados son míos).

En la ficción de la crónica, Martí acompaña a la muchedumbre que cruza el puente, desde Manhattan a Brooklyn, a pie y en ferrocarril. No es uno más, no forma parte del flujo de la masa, pero tampoco es el aristócrata que la roza con elegancia, la turba le impide el paso y lo empuja. No es un sujeto de la distinción, pero forma parte de un grupo cuando usa el plural y dice "llamemos a las puertas de la estación". En la ficción de la crónica, el cronista es parte de ese *nosotros* que impone el género—los lectores—y de ese *nosotros* peculiar que recorta la escritura de Martí en las crónicas sobre New York—los lectores hispanohablantes. Martí se erige como los ojos de una cultura y por eso, el suyo no es exactamente el deslizarse del *flâneur*— como propone Julio Ramos—, no es un paseo gratuito y azaroso, no es el paseo de alguien que mira para sí. Es el cronista asalariado, es el testigo de los que no están allí sino a través de su mirada. Es el que permanece en silencio ante los chistes y las canciones de la masa, porque carga sobre sí la difícil tarea del traductor: verter el murmullo de la multitud en la inteligibilidad de la escritura. En un tiempo en el que el periódico comienza a regirse por los dictados de la concentración informativa que impone el cable, las crónicas de Martí tal vez atesoren algo de los modales del *flâneur*, en su errancia, en su mixtura de objetos y problemas sólo vinculados por la presencia de la ciudad. Pero definitivamente, Martí ya no es un *flâneur* ni un "aristócrata del pensamiento." El suyo ya no es un paseo azaroso, sino un deslizarse con rumbo fijo, detrás del acontecimiento. Es el andar del cronista, de alguien que desempeña el oficio de mirar.

En las últimas dos décadas del siglo, Martí se "gana el pan" (la frase es de la "Carta testamento") desempeñando el oficio del cronista: observar, testimoniar, escribir y traducir una cultura ajena. Al mirar al otro, el cronista habla de sí mismo. Exiliado en New York, Martí escribe las escenas norteamericanas pero sobre todo, toma las notas necesarias para desplegar el proyecto de modernización deseada para Latinoamérica. Estados Unidos, y Nueva York en particular, aparecen ante sus ojos, como una geografía hecha de tradiciones nuevas, que ha logrado resolver su pasado colonial y cuyo carácter moderno y modernizado se advierte en el progreso, la tecnología y una moral ligada al trabajo común.

Diferentes grupos desfilan frente a los ojos del cronista: el conjunto de ciudadanos que aúnan sus fuerzas para hacerle frente a una nevada en la ciudad, la turba que lo empuja en el puente de Brooklyn, las "gentes ávidas que rodean siempre el mostrador de los diamantes" en la joyería Tiffany. Sin embargo, la sagacidad de Martí identifica, que *la* multitud finisecular va tomando contornos cada vez más definidos y específicos. La multitud de fin de siglo es, ante todo, esa masa de trabajadores que se mueve hacia el continente imaginándolo como una tierra nueva. Por eso, señala el cronista que

> ellos llegan contentos como los hebreos que acompañaban a Moisés. Vienen a la tierra de los gigantescos racimos de uvas. [...] Hácense los italianos de unas cuantas naranjas y limones y pastas de azúcar, y alzan en un rincón de Nueva York una frágil barraca. Los alemanes son hombres de ciencia y de comercio. No hay relojeros como los suizos. Ni gentes más honradas que los belgas. *No hay trabajo recio y mezquino que no hagan con buena voluntad* los hombres de Irlanda *ni sirvienta que no sea irlandesa*. ("17. Carta de Nueva York" 225, el destacado es mío)

Martí observa a los inmigrantes con los ojos de un hombre de la América Latina. Lo que celebra es un flujo migratorio que involucra una doble utopía: los inmigrantes llegarán a una tierra prometida y Latinoamérica los esperará como un conjuro contra el pasado colonial. La división es casi un lugar común: América es la tierra de la exuberancia natural que progresa con la tecnología europea—propone Martí, leyendo la América española más que los Estados Unidos. Si el cronista se complace en mostrar lo peculiar de cada inmigrante, porque cada uno de ellos es irremplazable—los suizos por su relojería, los irlandeses por la mansedumbre con la que aceptan ser sirvientes—,[3] la diversidad es sólo un momento previo a la

---

3. En la escritura de Martí pueden delimitarse dos zonas claramente diferenciadas en relación al poder. El poder colonial es brutal y produce un enfrentamiento legítimo por la independencia, tal como se lee, por ejemplo, en el tono amenazante de "El presidio político en Cuba" o en el rigor programático del "Manifiesto de Montecristi." Pero hay otro po-

unidad. Luego, todas las diferencias se reúnen en una categoría que los unifica: el trabajo.

Hasta aquí no es más que otro de los modos en que se organiza la mirada liberal decimonónica. Pero sin embargo, la sagacidad de Martí consiste en advertir, 20 años antes de que el siglo termine, la contracara de la utopía inmigratoria:

> Y cómo vienen hacinados en esos *vapores criminales*! No los llaman por nombre sino *los cuentan por cabeza* como a los brutos en los llanos. [...] Les dan a comer manjares fétidos, les dan a beber agua maloliente. Como a riqueza a que no tienen derecho, los sacan en majada a respirar algunos instantes sobre la cubierta del buque el aire fresco. (225, el destacado es mío)

Los inmigrantes se someten a la lógica del cálculo que, los deshumaniza y los sujeta a la ley de la mercancía. Pero además, así como la utopía inmigratoria funciona de manera doble—colocando un ideal tanto para los inmigrantes, como para la tierra que los recibe—, el lado distópico del proyecto modernizador posee, también, un doble filo. El vapor criminal en el que vienen no es criminal sólo por la violencia que produce sobre esos cuerpos, sino también por la amenaza que transporta. Pareciera que en el viaje, la utopía se enrarece y se trastoca. El navío que parte de Europa promete un conjunto de trabajadores capacitados y dóciles que serán bienvenidos a la nueva tierra; pero en el viaje, la bienvenida ya no es tan amigable y hasta los hombres de Irlanda pierden su buena voluntad para la servidumbre y se transforman en otra cosa. En el viaje, la inmigración deja de ser ese personaje idealizado y adopta la forma de una multitud precisa y temible: el proletariado urbano. Y del mismo

---

der, vinculado a la ciudad y al proyecto de modernización: es un poder que resulta del capital y contra el cual no hay cuestionamiento posible porque su legitimidad es naturalizada por Martí. Este poder "gentil" e ilustrado se ejerce naturalmente y no reside sólo en la buena voluntad de los sirvientes, sino también en la cortesía de los capataces: "Cada sala tiene su capataz, que distribuye el trabajo y manda *humildemente*. ¡Es vieja ya la idea del mando! Manda sólo, y mandará siempre de veras, el que haya traído consigo *de la Naturaleza* el derecho de mandar. Y *el más cortés, es el mejor obedecido*" ("Libros" 421, el destacado es mío). Esta distinción con respecto a la legitimidad del poder encuentra su correlato en una diferencia similar, que señalo más adelante, con respecto a la violencia.

modo que la diversidad inmigratoria tiene su momento de cohesión utópica a partir del trabajo, en el caso del proletariado, la unidad es su mayor amenaza. "En sus campos, el francés no odia al alemán, ni éste al ruso, ni el italiano abomina del austríaco; puesto que a todos los reúne el odio común" ("32. Carta de Martí" 288), dice Martí en la crónica sobre la muerte de Karl Marx.[4] Y así como el trabajo y la tecnología se espera del otro, también del otro viene—propone Martí, en un movimiento típico del discurso nacionalista—el odio que envenena al buen trabajador nativo: "Más cauto fuera el trabajador de los Estados Unidos, si no le vertieran en el oído sus heces de odio los más apenados y coléricos de Europa" (288).[5]

Así como los cantos de la muchedumbre que acompaña al cronista podían traducirse en el relato de la construcción de un íco-

---

4. El cronista distingue el trabajo del filósofo—movido por "el ansia de hacer el bien" y sus efectos encarnados en la turba colérica que envenena a los buenos trabajadores americanos. La praxis proletaria no responde a una voluntad del trabajo intelectual, sino a sus errores, a su prisa, a los momentos en que el pensamiento de Marx se perdió en las sombras. "Karl Marx estudió los modos de asentar al mundo sobre nuevas bases, y despertó a los dormidos, y les enseñó el modo de echar a tierra los puntales rotos. *Pero anduvo de prisa, y un tanto en la sombra*, sin ver que no nacen viables, ni de seno de pueblo en la historia, ni de seno de mujer en el hogar, los hijos que no han tenido gestación natural y laboriosa. Aquí están *los buenos amigos* de Karl Marx, que no fue sólo movedor titánico de las cóleras de los trabajadores europeos, sino veedor profundo en la razón de las miserias humanas, y en los destinos de los hombres, y hombre comido del *ansia de hacer bien*" ("32. Carta de Martí" 288, el destacado es mío).

5. Hay en Martí dos modos de pensar las condiciones de legitimidad de la violencia. La violencia legítima se sostiene en el ideal republicano y liberal, y tiene como condición el reconocimiento de las diferencias nacionales reconciliadas, luego, en una totalidad. Es una "expresión artística del pueblo, una expresión 'espontánea y completa', un todo en sí, que expresa también lo 'universal'" (Díaz Quiñones 215). Es el derecho de lucha de la colonia contra el imperio—en principio español—o del norte libertario contra el sur esclavista. Y es por eso que no se trata de "hombres" que se enfrentan entre sí, sino de un pueblo haciendo visible y combatiendo la violencia oculta, pero no por ello menos cruenta, del imperio o del esclavismo. Pero cuando se trata de otras diferencias, las diferencias de clases por ejemplo, Martí repone únicamente el universalismo humanista: "Espanta la tarea de echar *a los hombres sobre los hombres*" ("32. Carta de Martí" 288), dice en la misma crónica sobre Marx.5 Así como la

no del progreso, en la celebración de la muerte de Marx "suenan músicas; resuenan coros, pero se nota que no son los de la paz" ("32. Carta de Martí" 289). La tarea del traductor encuentra su límite en estos sonidos de guerra incomprensible. Porque ahora, dice Martí al final de la reseña sobre el puente de Brooklyn, ahora "ya no aguardan casillas de soldados las poblaciones, sino casillas de empleados sin lanza ni fusil, que cobran el centavo de la paz, al trabajo que pasa;—los puentes son las fortalezas del mundo moderno—. Mejor que abrir pechos es juntar ciudades. ¡Esto son llamados ahora a ser todos los hombres: soldados del puente! ("El puente de Brooklyn" 432). En el corazón de la Modernidad, el cronista descubre el sabor amargo del desencanto. Advierte que el presente pro-

---

guerra independentista cubana o el enfrentamiento entre norte y sur en los Estados Unidos responden al deseo de construcción de una nación y son una respuesta a una violencia previa y velada—la del imperio, la de la esclavitud—, la lucha proletaria es agresión gratuita y pura destrucción en la medida en que no hay ejercicio de violencia—ni explícita ni oculta—en las relaciones de sujeción que impone el capital. Si la violencia legítima transcurre 'en las nubes' porque "desde la altura, el letrado puede comprender los arquetipos de la historia, e insistir en la capacidad redentora del sacrificio" ("Martí: la guerra desde las nubes" 224), la lucha de clases permanece 'al ras del suelo', incapaz de producir un discurso heroico. Esta afirmación es válida incluso en el caso de las crónicas que Martí escribe sobre el proceso efectuado a los anarquistas de Chicago en 1886 y 1887. En la primera de estas crónicas, la posición de Martí es duramente crítica— la violencia anarquista se atribuyen erróneamente la representación de la clase obrera pacífica—. En la segunda crónica, escrita un año después, el relato se salpica de detalles melodramáticos que amenazan con ahogar a los lectores en un mar de lágrimas porque lo que la crónica condena es el hecho de que esos hombres sean condenados a morir en la horca. Lo que resulta inadmisible para Martí, y se repudia en la crónica, es la pena de muerte, la violencia en manos del Estado moderno. Sin embargo, no hay ni un mínimo resquicio para la elaboración de algún tipo de relato heroico en el marco de la lucha obrera. El accionar del anarquismo responde a un gesto anacrónico y de incomprensión cultural: se trata de hombres que creen seguir viviendo en el seno de los regímenes autoritarios europeos sin advertir que ahora habitan el paraíso de la democracia norteamericana. La figura que Martí elige es incapaz de alzar la vista y permanece, salvaje, al ras del suelo: "El jabalí perseguido no oye la música del aire alegre, ni el canto del universo, ni el andar grandioso de la fábrica cósmica: el jabalí clava las ancas contra un tronco oscuro, hunde el colmillo en el vientre de su perseguidor y le vuelva el rebaño" ("32. Carta de Martí" 338).

mete transformaciones técnicas y sueños políticos, pero también, gesta, en sus entrañas, el germen de su propia destrucción. Y aquí la tarea del cronista encuentra su límite: la violencia obrera le parece anacrónica para los tiempos de paz del capital moderno, porque de lo que se trata ahora es de sostener la paz a fuerza de un trabajo que vincule territorios. Una vez terminada la lucha contra el imperio, proyecta Martí, será necesario traducir: apaciguar al antiguo soldado, haciendo de él un obrero moderno y transformar el cuerpo de la antigua colonia, sembrándola de signos urbanos: puentes, ferrocarriles, rutas de correo.

3. Gutiérrez Nájera: mujeres perdidas y estadísticas

La Modernidad y la modernización (o los deseos de), encuentran su lugar en la ciudad y su relato en la crónica y en la poética del modernismo. El protagonista de este espacio y de estos relatos es la multitud. Esa multitud con la que Darío se encuentra en un instante que tiene la fugacidad de un roce. El poeta la contempla pero inmediatamente, su mirada la deshace para aislar un detalle anárquico, salvaje y aristocrático: "Me rozo con el núcleo crespo de muchedumbre / que viene por la carne, la fruta y la legumbre. / Las mallorquinas usan una modesta falda, / pañuelo en la cabeza y la trenza a la espalda." Por si hace falta aclarar dónde se posan sus ojos, la "Epístola" reitera "He visto unas payesas con sus negros corpiños, / con cuerpos de odalisca y con ojos de niños" (140). Más severo y recatado, Martí sufre los gajes del oficio: la turba de hombres lo empuja en el puente de Brooklyn. Sin embargo la mirada entrenada del cronista no se deja confundir: la multitud de fin de siglo es una masa proletaria que colaborará en el proyecto de modernización pero, que al mismo tiempo, trae el peligro de las canciones de guerra.

Las crónicas de Manuel Gutiérrez Nájera comparten el juego de cercanía y distancia con los fenómenos urbanos, el vagabundeo temático del género. Sin embargo, en ellas empieza a delinearse otro modo de mirar a la multitud. En "Esposas, grisetas y damas alegres", una crónica publicada el 14 de febrero de 1883 en el periódico *La libertad*, Gutiérrez Nájera se refiere explícitamente a los modos de circular por la ciudad.[6] Dice Gutiérrez Nájera:

> desde la hora en que tomo mi primer cóctel hasta que los empleados de los ministerios, atraviesan, a paso de carga, la avenida de Plateros rumbo a sus respectivos domicilios, ni hay ni se ve por esas calles que componen la grande arteria de la población más que un constante ir y venir de fiacres, por cuyas empolvadas portezuelas aparecen las cabezas desgreñadas de esas damas que por haber perdido la virtud la van buscando en todas partes. (33)

El texto confronta la regularidad de los empleados que marchan con un rumbo preciso—del hogar al trabajo y del trabajo al hogar—y el constante ir y venir de las mujeres que "perdieron la virtud". Son dos grupos y dos modos de andar que también señalan un uso del tiempo: el tiempo racionalizado por el trabajo y el tiempo que escapa a esa regulación. El cronista queda marcado por la diferencia: no pertenece a ninguno de esos dos modos de andar o de usar el tiempo. Ni siquiera integra un grupo, sino que es la pura individualidad de una mirada. Sin embargo, en las crónicas de Gutiérrez Nájera se advierte un uso del nosotros que, ya no es el nosotros de los artistas, de los intelectuales o de los que hablamos español. El nosotros de Gutiérrez Nájera parece tomar la forma precisa de un grupo que, a partir del periódico, comienza a definirse como la opinión pública. Haciendo uso de este "nosotros", Gutiérrez Nájera señala en una crónica posterior que,

> El señor inspector de policía, con prudencia y cordura que nunca *elogiaremos* lo bastante, ha cedido por fin a las indicaciones de la prensa sensata, prohibiendo los bazares ambulantes que diariamente paseaban por las calles. (...) Las señoras pueden pasar en carruaje, sin temor de que alguno las *confunda* con aquellas que, por estar perdidas siempre no encuentran el camino de la virtud. La disposición del señor inspector de policía no puede ser más acertada ni prudente. Cierto que no puede prohibirse a esas mujeres el tránsito por la vía pública pero sí puede y debe evitarse que

---

6. Las crónicas de 1883 aparecieron en una columna titulada "Cartas de Junius" que Gutiérrez Nájera compartía con Francisco Cosmes y ocupaba la primera página del periódico mexicano *La libertad*.

conviertan las calles en paseo y que provoquen públicamente a los transeúntes. *El lodo también tiene derecho de circulación, pero de circulación por la atarjea* ("El billar" 76, el destacado es mío).

El cronista reafirma la necesidad de identificar y diferenciar elementos sociales: trabajadores y prostitutas, mujeres virtuosas y perdidas. Por eso, la crónica finaliza con esa frase que identifica a las prostitutas con el lodo "que también tiene derecho de circulación, pero de circulación por la atarjea". Gutiérrez Nájera advierte que la multitud empieza a presentarse como una entidad opaca que abre las posibilidades de la simulación, de que alguien se confunda en ella, se presente como algo que no es. En la mirada de Gutiérrez Nájera resuena el cuento de Poe, "The Man in the Crowd": la multitud es una masa enigmática, con intenciones indescifrables e impredecibles. Lo que también anticipa Gutiérrez Nájera es la necesidad de una política dirigida a la multitud, por eso, si la primera crónica describe el problema, la segunda ya señala un diálogo exitoso con la autoridades.

Tal vez lo que preocupa a Gutiérrez Nájera es lo mismo que preocupó al Emperador Maximiliano de México, que en 1865 sanciona una ley obligando a todas las prostitutas de la ciudad a entregar su retrato y suministrar sus datos personales a las autoridades policiales.[7]

Identificación, higiene social y gobernabilidad empiezan a ser los problemas que planea la multitud, problemas que dan origen

---

7. El gobierno de Maximiliano de Hamburgo estuvo marcado por un profundo interés por la imagen. Antes de llegar a México, Maximiliano y Carlota enviaron sus retratos para ser publicados en la revista ilustrada *El Pájaro Verde*. Durante el imperio, las imágenes de la pareja tomadas por los fotógrafos de la corte belga y austríaca—Raúl Korty, Ghémar Frères, and Malovich—y las que les toma el francés François Aubert se vendían como tarjetas de visita, inaugurando la circulación de la iconografía política en Latinoamérica. Como parte de su política de gobierno, el Emperador decidido a regular la prostitución en la ciudad de México, sanciona una ley por la cual todas las prostitutas de la ciudad deben dejar sus retratos y sus datos que pasan a integrar *El Registro de mujeres públicas de la ciudad de México*. Para un mayor desarrollo de la iconografía del imperio, ver Aguilar Ochoa, especialmente los primeros dos capítulos. Sobre el *Registro*, ver Cortés-Rocca.

a esa nueva ciencia que se llama criminología. En el marco del pensamiento positivista imperante en el siglo XIX y en el cruce entre discurso médico y discurso legal, la criminología produce un poderoso campo epistemológico que se extiende por toda Latinoamérica, con los trabajos de Miguel Macedo y Julio Guerrero en México, Fernando Ortiz en Cuba, José María Ramos Mejía y José Ingenieros en Argentina, Octavio Beche en Costa Rica, Clovis Bevilacqua y Afraino Peixoto en Brasil.[8] Se trata de un discurso que viene a resolver la pregunta de estas crónicas: ¿cómo evitar la confusión entre unos sujetos y otros, cómo separar lo que puede circular por la avenida y lo que debe ir por la alcantarilla? La respuesta enlaza—como el discurso criminológico—un problema visual y un problema médico: mirar para identificar, limpiar y distinguir los flujos de una ciudad que se concibe como un organismo (la ciudad es como un cuerpo, la avenida de Plateros una de sus arterias). La idea es prevenir más que curar, de ahí que los protagonistas de la escena criminológica no son tanto el médico y el criminal, como el médico y el simulador. Y aquí la crónica de Gutiérrez Nájera también señala que no es una coincidencia que el problema del sospechoso urbano o del simulador convoque figuras femeninas. En la medida en que la criminología está más preocupada por anticipar conductas delictivas más que por explicar y legislar delitos ya cometidos, está más interesada en el simulador que en el criminal. La mirada del médico se posa en esas subjetividades ambiguas, en el borde entre lo legal y lo ilegal y

---

8. Para dar cuenta de la fuerza del paradigma criminológico en Latinoamérica, habría que mencionar también la aparición de asociaciones como la Asociación Antropológica y de asistencia criminal (Río de Janeiro, 1899) y publicaciones especializadas—como la Revista de Criminología Moderna fundada por Pietro Gori en 1898 y Archivos de Psiquiatría y Criminología fundada en 1902 por José Ingenieros. Además de las transformaciones institucionales que se advierten en la universidad—cuando se crea una especialidad en la carrera de Leyes, en México o con la creación de cátedras dedicadas a la criminología en Argentina y Cuba—y en los espacios de administración de la ley como las prisiones en las que se incorporan gabinetes criminológicos, con el objetivo de trabajar con 'material real', como dice Francisco Veyga, el titular de la cátedra de Medicina Legal de la Universidad de Buenos Aires.

es precisamente por eso que la figura femenina en general y la prostituta en particular será el modelo paradigmático de la simulación.

Basta mirar un ejemplo del *Registro de mujeres públicas* de Maximiliano de México, para entender por qué esta figura funciona no sólo como paradigma de la simulación sino también, por qué vuelve a aparecer otra vez como problema urbano, en las crónicas de Nájera. Celsa Gonzáles, por ejemplo, cumple obedientemente

Fig. 1. Fotografía de Celsa González incluida en el *Registro de mujeres públicas* de Maximiliano de México.

La ciudad bajo los ojos del Modernismo | 187

Fig. 2. Retrato de la Emperatriz Carlota tomado por el fotógrafo André-Adolphe-Eugéne Disderi.

con la ley imperial y entrega un retrato suyo para que la policía lo coloque en el registro [Fig. 1]. En la imagen, Celsa posa para el fotógrafo con el cabello recogido y cubierto por un sombrero; tal como corresponde a las reglas del pudor, su ropa deja muy poco a la vista y las mangas del vestido llegan hasta sus muñecas, casi sin dejar nada al descubierto. Viste una falda con crinolina, una falda que, según los historiadores de la moda, funciona como símbolo de la inaccesibilidad de las mujeres porque, al darle mayor volumen a las caderas, hace imposible acercarse a ellas "ni siquiera para besarles la mano". El retrato de Celsa se asemeja mucho en su configuración visual, al Retrato de la Emperatriz Carlota tomado por Disderi [Fig. 2]. Debido a este parecido, el retrato de prostituta bien podría confundirse con la imagen de una dama de la corte y ser incluido dentro de la vasta iconografía que despliega el Imperio.

En el contexto de los procesos de modernización de los estados nacionales en Latinoamérica, desenmascarar al sospechoso urbano, identificar y distinguir sujetos sociales es un modo de establecer los límites de la nacionalidad y de proponer modelos de ciudadanía. Identificación, diferenciación y archivo señalan las coincidencias entre la tarea criminológica, la tecnología de control de la multitud que empiezan a desarrollarse a fin de siglo y la construcción de una identidad nacional. Y es tal vez Federico Gamboa, en *Santa* (1896) el que hace más explícita esta afirmación. Me detengo sólo en la escena en que la protagonista de la novela de Gamboa confiesa que ejerce la prostitución. Lo que Gamboa presenta es un diálogo entre la prostituta mexicana y su amante europeo. En realidad, se trata de una confesión, que ocurre en un espacio y un tiempo marcado por la nacionalidad: Santa dice la verdad sobre sí misma—confiesa ser una prostituta—el día de la independencia nacional y lo hace frente al balcón de Hidalgo. Al reconocerse como prostituta, Santa advierte que se está excluyendo de la nación: el prostíbulo reemplaza a la patria ("mi patria, hoy por hoy, es la casa Elvira) y sin embargo no llega a constituirse como espacio que la aloja " y ni siquiera mía debo llamarla" dice la protagonista (Gamboa 774). La prostituta, como blanco de la criminología, es precisamente un sujeto que, excluido de la nacionalidad, señala por contraste, que la categoría de inscripción a una colectividad es precisamente la ciudadanía, y que esa categoría empieza a definirse en el fin de siglo, a partir de sus límites y de los sujetos que resultan excluidos de ella.

Por eso, la criminología entabla un diálogo con el proyecto de modernización de los estados nacionales. Se presenta como el discurso capaz de hacer visible la diferencia entre normalidad y la patología, entre el ciudadano y el que queda fuera de la nación. Y se propone hacerlo a través de una serie de técnicas que no convocan a la coerción sino a una forma mucho más moderna del poder: la especificación y la vigilancia. Manuel Gutiérrez Nájera no es un criminólogo, pero me interesa leer en sus crónicas, un anticipo de los problemas que constituyen el discurso criminológico: la necesidad de especificar a la multitud, la preocupación por sus intenciones impredecibles, la relación entre femineidad y simulación, la necesidad de una política dirigida a la multitud y el desarrollo de técnicas de control no coercitivas. Precisamente por esto, no es sorprendente que Gutiérrez Nájera dedique otra de sus crónicas del 1883 a las estadísticas. "La estadística es una bella desconocida", dice el cronista, "el empadronador es un ser trágico a quien los porteros miran con recelo" (16). Gutiérrez Nájera no justifica por qué la estadística es necesaria (y menos aún, por qué es bella) pero se queja del modo en que la "gente llana" se resiste al censo. Gutiérrez Nájera exhibe las tretas de los que, como Celsa González, colaboran y simultáneamente se resisten a colaborar con el archivo:

> México es un país de mujeres y de viejos. Las mujeres que se casan nunca tienen descendencia; pero en cambio pierden muchos hijos. La mayoría de los ciudadanos es miserable hasta el extremo, y si no salen todos mendigando, es porque no tendrían a quién pedir limosna. Todos están baldados, cojos, mancos, ciegos, tuertos y—por consiguiente—exceptuados del servicio de las armas. Se verifican pocos matrimonios, cosa que hace inexplicable la cifra altísima de las defunciones. ("¿Cuántos somos?" 17)

El archivo, la estadística, el censo aparecen cuando se deja de pensar en el individuo como un particular y se lo piensa como un caso dentro de una unidad mayor: la especie, la población, etc. La población es protagonista de la escena política cuando se convierte en objeto de ciertos mecanismos gubernamentales destinados a producir efectos y cuando se le pide, como sujeto colectivo que se comporte de determinada manera.[9] Las crónicas de Gutiérrez Nájera anticipan una transformación epistemológica que alcanzará su punto más alto en las primeras dos décadas del siglo XX, cuando el protagonista de la escena política ya no sea la muchedumbre, la

---

9. Sigo aquí el planteo de Foucault en "Sécurité, territoire, population". Foucault diferencia también, población y pueblo. El pueblo es aquello que se comporta en relación a la gestión de la población, al mismo nivel que la población, como si no formara parte de ese sujeto-objeto colectivo que es la población, como si se pusiera fuera de ella y en consecuencia es aquello que en tanto que el Pueblo rechaza ser parte de la población viene a desregular el sistema.

multitud sino la población, cuando es cada vez más claro que un proyecto político y cultural nacional deberá incluir, necesariamente, una reflexión sobre la multitud.

Bibliografía

Aguilar Ochoa, Arturo. *La fotografía durante el imperio de Maximiliano*. México: UNAM, 1996.

Cortés-Rocca, Paola. "Subjectivities and Techniques of Control in Late Nineteenth-Century Mexico: Emperor Maximilian's 'Registro de mujeres públicas.'" *Journal of Latin American Cultural Studies* 14.2 (2005): 211-222.

Darío, Rubén. "Palabras liminares". *Obras completas II. Prosas profanas y otros poemas*. Madrid: Mundo latino, 1917-1919. Primera edición: Buenos Aires: Imprenta Pablo E. Coni e Hijos, 1896. 5-11.

—. "Divagación". *Obras completas II. Prosas profanas y otros poemas*. Madrid: Mundo latino, 1917-1919. Primera edición: Buenos Aires: Imprenta Pablo E. Coni e Hijos, 1896. 21-32.

—. "Prefacio". *Cantos de vida y esperanza. Los cisnes y otros poemas*. F. Granada y C Editores: Madrid, 1907. Primera edición: Madrid: Tipografía de Revistas de Archivos y Bibliotecas, 1905. 3-5.

—. "El periodista y su mérito literario". *Obras completas XII. Impresiones y sensaciones*. Madrid: G. Hernández y Galo Sáez, 1925. 219-20.

—. "Dilucidaciones". *Obras completas XVI. El canto errante*. Madrid: Mundo latino, 1917-1919. Primera edición: Madrid: M. Pérez Villavicencio, 1907. 3-15.

—. "Epístola a la Señora de Lugones". *Obras completas XVI. El canto errante*. Madrid: Mundo latino, 1917-1919. Primera edición: Madrid: M. Pérez Villavicencio, 1907. 135-144.

—. "La mujer española". *Obras completas XIX. España contemporánea*. Madrid: Mundo Latino, 1917-1919. Primera edición: París: Librería de la Vda. de Ch. Bouret, 1901. 321-8.

—. "El modernismo". *Obras completas XIX. España contemporánea*. Madrid: Mundo Latino, 1917-1919. Primera edición: París: Librería de la Vda. de Ch. Bouret, 1901. 269-274.

Díaz Quiñones, Arcadio. "Martí: la guerra desde las nubes." Op. Cit. *Revista del Centro de Investigaciones Históricas* 9. Recinto de Río Piedras: Universidad de Puerto Rico, 1997.

Foucault, Michel. "Sécurité, territoire, population". *Cours au College de France*. 1977-1978. Paris: Gallimard, 2004.

Gamboa, Federico. *Santa*. Madrid: Cátedra, 2002.

Gutiérrez Nájera, Manuel. *Los imprescindibles*. México: Ediciones cal y arena, 1998. Selección y prólogo de Rafael Pérez Gay.

Martí, José. "El Puente de Brooklyn." *Obras completas IX*. La Habana: Editorial de Ciencias Sociales, 1975. Primera edición: La América. Nueva York, junio de 1883. 421-432.

—. "17. Carta de Nueva York." *Obras completas IX*. La Habana: Editorial de Ciencias Sociales, 1975. Primera edición: La Opinión Nacional, Caracas, 21 de enero de 1882. 219-228.

—. "32. Carta de Martí." *Obras completas IX*. La Habana: Editorial de Ciencias Sociales, 1975. Primera edición: La Nación, Buenos Aires, 13 y 16 de mayo de 1883. 239-297.

Montaldo, Graciela. *La sensibilidad amenazada: fin de siglo y modernismo*. Buenos Aires: Beatriz Viterbo, 1994.

Ramos, Julio. *Desencuentros de la modernidad en América Latina. Literatura y política en el siglo XIX*. México: Fondo de Cultura Económica, 1989.

Pasiones fatales: consumo, bandidaje y género en *El Zarco*

Juan Pablo Dabove & Susan Hallstead
University of Colorado at Boulder

10

1. Bandidaje y producción de sujeto (masculino)

La literatura mexicana postcolonial surge del cadáver putrefacto de un bandido rural. Hacia el final del libro quinto de *El Periquillo Sarniento*, de José Joaquín Fernández de Lizardi (reputada como la primera novela poscolonial mexicana), Perico camina solo e indigente por un camino de Río Frío, después de su fracasada experiencia como adlátere (no participante) de una banda de bandoleros que encuentra un súbito final en una trampa de la Acordada. Perico ya conoce abundantemente los extremos cíclicos de la riqueza y la desposesión que son la común suerte del pícaro. Pero en ese solitario camino, algo definitivo le ocurre. En un árbol en una encrucijada encuentra el cadáver colgado por la Acordada, de Januario—su amigo de juventud y capitán de bandoleros. Perico entiende que este encuentro no es una casualidad, sino una "lección" y escribe, en el árbol fatídico del que colgaba el cadáver, un soneto alusivo.[1]

---

1. Aunque diversas ediciones proveen diversas versiones del soneto, ésta es la que predomina en las ediciones modernas: "¿Conque al fin se castigan los delitos, / y el crimen siempre su cabeza erguida / no llevará? Januario, aunque sin vida / desde ese tronco lo publica a gritos // ¡Oh, amigo malogrado! Estos distritos / salteador te sufrieron y homicida; / pero una muerte infame y merecida / cortó el hilo de excesos tan malditos. / Tú me inculcaste máximas falaces / Que mil veces seguí con desacierto; / mas hoy suspenso de un dogal deshaces / las ilusiones. Tu cadáver yerto / predica desengaño, y las veraces / lecciones tomo que me das ya muerto" (416).

Este encuentro es el punto decisivo de la novela, su centro inaparente. Por este encuentro, Perico abandona su carrera de pícaro, se redime y deviene Don Pedro: ciudadano modelo, esposo, padre, propietario. Perico se transforma, de un sujeto definido a partir del descaminado paradigma genealógico colonial, en un sujeto moderno, definido por un paradigma genético donde la identidad no se hereda, sino que se produce, y que no radica en la performance (el mundo del pícaro, emblema en la novela del mundo colonial, es un teatro inestable de la identidad), sino en la conciencia. Y por sobre todo, se transforma en escritor (el autor de sus memorias *in articulo mortis* que forman el cuerpo de *El Periquillo Sarniento*).

Hay dos dimensiones centrales a este encuentro entre bandido y letrado que quisiéramos comentar. *La primera es el rol del estado en la producción del letrado* (un estado enteramente hipotético al promediar la guerra de independencia mexicana, cuando la novela se publicó—la acción de la novela ocurre, en su mayor parte, durante las postrimerías de la Colonia). La Acordada ejecutó a Januario, pero lo que es más importante, exhibió su cadáver. No lo sabemos con certeza, pero Januario probablemente no murió ahorcado, sino fusilado o en un enfrentamiento y fue colgado después, ya muerto (como ocurre con el Zarco en la novela homónima de la que hablaremos luego). Colgarlo en una encrucijada es un gesto adicional, un exceso (no de violencia, sino de sentido), que demuestra que en esa muerte había un mensaje—interpelación, mandato o amenaza— para aquellos que lo contemplen, que ese cuerpo no sólo es un cuerpo muerto, sino un cuerpo escrito, y que el origen de esa escritura es el estado.[2] Ese teatro de la ley, como forma de interpelación estatal, es la fuente de la redención de Perico, y, más importante, el origen de la novela.

El estado proveyó el evento que organizó el nomadismo del pícaro en una "vida" burguesa posible de narrar como aprendizaje ética y políticamente relevante, esto es, transformó la insensata

---

2. Una magnífica conceptualización de la naturaleza semiótico-política de este exceso puede encontrarse en Teskey. Para una aplicación de esa conceptualización al caso de los bandidos latinoamericanos, ver Dabove, *Nightmares*. Para un estudio de las prácticas punitivas de la Acordada en México, ver MacLachlan. Por su parte, ver Vanderwood para un estudio histórico comprensivo del tema del bandidaje en el siglo XIX mexicano (incluyendo las prácticas de castigo sumario aplicadas a los bandidos).

errancia picaresca en una *biografía*. Esa biografía, bajo la forma de las memorias escritas de Don Pedro, quiere ser una lección de vida para sus hijos. Pero Don Pedro es menos el autor de esa lección de vida, que el traductor en palabras de la severa lección que el estado le enseñó a él, al leerla en el cuerpo muerto de Januario (Don Pedro provee los hechos, pero el estado proveyó el sentido, la forma narrativa de la cual los hechos son sólo una ilustración). Por eso dijimos: la literatura mexicana postcolonial surge del cadáver putrefacto de un bandido rural.

La segunda dimensión (complementaria de la anterior) es el rol del estado en la producción de la correcta masculinidad. Perico se convierte en un sujeto moderno. "Sujeto" es, desde luego, la universalización eufemística de "hombre". Devenir Don Pedro, dejar de ser Perico, significa instalarse en emplazamientos de sujeto marcados por (o constitutivos de) su género: letrado, padre, propietario, esposo. Por el encuentro con el bandido su experiencia deviene capital cultural al seno de una sociabilidad masculina (las memorias no son donadas a la esposa, o directamente a los hijos, sino al "El Pensador Mexicano"—nombre de pluma de Fernández de Lizardi—quien administra esa memoria). Y, más importante aún: por el encuentro con el bandido Perico escapa de la interpelación materna, de la deletérea influencia de la mujer como vector definidor de su masculinidad, origen declarado de su devenir-Pícaro (ver al respecto el Libro I, donde se encuentran repetidas declaraciones al respecto de la nefasta influencia de su madre en su vida). Januario resume así dos líneas de sentido: era un capitán de bandidos, pero también era el más depravado de sus amigos de infancia.[3] Su cadáver pertenece así a dos esferas: la de la fraternidad de los bandidos, la de la infancia y juventud de Perico, dominada por el *ethos* materno.[4] Por ello, el bandidaje funciona como un significante con

---

3. Ver el Libro I de la novela. Januario introduce a Perico en el universo picaresco, sus espacios (el arrastraderito), hábitos (el alcohol, el juego, la vagancia), lenguaje (la "dialéctica leperuna"), y prácticas (robo, fraude, simulación, mendicidad). Asimismo, presenta ante Perico el "caso" a favor de ese universo, arguyendo el carácter universal del crimen (en particular, el robo) como regulador de las relaciones sociales (151-154).

4. Que sostiene la pertenencia de los Sarmiento al patriciado criollo, en tanto "descendiente de los Ponces, Tagles, Pintos, Velasco, Zumalacárreguis y Bundiburis" (150), atribución de linaje que impide, por años o décadas, que Perico se transforme en un sujeto productivo.

dos valores diversos pero intricados. Por un lado, *es un límite que no se puede cruzar* sin riesgo de polución irreversible. (Perico, que en su dilatada carrera como pícaro fue tantas cosas, nunca llega a ser un bandolero.) Como se ha explicado en otro lugar (Dabove, *Nightmares*) el bandidaje metaforiza los riesgos de un principio de soberanía "popular" no letrada como alternativa (clausurada) al decrépito orden colonial. Por otro, el bandido metaforiza *el límite último del reino que se debe abandonar*: en este caso el de la mujer, la madre. El crimen es el avatar extremo del ciclo que comienza con la defección de la autoridad paterna (la crónica debilidad moral del por otro lado bienintencionado padre de Perico) y el ascenso de la femenina. En la novela la madre conjuga, *de manera literal*, los vicios de la condición femenina, y *de manera alegórica* los vicios del orden colonial. La resolución feliz de la novela es posible porque el estado toma a su cargo la producción de la masculinidad correcta exorcizando la amenaza femenina / colonial.[5]

El bandido como tropo cultural puede ser articulado de maneras diversas en un conflicto dado (ver Dabove, *Nightmares*). En *El Periquillo Sarniento* el bandido funciona como un tropo de alteridad radical, de aquello que debe ser deliberada y espectacularmente suprimido sin resto ni continuidad con el presente. Pero esta alteridad es doble: la amenaza del orden colonial expirante (el bandido imagen del pasado), y la amenaza de la soberanía popular emergente (el bandido imagen del futuro). Así, es un tropo de alteridad, pero que, como cualquier tropo, no necesariamente funciona de manera unívoca o coherente sino como series o constelaciones (o "complejos heterotrópicos" [Dabove y Jáuregui]). Podemos reconstruir una constelación similar en otras de las grandes novelas de bandidos del siglo XIX: *El Zarco* (publicada póstumamente en

---

5. Las narrativas de bandidos son decididamente masculinistas. La mujer suele aparecer relegada a los roles de *mediación del honor masculino* (la ofensa que el estado infiere al campesino ocurre usualmente en el cuerpo de la mujer; o inversamente: la ofensa que el bandido infiere al poderoso ocurre en el cuerpo de la mujer, como las violaciones de blancas), o de *motivo de perdición* (por traición o debilidad). Hay notables excepciones, como la novela brasileña *O Cabelleira*, de Franklin Távora, donde la mujer es un principio activo de redención (fallida) del bandido, redención que se eleva a metáfora de la reconciliación política (imposible) entre el orden colonial en declive y el nacional emergente.

1901), de Ignacio Manuel Altamirano. A ella dedicaremos las páginas que siguen.

2. El Zarco: bandidaje y masculinidad

El Zarco es la historia de dos romances que ocurren en el confuso período que va del final de la Guerra de los Tres Años a la Intervención. Por un lado, el romance del modélico Nicolás y la modesta Pilar; por otro, el de la vana Manuela y el Zarco, capitán de los Plateados.[6] Al inicio de la novela, estos pares no están del todo definidos, porque Nicolás, contra toda esperanza, corteja cotidianamente a Manuela, quien lo desprecia, por indio y por proletario. Manuela escapa con el Zarco—de quien era amante clandestina—sólo para experimentar una temprana desilusión ante la realidad poco romántica del bandidaje rural mejicano. Enfurecido ante el desprecio de Manuela, que reconsidera sus sentimientos por Nicolás, sobre todo cuando se entera que Nicolás ha reconsiderado los suyos y se va a casar con Pilar, Zarco planea emboscar y matar a Nicolás, sólo para caer en una emboscada de Martín Sánchez Chagollan, el ranchero devenido cazador de bandidos y protoforma de los Rurales. Manuela muere, incapaz de enfrentar la doble ignominia de ser la querida de un bandolero en desgracia—y que se había revelado menos que su leyenda—y haber perdido a Nicolás a manos de una rival que considera inferior. Muere, curiosamente, como la heroína romántica que siempre quiso ser: vomitando sangre, al pie del árbol del que colgaba su amante ejecutado.

En las muchas lecturas críticas de *El Zarco*, se ha enfatizado cómo la diada bandido / ciudadano reproduce, según los modos que son propios de Altamirano, las oposiciones claves del siglo XIX mexicano: (1) una población rural premoderna o híbrida que resiste su incorporación inequitativa a un proyecto de desarrollo desigual y combinado (los Plateados), frente a un proletariado rural moderno

---

6. Los Plateados fueron una banda o conjunto de bandas que surgieron en México central en el contexto de las guerras civiles de mediados del siglo XIX, y las disrupciones institucionales y económicas que implicaron. Su pericia marcial, su atuendo y apero (profusamente imbricados de plata, de allí el nombre), su número y su cruda soberanía los convirtieron en el ícono por excelencia del bandido mexicano decimonónico. Para un recuento de la saga de los Plateados, ver Vanderwood.

idealizado y que busca incorporarse al proyecto nacional capitalista (Nicolás); (2) Ilegalidades populares demonizadas que se oponen a (o son alternativas a) el estado-nación en ciernes, contra sectores que apoyan a (o son constitutivas de) la soberanía estatal (el tríptico Nicolás / Martín Sánchez Chagollan / Benito Juárez); (3) Una ideología racista blanca / europeísta / conservadora, frente a una ideología del mestizaje / americanista / liberal (ver, entre otras contribuciones a este debate, Escalante, Palti, Melgarejo-Lund, Parra, entre otros).

Una cuarta línea de lectura, más cercana a nuestro argumento aquí, atiende a la puesta en escena de una cierta ansiedad en torno a la definición de la forma adecuada de masculinidad moderna, una masculinidad en construcción a medida que México se establece como nación y sobrelleva el proceso de la modernización liberal de signo europeísta. El bandido rural fue en el siglo XIX, para la exaltación o la infamia, emblema de cierta versión (o de múltiples versiones) de la masculinidad mexicana, y de sus relaciones con el proyecto nacional. Esta línea de indagación es desarrollada por Chris Frazier, quien en *Bandit Nation* analiza los múltiples espacios discursivos donde el bandidaje da expresión visible a las posibilidades o imposibilidades (raciales, culturales, económicas, etc.) del proyecto nacional mexicano. Sin enfatizar en las narrativas de bandidos per se, algo similar hace Robert McKee Irwin (*Mexican Masculinities*, capítulo I), como parte de su mapeo de las "masculinidades mexicanas". Asimismo, Paul Vanderwood (*Disorder and Progress*) presta cierta atención a la disputa simbólica entre Plateados y Rurales como íconos en competencia de la masculinidad mexicana.

Así, es posible (y verosímil) sostener que la oposición Nicolás / Zarco escenifica una disyunción entre una masculinidad moderna (la de Nicolás) y una masculinidad pre moderna o colonial o conservadora (en la novela todos estos atributos funcionan al unísono) degradada y finalmente suprimida, la del Zarco y los Plateados. Pero en estas páginas nos interesa proponer otra interpretación, que no niega la anterior (la literatura, sabemos, funciona más allá del principio de no contradicción), pero que reubica la oposición axial de la obra. Podemos pensar que al mismo tiempo que el Zarco y Nicolás dan cuerpo a dos posibilidades (pre moderno / moderno) de lo masculino, dan también cuerpo a dos posibilidades excluyentes al seno del proyecto moderno, a *un debate violentamente resuelto entre dos imágenes del futuro,* un futuro (deseado) dominado por la producción como instancia articuladora de la identidad masculina (y por extensión, de todas las instancias sociales), emblematizado en Nicolás, frente a un futuro (exorcizado) dominado por el consumo improductivo y la ostentación emblematizado en el Zarco, y donde el privilegio epistemológico reside no en el hombre, sino en la mujer (Manuela).

Esta hipótesis, que argumentaremos a continuación, tiene una virtud: nos permite leer la novela como lo que es, una novela del fin de siglo XIX que pone en escena ansiedades típicas del fin de siglo XIX, no de la Reforma o de la Intervención, que es el énfasis que se suele dar a la obra. Entre esas ansiedades del fin de siglo se cuenta de manera eminente la ansiedad relacionada con el consumo como espacio creciente de articulación de las relaciones sociales, el surgimiento de un mercado de productos culturales que erosiona las jerarquías y rituales de producción y recepción de productos culturales, y el efecto de este doble proceso sobre la identidad nacional finisecular, a la vez auspiciada y amenazada por la modernidad (ver Hallstead, *FashioNation*, capítulo 4, "Fashionable Desires").

De este modo, la distinción entre bandido y ciudadano no corresponde únicamente a dos posiciones ante la ley, o mejor: la posición ante la ley es un significante de dos posiciones con respecto al sistema económico, que para Altamirano tienen implicaciones morales, políticas y de género: la diferencia entre hombres que se definen como productores (los hombres del "gran renunciamiento" decimonónico) [7] y hombres que se definen como consumidores, en particular, por el consumo emblemático de la época: el consumo de ropa. Esto puede parecer algo extemporáneo, cuando hablamos de

---

7. El "gran renunciamiento" (*Great Renunciation*) ocurrió a mediados del siglo XIX y se caracterizó por un notable cambio en los hábitos de consumo masculinos (y en particular, en su vestimenta y ornato). En comparación con la vestimenta masculina del *ancien régime*, marcada por el exceso y la opulencia en las telas y los adornos, en la moda para los hombres burgueses del siglo XIX resaltaba la simpleza (al menos, en tanto significante) cuyo emblema—hasta hoy en día—es el traje de tono sombrío. Ese cambio, en gran medida resultante de la Revolución Industrial, reflejó un cambio en actitud hacia el trabajo donde la utilidad y el sentido práctico reinaban como rasgos definitorios de la *performance* de la masculinidad. Fue con este cambio que la vestimenta femenina, por contraste, adquirió por décadas su naturaleza comparativamente mucho más complicada, ornamentada y restrictiva (Entwistle).

un bandido rural, pero recordemos que es un procedimiento común representar el futuro radical usando una imagen del pasado radical. (Pensemos en Osama Bin Laden. De una familia de magnates sauditas de la construcción, jefe de una red terrorista de alcance global, Bin Laden es todo menos un sujeto premoderno. Si algo, es un emblema de las paradojas de la posmodernidad. Sin embargo, la imagen de Bin Laden que los medios masivos invariablemente prefieren es la de un pastor rústico, que desciende de una montaña virgen con ayuda de su cayado. Más un patriarca del Antiguo Testamento, que un guerrero global). Así, a la masculinidad sobria e inaparente de Nicolás se opone la masculinidad exhibicionista y provocativa del Zarco, que evoca metafóricamente la masculinidad excesivamente teatral y por ello problemática del dandy (sobre la figura del dandy, ver Breward).[8] Desde luego, el Zarco no es un dandy *à la Oscar Wilde*. Pero como los cangaceiros del nordeste de Brasil (que favorecían el sólido oro antiguo en lugar de la plata) los Plateados eran cuidadosos administradores de su imagen. Y como el nombre mismo "Plateados" indica, subsumían su identidad en una imagen pública mediada o creada por su indumentaria (y su apero ecuestre) y en el efecto escandaloso de esa indumentaria, a la vez una exhibición excesiva de afluencia y una apropiación transgresiva de prendas y materiales que el sistema de deferencia rural reservaba para los hacendados, y vedaba a los campesinos. El Zarco es un dandy de la misma manera equívoca que un *gansta-rapper*, un músico de reggaetón o un narcotraficante pueden serlo, y aquél convocaba en la imaginación del XIX la misma equívoca fascinación que éstos convocan en nosotros.[9]

Consideremos algo más en detalle el contraste entre Nicolás y Zarco (y entre Yautepec y Xochimancas). Nicolás es un he-

---

8. Si bien el dandy ha sido interpretado como una figura "verdaderamente" moderna (ver, por ejemplo, Entwistle 127), ya que su consumo permite su ascenso social (ascenso basado en la apariencia y no en la herencia, o los lazos de parentesco), para Altamirano, el consumo conspicuo de los Plateados representa la antítesis de lo moderno (de la versión de lo moderno por la que Altamirano aboga) toda vez que el consumo anómalo de los Plateados no aporta nada al proyecto nacional moderno (ver Hallstead, "FashioNation").

9. La figura del dandy convoca la idea de una cierta feminización de la figura masculina, que parecería del todo fuera de lugar en el caso de Zarco. Sin embargo, luego de su presentación inicial como una especia de

rrero que trabaja para la hacienda de Atlihuayán. Su profesión, es magníficamente ajustada a los propósitos de Altamirano. Lejos de ser presentado como un campesino explotado, o un proletario alienado, Nicolás aúna en tanto herrero todas las dimensiones que lo hacen para Altamirano un emblema de la masculinidad moderna. Ejerce un control aparente de medios de producción de notable resonancia simbólica: el fuego, el metal incandescente, el yunque, el martillo. A diferencia del campesino, doblado en la muda servidumbre a la tierra (y al propietario de la tierra), o del mozo de hacienda, actuando permanentemente los ritos de deferencia hacia el hacendado,[10] el herrero trabaja erecto, y domina su materia por la violencia, una violencia, sin embargo, sabiamente administrada en aras de la producción. En tanto herrero, es tanto un trabajador al servicio del capitalismo como un artista que transforma la materia bruta en cultura. Así, Nicolás es un emblema de la modernidad sin sus bemoles, dado que es una especie de grado cero del trabajo, no marcado de antemano ni como proletario, ni como artesano, ni como pequeño capitalista. Además, es importante notar que el trabajo de herrero—como el trabajo en general—nunca se representa en la novela: Nicolás aparece yendo y viniendo de la hacienda donde está la herrería, pero nunca en ella. El trabajo funciona como un puro reaseguro simbólico, como el origen o el anclaje de la masculinidad de Nicolás, y de su relevancia política y cultural. El trabajo, es así, representado *metonímicamente*, por medio de sus efectos en la identidad de Nicolás.

Nicolás vive en un momento histórico lleno de riesgos: bandidaje epidémico, insurgencias de todo signo, invasiones extranjeras pasadas y por venir. Su circunstancia personal no es mucho más apacible: el comandante militar lo lleva preso y apenas se salva de que le apliquen la ley fuga, los Plateados detestan su valentía y no les molestaría verlo muerto, el Zarco jura vengarse de que le haya robado el corazón de Manuela. Pero el único *verdadero* riesgo que

---

Uber-figura masculina, el personaje del Zarco revierte, de manera algo súbita, hacia un área donde su masculinidad se pone en cuestión, cuando no queda interdicta por entero (cuando se muestra, frente a otros bandidos de Xochimancas, incapaz de retener a Manuela, llegado el caso).

10. El Zarco fue un mozo de hacienda, y el recuerdo de esa deferencia lo hiere (24), del mismo modo que la inversión de esa deferencia (donde los hacendados, aterrados ante el capitán de bandidos actúan como sus mozos de estribo) lo exalta (26).

Nicolás reconoce correr en toda la novela es el de deponer su soberbia (aunque sobria) masculinidad, cuando permite que la misma sea puesta en cuestión por el notorio desprecio de Manuela, que invariablemente se refiere a él como "indio horrible". Consentir o casi consentir a esta interpelación, a ser definido por Manuela (en términos de clase, raciales, culturales), es lo que Nicolás llama su "enfermedad", que podríamos elucidar como el riesgo de la "doble conciencia" (volveremos a Manuela más adelante).[11]

Hacia el final de la novela Nicolás es una suerte de líder civil de Yautepec (paralelo a Chagollan, líder militar): su seguridad cuando preso es un asunto de incumbencia municipal, su casamiento es un evento del que toda la población participa. Eso no es resultado ni de su ideología (ausente, más allá de su inconmovible civismo) ni de su (más bien escasa) sagacidad política, sino de su resonancia simbólica con Yautepec, que se erige de una utopía posible al principio de la novela en una utopía actual, toda vez que concilia la sociedad civil y el estado (que como el encuentro entre Chagollán y Juárez ilustra, surge idealmente de la sociedad civil y sus necesidades), y el capitalismo y la comunidad orgánica. En Yautepec no hay contradicciones de clase, ni alienación, ni plusvalía, ni distinción entre la esfera económica y la cultural, entre el trabajo y el ocio, entre lo público y lo privado. La condición de posibilidad de esta utopía es la naturaleza con cuya representación se abre la novela:[12]

> Yautepec es una población de la tierra caliente, cuyo caserío se esconde en un bosque de verdura.
>
> De lejos [...] siempre se contempla a Yautepec como un inmenso bosque por el que sobresalen apenas las torrecillas

---

11. Recordemos además que Manuela no sólo refiere a Nicolás como "indio horrible" sino en términos de su aparente carencia de masculinidad a partir de la (errónea) apreciación de su incapacidad de defenderse de los Plateados: "Pero si ese hombre de bien [Nicolás] no es más que el herrero de la hacienda de Atlihuayán, y si el mismo dueño de la hacienda, que está en México, y que es un señorón, no puede nada contra los *plateados*, ¿qué había de poder el herrero, que es un pobre artesano?" (9).

12. La descripción de la naturaleza es muy importante para Altamirano, en la línea de *María*, de Jorge Isaacs. Así, la hibridez de la naturaleza (americana y oriental) en Guadalajara en *Clemencia* replica la hibridez de Clemencia (una belleza a la vez europea y oriental). Así, en *La Navidad en las montañas* la naturaleza funciona como un límite entre

de su iglesia parroquial.

De cerca, Yautepec presenta un aspecto original y pintoresco. Es un pueblo mitad oriental y mitad americano. Oriental, porque los árboles que forman ese bosque de que hemos hablado son naranjos y limoneros, grandes, frondosos, cargados siempre de frutos y de azahares que embalsaman la atmósfera con sus aromas embriagadores. Naranjos y limoneros por donde quiera, con extraordinaria profusión. *Diríase que estos árboles son el producto espontáneo de la tierra*; tal es la exuberancia con que se dan, agrupándose, estorbándose, formando ásperas y sombrías bóvedas en las huertas grandes o pequeñas que cultivan los vecinos [...] Mignon no extrañaría su patria, en Yautepec, donde los naranjos y limoneros florecen en todas las estaciones. (3)

El pueblo está "escondido en un bosque de verdura". Pero el bosque está compuesto de limoneros y naranjos, de los cuales "los vecinos viven casi exclusivamente" vendiendo los cítricos a la ciudad de México. Plantas de la producción, entonces. No verdadera naturaleza, sino un simulacro de naturaleza, capital. A pesar del bucolismo de la descripción, Yautepec no está enmarcado por un bosque, sino por una plantación o grupo de plantaciones de diversa envergadura. Así, la producción, que ocurre constante y silenciosamente ante nosotros es tan obvia como para ser inaparente. En la novela nunca vemos a nadie producir nada, pero esto es así porque la producción es menos un proceso representado que el espacio que define las condiciones de representación. Ésa es la astucia de Altamirano: hacer de su versión del capitalismo y del hombre que surge de él no un producto histórico, sino una segunda naturaleza.[13]

En Xochimancas, por contraste, reina una enfermiza pasión por la posesión y la exhibición: por eso el énfasis en los vestidos bordados de plata, por eso la febril y caótica acumulación de bienes, algunos de los cuales son tesoros, y otros desperdicios, por eso

---

la historia—la guerra, de la que viene el narrador—y la utopía—el pueblo donde todo se concilia.

13. Que ésta es una estrategia deliberada (y por ende, cargada de significado) puede constatarse ante el hecho de que Yautepec linda con una realidad agraria del todo diferente: las haciendas azucareras que rodean el pueblo (4), donde la diferencia entre naturaleza y plantación es insoslayable, y donde el trabajo es innegable, e innegablemente brutal.

la farsa del baile (con música formal) en el salón de la arruinada hacienda. Pero nadie usa lo que adquiere por el robo para nada productivo, o siquiera "racional". Xochimancas está llena de tesoros, pero es a la vez una ruina—a medio destruir—y un asentamiento precario—a medio construir—donde reinan la suciedad, la promiscuidad y la violencia errática (a diferencia de *El Periquillo Sarniento*, donde la violencia de los bandidos tiene un efecto cohesivo al interior de la banda, el desenlace de *El Zarco* se precipita por la traición de uno de los bandidos, el Tigre [89]).[14]

Según la noción de consumo auspiciada por la ideología de la división social del trabajo, el consumo es una función derivada de la producción y el valor de cambio se subordina al valor de uso: adquiero lo que necesito y no puedo o sé producir, de otro productor, con dinero que obtengo de mi trabajo, produciendo lo que los otros no pueden o no saben. El dinero, y el mercado, desde este punto de vista, son sólo mediaciones entre instancias de producción. En Xochimancas se adquiere lo que no se necesita. Y como los Plateados no saben producir nada (a diferencia de los cangaceiros—incluyendo, notablemente, a Lampião—que eran sastres hábiles en el manejo de la tela y el cuero, los Plateados son del todo inútiles), el consumo no es una operación de intercambio entre productores, sino una relación que sólo puede estar basada en la violencia. Xochimancas era una antigua unidad de producción: una hacienda azucarera, luego abandonada. El purgar, lugar de la hacienda donde se acumulaban antes los panes de azúcar, es ahora el lugar de cautiverio y tortura de las víctimas de plagio (forma de secuestro extorsivo común en la época) (72). La imagen no podría ser más enfática.

Así, Xochimancas es una metáfora de los aspectos más amenazantes de la sociedad de consumo en ascenso. Desligada (económica y moralmente) de la producción, la sociedad de consumo deviene sociedad criminal. "Sociedad de consumo" puede parecer excesivo en una novela donde no hay moneda, ni sistema financiero, ni locales comerciales, ni transacciones de ninguna índole. Pero recordemos que ésta es una novela realista, pero de vena melodra-

---

14. Esta representación entrópica de los Plateados—común y hasta esencial en ciertas narrativas de bandidos—no se corresponde del todo con su realidad histórica: el plagio y la extorsión, como asimismo las relaciones al interior de la banda y con los otros factores de poder locales y regionales que se regulaban a partir de un definido sentido de la administración de la violencia (Vanderwood).

mática, donde se representan extremos incomunicables. Xochimancas como sociedad criminal no es una representación: es una *reductio ad absurdum* y la forma de una pesadilla cultural.

3. Manuela: monstruosidad y consumo

El Zarco es un bandido: robar, extorsionar y matar por oro o plata parecen ser las definiciones cruciales de su masculinidad, tipo de masculinidad que en la novela, casi llega a erigirse en el modelo de masculinidad dominante en términos políticos, marciales y culturales (25). En contraste con el modelo burgués/moderno de masculinidad (control de los impulsos, invisibilidad de lo corporal) la violencia del Zarco deriva de sus pasiones desordenadas. Pero esas pasiones desordenadas se alimentan de las pasiones desordenadas de otro personaje: Manuela, el verdadero origen de todos los riesgos de la novela. El Zarco no roba nada para sí (más allá de la exhibición de plata en su atuendo y su apero). Cuando roba, mata y tortura, es para obtener joyas, monedas, vestidos para su amante, Manuela. El deseo de Manuela define las acciones del Zarco, y esa confusión de las jerarquías (y que equivale a una interdicción de un modelo de masculinidad) es el riesgo que la novela exorciza.[15] *El Zarco* está poblado de personajes brutales: asesinos de niños y mujeres, violadores, torturadores. Sin embargo, la novela llama "monstruo" y "demonio", de manera inequívoca, a uno solo, el menos previsible: Manuela. En la escena del *rendezvous* con el Zarco en la huerta, el narrador medita: "Si en aquella noche oscura, en medio de aquella huerta solitaria, alguien acostumbrado a leer en las fisonomías, hubiera contemplado a aquella linda joven [...] de seguro habría encontrado en esa figura singular, algo de espantosamente siniestro y repulsivo, como una aparición satánica" (22-23). Y más adelante: "Él, Nicolás, el pobre herrero de Atlihuayan, se había escapado de aquel monstruo. Había estado amando á un demonio, creyéndolo un ángel" (49). De hecho, la novela no termina con la muerte del

---

15. No por casualidad, las relaciones iniciales del Zarco y Manuela están rodeadas de un marco que alude (explícitamente) al jardín del Edén y la escena de la tentación y la caída. Aunque podría argumentarse que es el Zarco quien tienta a Manuela (una de las joyas que el Zarco le regala representa una serpiente) es Manuela quien precipita al Zarco en su caída.

bandido (que es, al fin y al cabo, narrada de manera sumaria, y algo anticlimática),[16] sino con la de Manuela: loca, en un éxtasis de la pasión maldita a la que se entrega, vomitando sangre por la boca (la muerte romántica *par excellence*, recordemos):

> —¡No—respondió Manuela—, moriré contigo! ... Prefiero morir a ver a Pilar con su corona de flor de naranjo al lado de Nicolás, el indio herrero al que dejé por ti...
>
> [...] [¡] Yo no quiero casarme, yo quiero ser la querida del Zarco, un ladrón!...
>
> En esto alzó la cabeza; vio el cuerpo colgado [del Zarco]..., después contempló a los soldados, que la veían con lástima, luego a don Martín, luego al Tigre, que estaba inclinado y mudo, y después se llevó las manos al corazón, dio un grito agudo y cayó al suelo. [...]
>
> Dos soldados fueron a levantarla, pero viendo que arrojaba sangre por la boca, y que estaba rígida y que se iba enfriando, dijeron al jefe:
>
> —¡Don Martín, ya está muerta!
>
> —Pues a enterrarla—dijo Martín con aire sombrío—, y vámonos a concluir la tarea.
>
> Y desfiló la terrible tropa lúgubre. (89-90)

Esa muerte no es una coda añadida por amor a la simetría o a la justicia poética, sino un evento central. Allí desaparece una amenaza paralela a la del bandidaje, y hasta cierto punto, más cercana a las preocupaciones de Altamirano como hombre de letras finisecular: desaparece un modo de consumo cultural alternativo, no mediado por la autoridad masculina letrada. De hecho, éste es un tema dominante en la obra narrativa de Altamirano. Salvo en *La navidad en las montañas*, sus otras obras narrativas (*Clemencia, Antonia, Julia, Beatriz* y *Atenea*) hablan de los riesgos que para el hombre supone la perfidia o la estupidez de la mujer lectora o artista, que tiene acceso al consumo de productos culturales europeos no me-

---

16. "Los soldados arrimaron al Zarco junto al tronco y dispararon sobre él cinco tiros, y el de gracia. Humeó un poco la ropa, saltaron los sesos, y el cuerpo del Zarco rodó por el suelo con ligeras convulsiones. Después fue colgado en la rama, y quedó balanceándose allí" (89).

diado ni administrado por el hombre, acceso que le permite intervenir decisivamente en la definición de uno de los tipos de masculinidad en juego. Manuela, encarna así a la mujer consumidora/devoradora del siglo XIX cuyo consumo resulta en la destrucción, simbólica o real de la comunidad (ver Hallstead, "Disease and Immorality"). En el caso de Manuela, esta destrucción es la muerte de su madre y podría haber sido la destrucción de Nicolás y tal vez de Yautepec.

Pero veamos esto un poco más en detalle. La entrada del Zarco en la novela es claramente celebratoria: aparece en un ambiente romántico—la luna, las montañas, el camino de altura, los sonidos bucólicos. Es un joven de belleza excepcional, contemplativo (se detiene a mirar el paisaje), artístico (canta una balada de bandidos), tiene un gusto aventurado pero interesante en el vestir, es blanco, convoca inequívocamente imágenes del noble bandido de la literatura europea:

> El jinete [...] en la actitud más tranquila, parecía abandonarse a una deliciosa meditación, cruzando una pierna sobre la cabeza de la silla, como las mujeres, mientras que entonaba, repitiéndola distraído, una copla de una canción extraña, compuesta por bandidos y muy conocida entonces en aquellos lugares. [...] El jinete, caminando así a mujeriegas, no parecía darse prisa por bajar al llano, y de cuando en cuando se detenía un momento, para dejar que su caballo respirara y para contemplar la luna por los claros que solían dejar los árboles y la montaña.

> [El Zarco] Era un joven como de treinta años, alto, bien proporcionado, de espaldas hercúleas y cubierto literalmente de plata. El caballo que montaba era un soberbio alazán, de buena alzada, musculoso, de encuentro robusto, de pezuñas pequeñas, de ancas poderosas, como todos los caballos montañeses, de cuello fino y cabeza inteligente y erguida. [...]

> El jinete estaba vestido como los bandidos de esa época, y como nuestros *charros*, los más *charros* de hoy. Llevaba chaqueta de paño oscuro con bordados de plata, calzoneras con doble hilera de *chapetones* de plata, unidos por cadenillas y agujetas del mismo metal; cubríase con un sombrero de lana oscura, de alas grandes y tendidas, y que tenían

> tanto encima como debajo de ellas una ancha y espesa cinta de galón de plata bordada con estrellas de oro; rodeaba la copa redonda y achatada una espesa toquilla de plata, sobre la cual caían a cada lado dos chapetas también de plata, en forma de bulas rematando en anillos de oro [...]
>
> La luz de la luna hacía brillar todo este conjunto y daba al jinete el aspecto de un extraño fantasma con una especie de armadura de plata; algo como un picador de plaza de toros o como un abigarrado centurión de Semana Santa. (16)

En esta presentación, no es sólo la voz del narrador dominante la que habla (notemos que la balada que aquí es considerada encantadora, más adelante en la novela es repugnante, y que la profusión de plata es descripta con la fascinada minucia del *fashionista*, para declararla luego "de mal gusto"). Es que hay, a la manera del estilo indirecto libre de Flaubert, una colusión indiscernible entre la voz del narrador y la de un personaje: Manuela, desde cuya perspectiva (en la tensión de perspectivas) se construye aquí el personaje del Zarco, perspectiva que el narrador luego exitosamente contradice y destruye (destruyendo al Zarco, pero sobre todo, destruyendo a Manuela).

Y la analogía con Flaubert es más que formal: Manuela es una suerte de Emma Bovary de la tierra caliente. Como ella, Manuela es una chica provinciana que ha leído demasiados libros exóticos para su propio bien. Ambas desprecian la realidad provinciana que les tocó en suerte, y quisieran vivir una vida elevada, de pasiones fuertes y aventuras violentas románticas o góticas. Las consecuencias son parejamente fatales: Emma se envenena y muere después de una larga e indigna agonía. Manuela, curiosamente tiene una muerte mucho más romántica: muere loca y vomitando sangre a los pies de su amante ahorcado, muere la muerte que hubiese querido tener su hermana de desvaríos, Clemencia.

No obstante, la tragedia de Emma es personal. A lo sumo familiar. La tragedia de Manuela amenaza con arrastrar a toda la comunidad. Recordemos que para Altamirano la novela es la Biblia del siglo XIX, centro y reaseguro simbólico de la comunidad.[17] Pero

---

17. Dice Altamirano en "Revistas Literarias de México": "La novela es indudablemente la producción literaria que se ve con más gusto por el público, y cuya lectura se hace hoy más popular. Pudiérase decir que es el

la Biblia católica, no la protestante: esto es, una Biblia de acceso restringido, administrado por una clase sacerdotal letrada masculina. "Administrar el libro": determinar las políticas de representación de los sujetos, de los espacios y de las prácticas, y cómo se regula el juego entre saber europeo y realidad americana. Manuela representa un riesgo que debe ser suprimido violentamente porque es ella, a partir de los libros que ha leído, quien da vida al Zarco en la novela como ícono de masculinidad alternativo, de genealogía europea, prolongando y profundizando el error del estado liberal, que hizo de los Plateados héroes de la guerra civil, y amenazando destruir a Yautepec en el proceso. El libre acceso al libro, al saber de otro orden, conduce a la herejía, y al crimen y la muerte. Así, la imagen de la modernidad que la novela excomunica es doble: por un lado, la sociedad de consumo (que desligada de la producción, es una no-sociedad); por otro, a la vez como su subproducto y su condición, el consumo cultural femenino no mediado por la figura masculina—recordemos que la fantasía de la sociedad de consumo como fatalmente feminizada es común en Europa en el XIX (Felski). El desbaratado destino de Manuela es un exorcismo simbólico del riesgo de una instancia interpretativa localizada por fuera de la instancia masculina letrada metropolitana. Es una forma de barbarie aún más peligrosa que la de Salomé Placensia o el Tigre (los camaradas de armas del Zarco, cuya presentación es inconfundiblemente abyecta, y que llenan a Manuela de horror). Así, podemos notar una línea que une las dos narrativas de bandidos que examinamos aquí. De la misma manera que Fernández de Lizardi critica la condición femenina, haciéndola sinónimo del viciado orden colonial, para Altamirano Manuela representa el peligro del consumo como riesgo decisivo del fin de siglo mexicano.

De allí surge un paralelismo y un contraste. En la escena de *El Periquillo Sarniento* con la que abríamos estas páginas, el cuerpo colgado del bandido rural sirve como admonición y como oportunidad de redención para el hombre que devendrá ciudadano y letrado nacional. El bandido marca un límite que no se debe cruzar, y

---

género de literatura más cultivado en el siglo XIX, y el artificio con el que los pensadores de nuestra época han logrado hacer descender a *las masas doctrinas* y opiniones que de otro modo habría sido difícil que aceptasen. [...] Aunque revestida con las galas y atractivos de la fantasía, [...] la novela suele ocultar hoy la biblia de un nuevo apóstol o el programa de un audaz revolucionario" (39).

Perico no lo cruza: la severa lección del estado triunfa, produciendo el hombre adecuado. Manuela ya ha cruzado ese límite (al fugarse con los bandidos, malaconsejada por sus lecturas y por su febril imaginación), y ya no hay salvación para ella: el cuerpo del bandido colgado es la cifra de su perdición, no una postrera oportunidad. La severa lección del estado triunfa otra vez, suprimiendo a la mujer que siguió (literalmente) el camino erróneo: el que llevaba a las ilusorias seducciones de Xochimancas, en vez del que toma Pilar, que lleva a las sólidas realidades de Atlihuayán.

4. Coda

Manuela es un monstruo, dijimos. Como los monstruos de la ciencia ficción, Manuela no destruye: contamina o amenaza contaminar. Y como los monstruos de la ciencia ficción, nunca puede ser del todo derrotado: Manuela muere, pero muere como hubiese querido vivir, como una heroína romántica en riesgo, doblegada por (y entregada a) una pasión prohibida. El estado (bajo la forma de Martín Sanchez Chagollan) restablece el orden con la desaparición física del Zarco y de Manuela, pero la forma de la muerte de Manuela no habla de su fracaso, sino de su éxito (si Xochimancas es una decepción, la encrucijada donde Manuela muere está a la altura de su sed de drama). La forma de su muerte establece, en el punto mismo de su desaparición, las condiciones mismas de su seducción, y por ende, de su probable retorno.

Bibliografía

Altamirano, Ignacio Manuel. *El Zarco*. 1901. México: Porrúa, 1999.

—. *La navidad en las montañas*. 1871. México: Editorial Porrúa, 1999.

—. *Clemencia*. 1869. México: Secretaría de Educación Pública, 1986.

—. *Obras completas XIX. Periodismo Político 2*. México: Consejo Nacional para la Cultura y las Artes, 1989.

Breward, Christopher. *The Hidden Consumer: Masculinities, Fashion and City Life 1860-1914*. Manchester: Manchester University Press, 1999.

Dabove, Juan Pablo. *Nightmares of the Lettered City: Banditry and Literature in Latin America, 1816-1929*. Pittsburgh: University of Pittsburgh Press, 2007.

—. "Demonios culturales: conjuras y exorcismos". *The Colorado Review of Hispanic Studies* 4 (2006): 1-15.

Dabove, Juan Pablo y Carlos Jáuregui. "Mapas heterotrópicos de América Latina". En *Heterotropías narrativas de identidad y alteridad latinoamericana*. Carlos Jáuregui y Juan Pablo Dabove, eds. Pittsburgh: IILI, 2003. 1-30.

Frazer, Chris. *Bandit Nation: A History of Outlaws and Cultural Struggle in Mexico, 1810-1920*. Lincoln: University of Nebraska Press, 2006.

Entwistle, Joanne. *The Fashioned Body: Fashion, Dress and Modern Social Theory*. Cambridge: Polity Press, 2000.

Escalante, Ovidio. "Lectura Ideológica de dos novelas de Manuel Altamirano". En *Homenaje a Ignacio Manuel Altamirano (1834-1893)*. Xalapa: Universidad Veracruzana, 1997.

Felski, Rita. *The Gender of Modernity*. Cambridge: Harvard University Press, 1995.

Fernández de Lizardi, José Joaquín. *El Periquillo Sarniento*. 1816. México: Porrúa, 1996.

Franco, Jean: "La heterogeneidad peligrosa: escritura y control social en vísperas de la independencia mexicana". *Hispamérica* 12:34-35 (1986): 3-34.

Hallstead, Susan. "Disease and Immorality: the Problem of Fashionable Dress in Buenos Aires (1862-1880)". *Latin American Literary Review*, forthcoming.

—. "FashioNation: the Politics of Dress and Gender in Argentine Journalism". Diss. University of Pittsburgh, 2006.

MacLachlan, Colin M. *Criminal Justice in Eighteenth-Century Mexico: A Study of the Tribunal of the Acordada*. Berkeley-London-Los Angeles: California UP, 1974.

Irwin, Robert McKee. *Mexican Masculinities*. Minneapolis: University of Minnesota Press, 2003.

Melgarejo Acosta, María del Pilar y Joshua Lund. "Altamirano's Demons". *The Colorado Review of Hispanic Studies* 4 (2006): 49-63.

Palti, Elías José. "Literatura y política en Ignacio M. Altamirano". En *La Imaginación histórica en el siglo XIX*. Mabel Moraña y Lelia Area, eds. Rosario: UNR editora, 1994.

Parra, Max. "'Pueblo', bandidos, y Estado en el siglo XIX mexicano. Notas a partir de El Zarco de Ignacio Manuel Altamirano." *The Colorado Review of Hispanic Studies* 4 (2006): 65-76.

Payno, Manuel. *Los bandidos de Río Frío*. 1891. México: Porrúa, 2001.

Slatta, Richard W (ed.). *Bandidos. The Varieties of Latin American Banditry*. New York: Greenwood Press, 1987.

Sommer, Doris. *Foundational Fictions*. Berkeley: University of California Press, 1991.

Teskey, Gordon. *Allegory and Violence*. Ithaca and London: Cornell UP, 1996.

Thompson, E. P. "Patrician Society, Plebeian Culture". En *Journal of Social History*. 7.4 (1974):3 82-405

—. *Whigs and Hunters: The Origins of the Black Act*. New York: Pantheon Books, 1975.

Vanderwood, Paul J. *Disorder and Progress. Bandits, Police and Mexican Development*. Wilmington: Scholarly Resources Inc., 1992.

Feminismo liberal vs. anarquismo radical: Obreras y obreros en Matto de Turner y González Prada 1904-05[1]

Thomas Ward
Loyola University—Maryland

11

Quisiera comparar dos ensayos fundamentales de dos activistas quienes en sus discursos convierten la mentalidad del siglo XIX en la del siglo XX. Se trata de "La obrera y la mujer", conferencia de 1904 pronunciada por Clorinda Matto de Turner en Buenos Aires, y "El intelectual y el obrero", conferencia de 1905 emitida por Manuel González Prada en Lima. La del segundo se integró a *Horas de lucha* (Lima, 1908) y la de la primera se incorporó a *Cuatro conferencias sobre América del Sur* (Buenos Aires, 1909). Un área de divergencia, aun sin dejar de ser complementaria, es el afecto por la clase trabajadora en González Prada y el cuidado que tiene Matto de Turner con la condición de la mujer. Otra se descubre en los tratamientos del liberalismo y radicalismo. Pese a estos contrastes, juntos, estos dos pequeños tratados exponen una preocupación férrea por los derechos humanos, la libertad y la justicia.

Se ha comentado frecuentemente la influencia que ejerció Manuel González Prada (1844-1918) en Clorinda Matto de Turner (1852-1909). Estudios feministas han mostrado que estas huellas no son monolíticas ni pasivas ya que Matto también cayó bajo la

---

[1]. Se presentaron estas ideas por primera vez, y en particular las de la sección "Divergencias liberales", en el Seminario Escritoras del Siglo XIX en América Latina, Centro de Estudios Mujeres en la Historia de Latinoamérica (CEMHAL), que tuvo lugar en el Instituto Raúl Porras Barrenechea, Lima, Perú, 24 y 25 de agosto de 2009.

autoridad de Juana Manuel Gorriti y Ricardo Palma, para no decir nada de su propia iniciativa creativa e ideológica.[2] A menudo los estudios sobre influencias se enfocan en la época que se inicia después de la guerra con Chile, es decir a partir de 1883, cuando González Prada obtiene fama con sus discursos eléctricos y Matto, con un trío de novelas.[3] Sin embargo, Matto publicaba ensayos tan temprano como 1876 en la revista Recreo que fundó,[4] cuando González Prada se encontraba recluido en el Valle de Mala investigando la fórmula química para el almidón de yuca.[5] Luego de la época de posguerra sucedieron muchas cosas, González Prada parte hacia Europa en 1891 y Clorinda Matto se exilia cuatro años después debido a la destrucción de su hogar y "La Equitativa", su casa editorial. Pasaron otros tres años (ahora 1898) y Prada regresa de Europa radicalizado, reintegrándose a la vida intelectual de Lima; Matto, desde el año 1895, se encontró en la capital argentina donde había fundado la importante revista *Búcaro Americano*.[6] En el Perú, Prada se acerca a los anarquistas temerosos de la posición del obrero en la

---

2. Cecilia Moreano documenta cómo Matto pasó por un período de influencia palmista cayendo luego bajo la influencia gonzalezpradista, "'El pesado casco de Minerva'", 251-277. Ana Peluffo ve la cuestión de influencia de esta forma: "Matto subvierte muchos de los *topoi* cientificistas y positivistas que recoge de González Prada por medio del sentimiento, la mezcla de corrientes y una sutil ironía", *Lágrimas andinas*, 53.

3. Por ejemplo, Antonio Cornejo Polar, interesado en las novelas que Matto compuso durante la época posbélica, subraya que ella "escribe toda su obra en el clima de la posguerra", *Clorinda Matto de Turner, novelista*, 178.

4. Sara Beatriz Guardia explica que Recreo duró sólo un año pero guarda importancia puesto que los ensayos que Matto publica allí anuncian los temas que van a definir su ensayística posterior, la literatura y la educación femenina, "El nombre del *otro* desvalido y excluido por el poder", 267.

5. A diferencia de la atención que recibió Prada, muy pocos han tratado el ensayo de Matto. Entre los pocos se encuentran Arango-Keith, "Del «ángel del hogar» a la «obrera del pensamiento»", 306-324; Berg, "Writing for her Life", 80-89; Portugal, "El periodismo militante", 319-330; Ward, "La ideología nacional", 401-415; y del mismo, "Clorinda Matto de Turner: When Language and Nation are One" en "The *Royal Commentaries* as a Kaleidoscopic National Archetype", de próxima aparición.

6. Ana María Portugal calcula que salieron 65 números de *Búcaro Americano* entre 1896 y 1908, "El periodismo militante", 325.

creciente economía industrial; en la Argentina, Matto se rodea de mujeres buscando insertarse en la misma economía industrial. Sus trayectorias van por rumbos distintos y variados y los cautivantes ensayos que seguían publicando después de la época posbélica lo demuestran.

Divergencias liberales

Al final del primer lustro del siglo XX, las posturas de Matto y Prada acerca del liberalismo varían significativamente. Entramos en la materia. Esta discusión tiene que comenzar reconociendo que en los años 1904 y 1905 los dos radicaban en dos medios muy distintos, la Argentina y el Perú. Una diferencia obvia es que la república rioplatense no había sufrido un desastre político y social como el que padeció el Perú al perder –junto con Bolivia-la Guerra del Pacífico contra Chile (1879-1883). Menos obvio pero no insignificante son las oportunidades para las mujeres en los dos países. Mientras el presidente argentino Domingo Faustino Sarmiento había priorizado la educación femenina durante su gobierno (1868-1874), el Perú se emborrachaba con las ganancias de la manía guanera.[7] Además, las mujeres de los tres países del Cono Sur, a diferencia de las peruanas, habían conquistado el derecho a asistir a las llamadas escuelas normales, instituciones seculares que ofrecían a ellas la oportunidad de estudiar fuera de la casa. Matto enseñó en dos de estas escuelas porteñas, la Escuela Normal de Profesores Número Uno y la Escuela Normal Norte-Americana.[8] Miller supone que la eclosión de la escuela normal coincide con el surgimiento de las clases medias.[9] Debido a que la clase media del Perú se mantuvo pequeña, no pudo crecer rápidamente la educación secular ni ocurría la fundación de escuelas normales. El contexto histórico de la educación ya estaba establecido en 1853 cuando 28.448 varones estudiaban en 653 escuelas mientras 3.400 alumnas mujeres asistían a 73 escuelas.[10] Pero Miller es demasiado severa al inferir que

---

7. Sobre esta política de Sarmiento, véase Miller, *Latin American Women*, 35; sobre el guano, Klaren, *Perú*, capítulo 6, 158-182.
8. Berg, "Writing for her Life", 84.
9. Miller, *Latin American Women*, 45, 48.
10. Guardia, *Mujeres peruanas*, 131.

no había ni clase media ni escuela normal.[11] Lo que ocurría es que tardaban más en establecerse en el Perú que en las repúblicas del sur. En 1886, es decir, durante el gobierno del general Andrés Avelino Cáceres, por ejemplo, se reiteraron los reglamentos generales de la educación promulgados por el gobierno civilista de José Pardo y Lavalle (1872-1986).[12] En 1907, es decir, sólo dos años después del ensayo de González Prada se verifica la existencia de una Escuela Normal para Mujeres de Lima cuyo propósito era "formar preceptoras idóneas de instrucción primaria".[13] Esta escuela fue fundada o revigorizada por el presidente José Pardo y Barreda (1904-1908) después de reformar el sistema educativo en 1905. Podemos deducir, entonces, que Matto llega a Buenos Aires y encuentra una clase media femenina educada con creces mientras la experiencia latinoamericana de Prada se circunscribe al Perú,[14] donde se detecta una escuela normal en la historia sólo después de su ensayo. Con relativamente más progreso en el campo de los derechos, acaso los explotados reaccionan más circunspectamente, como fue el caso de Matto en el Río de la Plata, mientras los explotados con menos avances en el campo de los derechos reaccionan más impetuosamente, como fue el caso de Prada en los bordes andinos.

Para entender más contigüidades y desajustes entre el pensamiento de Prada y Matto, valga comenzar con el liberalismo hispano que tiene un proponente temprano en Bartolomé de las Casas (148[4 ó 5]-1566), un pensador conocido por los dos ensayistas en la aurora del siglo XX. En uno de sus tratados tardíos Las Casas propone un rey que "tenga súbditos tan libres que, en justicia, no pueden ser privados de sus cosas, ni de sus libertades, ni de sus derechos".[15] Se pronuncian de este modo los principios básicos del liberalismo: los derechos a la libertad y a la propiedad privada. Pensar en Las Casas como liberal eliminaría la posibilidad de verlo como radical o revolucionario. De esta forma, se deduce que el liberalismo de Las Casas es un liberalismo que quiere trabajar dentro del sistema. Tiene que funcionar dentro del colonialismo. No por

---

11. Miller, *Latin American Women*, 79.
12. McEvoy, *La utopía republicana*, 281.
13. *Reglamento de la Escuela Normal de Mujeres*, 3.
14. Salvo el recuerdo juvenil de una estancia corta chilena (1855-1856).
15. Las Casas, *Del único modo*, 416.

otra razón Daniel Castro lo considera un imperialista benévolo.[16] Se puede observar que Las Casas apoyaba el imperio, pero que reclamaba que el imperio fuera justo.

Regresando a la Matto de la posguerra se comprueba que es así en su novela *Aves sin nido* donde la única solución para las niñas andinas es ir a Lima, sede de "la civilización". A despecho del indigenismo de su primera novela que imaginamos ser libertador, se puede detectar un tipo de colonialismo en su ideología; pues quiere justicia para los autóctonos pero también recomienda su criollización;[17] se pone de manifiesto un colonialismo interno aunque compasivo ejercido dentro de otro colonialismo interno, institucional y maligno, el de los latifundistas, de los clérigos y de los gobernadores que se impone a los colonos o peones. Puede figurarse asimismo una resonancia lascasiana en la Matto bonaerense posterior, cuando ella quiere trabajar dentro del sistema liberal para convencer a los poderosos de que sean justos con los oprimidos, es decir, con las oprimidas, las obreras. Ella es reformista, no revolucionaria. Esta característica de su pensamiento se preserva hasta el final de su vida. En "La obrera y la mujer" lo que destaca es un liberalismo desprovisto de todo impulso revolucionario.[18] No tan lejos de la diplomacia reformista de Las Casas, Matto quiere buscar el arbitraje dentro del sistema estatal.

Como Las Casas y Matto de Turner, González Prada es liberal en su corazón. En "Los partidos y la Unión Nacional", ensayo que abre *Horas de lucha*, González Prada explica que "la parte sana del Civilismo" la constituye una juventud "animada por un anhelo

---

16. Lo describe así: "the incarnation of a more benevolent, paternalistic form of ecclesiastical, political, cultural, and economic imperialism", Castro, *Bartolomé de las Casas*, 8.

17. Antonio Cornejo Polar lo explica de esta manera: "Puesto que la novela relata la muerte o el sufrimiento continuado e inevitable de los indios, la adopción de Margarita y Rosalía [por la pareja criolla] implica de manera tangencial, pero muy expresiva, que *Aves sin nido* efectivamente no logra percibir ningún futuro para la raza indígena", *Escribir en el aire*, 132.

18. Para ser revolucionaria en *Aves sin nido*, Matto habría tenido que proponer la independencia, o por lo menos la autonomía, de los quechuaparlantes; como veremos en este estudio, su liberalismo reformista en "La obrera y la mujer" tampoco es subversivo.

de reformas liberales".[19] Es decir, por lo menos entre 1898, cuando el discurso se publica en folleto, y 1908, cuando aparece *Horas de lucha*, González Prada veía algo saludable emanando de los jóvenes quienes abogaban por "reformas liberales".[20] Pero González Prada está hastiado con una sociedad regida por el egoísmo y la corrupción, en vez de la reforma liberal. Cuando él ve en su derredor, no detecta "reformas liberales" sino a una juventud mayor que "se corrompió en contacto con los malos elementos".[21] Entonces González Prada pierde la fe en el liberalismo y se radicaliza en los albores del siglo XX.

Matto revela su liberalismo cuando declara que "todos somos libres en la amplia acepción de la palabra que consagra la forma republicana al establecer como ley del estado la igualdad del derecho enseñando por Jesucristo".[22] Luego comentaremos la idea de la igualdad de derechos. Aquí urge destacar la idea de una libertad lograda bajo la "ley del estado". Pero liberalismo no es liberalismo sin capitalismo y Matto de Turner reza ante los "templos de arte, de la ciencia y de la paz [construidos] por el esfuerzo del obrero y la audacia del capitalista".[23] Se desenmascara aquí lo que el ideal liberal implica: la acción capitalista fomentada por el capital de los industrialistas y las espaldas de los obreros creando majestuosas obras de arte, desarrollando la ciencia, y creando los magníficos tratados de paz, pero haciendo caso omiso del colonialismo externo e interno que persiste en el mundo.[24]

González Prada, aún en sus momentos más radicales, es capaz de dejar brotar un liberalismo, aunque sea un liberalismo des-

---

19. González Prada, "Una profesía de Manuel Gonsales Prada" [sic], 5; Prada, "El intelectual y el obrero", 3. A veces su apellido figura como González Prada y otras veces como Prada, la forma preferida del autor. En las primeras ediciones de *Páginas libres* y *Horas de lucha* el nombre del autor figura como "Manuel G. Prada", al estilo anglosajón.

20. Kristal esboza el alejamiento paulatino del civilismo que se ejerce en el ideario de González Prada, "Problemas filológicos e históricos", 144.

21. González Prada, "Una profesía de Manuel Gonsales Prada" [sic], 5; Prada, "El intelectual y el obrero", 3.

22. Matto, "La obrera y la mujer", 52.

23. Matto, "La obrera y la mujer", 55.

24. Por ejemplo, después de la Declaración Internacional de los Derechos Humanos promulgada por el liberalismo en 1948, se ha permi-

carnado. En "El intelectual y el obrero", invoca una responsabilidad humana: "El nacer nos impone la obligación de vivir, y esta obligación nos da el derecho de tomar, no sólo lo necesario sino lo cómodo y lo agradable".[25] En esta instancia González Prada parece abrazar el liberalismo, pero como veremos, va tan lejos con esta idea que supera el liberalismo lascasiano expuesto en *Del único modo* que garantiza "súbditos tan libres que [...] no pueden ser privados de sus cosas". Pero a manera de Las Casas quien en la *Brevísima relación de la destrucción de las Indias* critica a los conquistadores por su egoísmo, y por su falta de cristianismo, González Prada en "Nuestros liberales" se dedica íntegramente a criticar a los "liberales" de carrera, los políticos liberales que, dejándose correr por sus instintos bajos, no buscan imponer el ideal liberal. O dicho de otra manera, como los conquistadores del siglo XVI usan el catolicismo para ocultar sus esfuerzos de enriquecerse a detrimento de los autóctonos, los liberales decimonónicos usan el liberalismo para velar sus esfuerzos de enriquecerse empobreciendo al mismo tiempo a las muchedumbres. "Se abusa tanto del Liberalismo", son las palabras de apertura de su ensayo.

¿Por qué Matto permanece dentro del liberalismo lascasiano y estatista y Prada lo lleva adonde el dominico nunca lo hubiera imaginado? Creo que la respuesta se encuentra en la posición de Las Casas relativa al coloniaje en que escribía. El liberalismo se modifica según el contexto y de acuerdo con el paso del tiempo. Precisamente es la idea de la naturaleza como fuerza regidora de los estados que va cambiando. Recordemos que en el dominico se habla de "la excelencia de la naturaleza de un principado".[26] La naturaleza implica algo innato, inherente, a modo de la "desigualdad social"

---

tido el genocidio en lugares tan diversos como Darfur, Bosnia, y Congo, se han tolerado guerras injustas con tasas de fatalidad muy elevadas contra países como Argelia (a manos de Francia); contra Vietnam e Irak (a manos de Estados Unidos); contra países como Palestina (a manos de Israel); y en varios países de Centro y Sudamérica donde el colonialismo interno ha optado por la estrategia de las desapariciones, para abrir un espacio más amplio para el liberalismo y el neoliberalismo. Hinkelammert toma esto y lo lleva un paso más allá, arguyendo que el liberalismo *encubre* la esclavitud, y en ciertos casos, él llega a concluir que el liberalismo *es* esclavitud, "The Hidden Logic of Modernity", por ej., 5, 24.

    25. Prada, "El intelectual y el obrero", 68.
    26. Las Casas, *Del único modo*, 416.

impuesta por Dios, algo así "como las leyes físicas" como proprone Matto.[27] Pero mientras los españoles de la Contrarreforma intentaban fortalecer el catolicismo, los ingleses desarrollaron otros rumbos, otros sistemas. Es a finales del siglo XVI, es decir, después de Las Casas, cuando surge un gran cambio en la forma de concebir la propiedad. Como bien lo explica Franz Hinkelammert, se deja de hablar de la propiedad como un aspecto del derecho natural y se comienza a hablar de ella como "eficacidad y competividad según la ley del mercado".[28] Hinkelammert aduce que esta idea vino cuando los ingleses querían despojar a los indígenas norteamericanos de sus propiedades y percibir la propiedad como una mercancía. Vincular la propiedad con el mercado les dio a los anglosajones el mecanismo de apropiarse de aquellos terrenos norteños.[29] Durante su estadía en Buenos Aires, Matto, como ya advertimos, seguía hablando de Dios como un factor social, hecho no tan extraño ya que en aquel momento dedicaba muchas horas a traducir el Evangelio al quechua.[30] Involucrarse en una labor de tal índole cristiana implicaría tener a Dios presente en los otros proyectos, como en su propuesta liberal para los derechos de la mujer, como en su ya citada idea de "la igualdad de derecho enseñado por Jesucristo".[31]

González Prada, libre de conceptos trascendentales, pudo pensar en el problema andino de la tierra como un problema humano.[32] Al final del siglo XIX, un buen porcentaje de las chacras en los Andes centrales llegaron a ser privatizadas y vendidas a "foras-

---

27. Matto, "La obrera y la mujer", 52.

28. Hinkelammert, "The Hidden Logic of Modernity", 20; trad. mía.

29. "To guarantee private property means to be able to dispossess without limit the indigenous peoples of North America", Hinkelammert, "The Hidden Logic of Modernity", 5.

30. Matto, *San Pablo Apostolpa Romanocunaman qquelkascan, Apunchis Jesucristoc Evangelion San Juanpa qquelkascan, Apunchis Jesucristoc Evangelion San Mateoc qquelkascan.*

31. Francine Masiello, por ejemplo, nota que Matto trata de sintetizar el pensamiento científico con la doctrina religiosa, *Between Civilization and Barbarism*, 95.

32. He mostrado en *La anarquía inmanentista* que el concepto del cosmos y del globo de Prada parte de la inmanencia, no de la trascendencia.

teros", personas de otros pueblos transandinos.³³ Florencia Mallon concluye que, al finalizar el gobierno de Nicolás de Piérola en 1899, los campesinos tenían menos tierras y dependían más de la labor a sueldo que en tiempos anteriores.³⁴ Ni Prada ni Matto abordaron este tema en la época de posguerra; existían otras preocupaciones de naturaleza nacionalista. Pero Prada, que permaneció en el Perú para servir de testigo a los primeros lustros del siglo XX, pudo contemplar la realidad andina llegándose a interesar por este tema de la propiedad.³⁵ Matto, en cambio, ya radicada en la Argentina y alejada de los problemas de los Andes, tomó la decisión de luchar por la igualdad de derechos, una meta menos amenazante para los poderosos a quienes la igualdad absoluta intranquilizaba, puesto que implicaba el compartir el poder. Esta posición en ella puede tomarse como táctica estratégica o como una postura que iba de acuerdo con su forma teológica de pensar los estamentos sociales. Prada llegó a concebir a los humanos como único factor social, lo cual le hizo ver las posesiones como vicios asociados con la codicia implicando la necesidad de cuestionar su utilidad para la humanidad. Es en semejantes momentos que su liberalismo extremo sobrepasa el liberalismo mattiano y llega a constituirse en anarquía absoluta.

El organismo social

De acuerdo con el positivismo y aún con el krausismo, Matto y Prada veían la sociedad como un organismo. En el caso de Matto, es una noción que arrastra desde la Guerra del Pacífico.³⁶ En "La obrera y la mujer" Matto revela abiertamente una filiación positivista cuando atribuye a Herbert Spencer la idea de que "una sociedad es

---

33. Mallon, *The Defense of Community*, 145, 146.
34. Mallon, *The Defense of Community*, 157.
35. En "El deber anárquico", por ejemplo, González Prada discute esta dicotomía de propiedad/labor, un resultado del código napoleónico: "Duguit afirma: 'Se ha podido decir, no sin razón, que el Código de Napoleón es el código de la propiedad y que es preciso sustituirlo por el código del trabajo'". (*Las transformaciones generales del Derecho privado desde el Código de Napoleón*, Traducción de Carlos G. Posada)", *Anarquía*, 30.
36. Ward, "La ideología nacional de Clorinda Matto de Turner," 401-415.

un organismo".[37] Donde entra la filosofía krausista, la cual estaba en el aire porteño (perceptible en los escritos de Hipólito Yrigoyen, Arturo Umberto Illia y Alejando Korn), es con el ideal del racionalismo armónico. Puede rastrearse en el ideario de Matto, por ejemplo, cuando ella arguye que "la sociedad obrera" de Buenos Aires "puede dar existencia a otros organismos o fomentar la perfección de los que permanecen estacionarios o débiles".[38] Lo cual implica que concibe "la sociedad obrera" a modo de un organismo armónico en vías de perfección. Otro aspecto de su filosofía es "la doctrina de la evolución, que es la síntesis del sistema spenceriano".[39] En este krausopositivismo mattiano destaca el progreso (positivismo), la armonía (krausismo) y la sociedad como organismo (positivismo y krausismo).

González Prada no dedica tanto enfoque a la sociedad como organismo en su ensayo sobre el obrero y el intelectual pero es un concepto frecuente en otros capítulos de *Horas de lucha*.[40] Aparece en "El intelectual y el obrero" cuando se habla de la masa revolucionaria en términos de "un organismo exuberante de vigor y de iniciativas".[41] Así se pone de manifiesto que el organismo en Prada es evolutivo, o mejor dicho, dinámico, como el de Matto, y que va perfeccionando las cosas. Más que nada en Prada tiene que ver más con la idea positivista del progreso, y no con la krausista, ya que un organismo revolucionario (como el de Prada) no puede ser armónico por su propia naturaleza. Donde coinciden los dos ensayistas es en la idea de sociedades obreras como organismos.

La idea organicista de la sociedad tiene que tomar en cuenta la problemática de la igualdad: ¿cómo van a organizarse las diversas capas sociales en el organismo? Nadie niega que haya tensio-

---

37. Matto, "La obrera y la mujer", 51.
38. Matto, "La obrera y la mujer", 51.
39. Matto, "La obrera y la mujer", 54.
40. Algunas instancias de *Horas de lucha* aparecen en "Los partidos y la Unión Nacional", 19; "Nuestros conservadores", 133; y "Nuestros liberales", 162.
41. Prada, "El intelectual y el obrero", 64. En la próxima página el escritor explica cómo el individuo experimenta la evolución de la sociedad: "Envejecemos sin sentirlo, nos quedamos atrás sin notarlo, figurándonos que siempre somos jóvenes y anunciándonos a confesar que el venido después de nosotros abarca más horizonte para haber dado un paso más en la ascensión de la montaña", "El intelectual y el obrero", 65.

nes sociales entre industrialistas y jornaleros. Acaso anticipando su periplo a España (viaje que hará en tres años), Matto de Turner aporta ideas de varios intelectuales peninsulares acerca de la relación entre burgueses y proletariados. Con este fin cita a José Canalejas (1854-1912) diputado, ministro y futuro presidente de gobierno para quien el obrero, "ha dejado de ser *esclavo* y *siervo* transformándose en *personalidad libre*, lo que implica un progreso innegable". [42] Según el liberalismo de Canalejas el siervo medieval se transforma en obrero moderno. Pero hay algo curioso en el pensamiento de Matto. Ella mitiga la importancia de las condiciones desiguales en la península para las Américas porque en la Argentina de su época, con las grandes inmigraciones de Italia y España, y con la gran necesidad de obreros, "esta suprema desigualdad no existe entre nosotros".[43] Por una parte, las condiciones en Europa son "exótic[a]s" para los sudamericanos,[44] y por otra, "suprema" es una palabra clave, puesto que, como constataremos otra vez, Matto miraba con dudas el concepto absoluto de igualdad humana. En Argentina puede haber desigualdad, pero no la "suprema". Sea lo que sea, Matto ve a Canalejas favorablemente porque éste reconoce la realidad tenebrosa del obrero quien persiste sufriendo "en [las] condiciones de inferioridad más acusadas".[45]

Otro español que cita la cuzqueña al montar su argumento es a Eduardo Dato e Iradier (1856-1921) quien había escrito sobre un supuesto socialismo bilbaíno que, para Matto, no puede funcionar armónicamente, porque "la igualdad de clases, el trabajo compartido por todos, la propiedad colectiva y otras utopías que de realizarse conducirían al caos común", lo impedirán. El problema con estas "utopías" desde la perspectiva conservadora de Dato es que "seducen a muchos obreros".[46] Matto coincide con su apreciación. Ella recurre a los pensadores políticos españoles porque le sirven para fundamentar sus propuestas liberales. El socialismo radical no puede existir debido a la forma en que Dios creó la sociedad: "las

---

42. Matto, "La obrera y la mujer", 51-52.
43. Matto, "La obrera y la mujer", 52. Entre 1870 y 1914 unos seis millones de inmigrantes llegaron a la Argentina de Italia y de España. Ver Cortés Conde, "The Growth of the Argentine Economy", 335.
44. Matto, "La obrera y la mujer", 52.
45. Matto, "La obrera y la mujer", 52.
46. Matto, "La obrera y la mujer", 52.

diferencias de clase siempre existirán".[47] Para ella existe el mismo fenómeno entre hombres y mujeres; ella comenta "lo irrisorio de la igualdad entre el hombre y al mujer, porque existen funciones físicas imposibles de canjearse".[48] De la misma manera, glosa la actitud femenina de la diferencia: "...ella mira los asuntos de igualdad social desde otro punto diferente al hombre".[49] Como advertiremos en el último apartado de este análisis, la cuestión de género tendrá una importancia primaria en las negociaciones laborales con los industrialistas.

La creencia implacable de González Prada en la igualdad se presenta en todos los hilos de sus argumentos. Está implícita cuando pone en evidencia "la unión o alianza de la inteligencia con el trabajo".[50] En un momento parece que Prada privilegia a la clase trabajadora sobre la burguesa cuando compara a los panderos con los periodistas y remata: "hay ojos que no leen, no hay estómagos que no coman".[51] Yo pienso que Prada no creía en la superioridad de los panaderos sino que recordar que todos los estómagos necesitan alimento es un mecanismo retórico para invertir las jerarquías establecidas entre artistas y artesanos. Lo que se palpa en todo el ensayo de Prada es una creencia en la igualdad, en la simetría de las clases sociales.

El intelectual y el obrero

Ahora llegamos al núcleo organizador de estos dos ensayos. Matto de Turner censura la antigua partición aristotélica entre la torre de marfil y la sociedad y ve como cosa de ayer cuando "el pensador se aísla en su buhardilla". Continúa: "hoy la electricidad obediente desciende de las alturas a las manos del hombre y el pensador se confunde con el pueblo".[52] El objetivo positivista se lleva a cabo cuando "la fuerza física y la fuerza intelectual, en íntimo consorcio,

---

47. Matto, "La obrera y la mujer", 52.
48. Matto, "La obrera y la mujer", 54.
49. Matto, "La obrera y la mujer", 53.
50. Prada, "El intelectual y el obrero", 62.
51. Prada, "El intelectual y el obrero", 62.
52. Matto, "La obrera y la mujer", 51.

mueven la gigantesca rueda del progreso".[53] González Prada coincide hasta cierto punto con la posición de Matto acerca del papel y lugar del escritor en la sociedad y proclama que "no hay diferencia de jerarquía entre el pensador que labora con la inteligencia y el obrero que trabaja con las manos".[54] Pero hay matices, porque un "consorcio" puede admitir desigualdades de clase social si se complementan, lo cual no llega a negar de frente a las jerarquías sociales.

Con la metáfora del pan, el autor de *Horas de Lucha* nos hace visualizar que los panaderos "velan amasando la harina", y que los periodistas, "velan también azuzando su cerebro manejando la pluma".[55] González Prada no solo junta diferentes profesiones sino que ve los atributos de espíritu y cuerpo en cada persona, sea lo que sea su profesión. Entonces, herreros, albañiles, y tipográficos tienen que usar su cerebro al proceder con sus faenas así como pintores, escultores y oradores se cansan físicamente.[56]

Prada reconoce que los panderos, los herreros, los albañiles, y los tipográficos tienen tanto trabajo que les falta tiempo para la lectura y para reflexionar de una manera profunda sobre su condición avasallada. En su manifiesto, entonces, admite que "el soplo de rebeldía que remueve hoy a las multitudes, viene de pensadores o solitarios".[57] Pero sólo es una fase inicial porque "el pueblo, sacado una vez de su reposo, no se contenta con obedecer el movimiento inicial, sino que pone en juego sus fuerzas latentes, y marcha y sigue marchando hasta ir más allá de lo que pensaron y quisieron sus impulsadores".[58] Entonces en Prada se desencadena una especie de resistencia formada por la osmosis ecuánime entre el intelectual y el obrero.

El concepto de pensador que Matto lanza en el ensayo "La obrera y la mujer" es más amplio que el pensador de "El intelectual

---

53. Matto, "La obrera y la mujer", 51.
54. Prada, "El intelectual y el obrero", 59. Para un estudio sobre los pormenores de este aspecto del ideario de González Prada y su relación con filósofos como Aristóteles y otros ensayistas como Rubem Braga, véase mi "González Prada, la mente y las manos," 46-54.
55. Prada, "El intelectual y el obrero", 60.
56. Prada, "El intelectual y el obrero", 59-60.
57. Prada, "El intelectual y el obrero", 63.
58. Prada, "El intelectual y el obrero", 64.

y el obrero" y sería forzarlo en un cajón desajustado no admitirlo. Para ella, debido probablemente a los orígenes aristocráticos de los letrados, los pensadores están en la misma categoría que los acaudalados, y juntos ellos tienen relaciones con los obreros. Hablando de la relación entre éstos y los capitalistas, ella hace eco de la relación complementaria entre el intelectual y el obrero, explicando que "ellos tienen que ir unidos, armónicamente unidos".[59] Este afán de armonía puede ser una influencia krausista o asimismo puede ser, como se verificó anteriormente cuando Matto acude a Dato y Canalejas, que ella ya estudiaba la realidad industrio-laboral de la península ibérica, donde los liberales, según Raymond Carr, creían en la "'armonía de capital y labor'".[60] El desdoblamiento de los pensadores en magnates se ve más claramente cuando Matto ensancha su idea de obrero: "nos dirigiremos a las gentes pensadoras y pudientes de todas las condiciones sociales, para interesarlas a favor, no solo de los obreros, sino de todas las clases menesterosas".[61] El planteamiento de una sociedad con intelectuales e industriales, de un lado, y con *todas* las clases menesterosas," de otro, denuncia una fe positivista y casi krausista en el organismo social.

Entre huelgas y negociaciones

Ahora llegamos al quid del pensamiento mattiano y pradiano y donde divergen más en sus respectivas propuestas sociales. El segundo Prada, el de *Horas de lucha* muestra una disposición absoluta a favor del obrero. ¿Cuál era el contexto en que vivía y pensaba? De acuerdo con Alfonso Quiroz, los años que van de 1884 a 1930 son los años más liberales en la historia financiera del Perú.[62] Como nos recuerda Peter Klaren, el año de 1904 produjo la primera gran huelga anarcosindicalista en el puerto de Callao, un momento en el que estaba muy activo González Prada.[63] González Prada dirigía su

---

59. Matto, "La obrera y la mujer", 55.
60. Carr, *Modern Spain*, 38; traducción mía. Sería interesante si este ideal liberal armónico bebe de la fuente krausista, doctrina filosófica que se encontraba en su apogeo en aquel momento.
61. Matto, "La obrera y la mujer", 58; la cursiva es mía.
62. Quiroz, *Domestic and Foreign Finance*, 43.
63. Klaren, Peru, 222.

atención a las huelgas como lo hizo en un ensayo que lleva el mismo nombre.[64] El interés por la justicia en "El intelectual y el obrero" supera a las meras huelgas y se expande cuando su autor pregona "la revolución mundial, la que borra fronteras, suprime nacionalidades y llama la Humanidad a la posesión y beneficio de la tierra".[65] En este ensayo no se trata de obreros que estarán de huelga sino de "proletarios [que] resolverán [las iniquidades sociales] por el único medio eficaz—la revolución".[66] Prada no tiene esperanza de negociar con los acaudalados. A su modo de ver hay una sola opción: "Lo que nos toca, debemos tomarlo porque los monopolizadores, difícilmente nos lo concederán de buena fe y por un arranque espontáneo".[67] Como veremos, esta actitud en Prada es mucho más absoluta que la de Matto, la cual es más mesurada.

Prada tiene interés en los obreros como clase social y Matto en las obreras, también como clase social pero formada por el sexo. Es decir guarda mayor interés en las mujeres. Al comenzar el siglo XX en la Argentina donde estaba exiliada Matto, las mujeres tenían dos opciones de trabajo: en la esfera doméstica o en las industrias urbanas como las de tabaco, textiles y fósforos.[68] Asunción Lavrin nos explica que las pensadoras de la época se dividían en dos campos, las feministas liberales a lo John Mill y las socialistas que logran adherentes un año después de la fecha de composición del ensayo de Matto, es decir, en 1905.[69] Obviamente por lo que vamos elaborando Matto caía en el primer grupo, las liberales.

Entre 1900 y 1910, Cortés Conde nos explica, la inflación en los precios de comestibles hizo que los sueldos aumentaran muy poco.[70] Ya que no existen estadísticas oficiales antes de 1907,[71] no las hay para las huelgas durante el lapso que va de 1900-1904, cuando Matto compuso su argumento. Sin embargo en el período

---

64. González Prada, "Las huelgas", Anarquía, 97-98.
65. Prada, "El intelectual y el obrero", 67.
66. Prada, "El intelectual y el obrero", 67.
67. Prada, "El intelectual y el obrero", 69.
68. Lavrin, *Women, Feminism and Social Change*, 55. Lavrin explica que las mujeres y los niños comenzaron a trabajar fuera de la casa en la Argentina cuando el país comenzó a industrializarse, es decir al terminar la década de los 1860, *Women, Feminism, and Social Change*, 56.
69. Lavrin, *Women, Feminism and Social Change*, 16.
70. Cortés Conde, "The Growth of the Argentine Economy", 341.
71. Korzeniewicz, "Labor Unrest in Argentina", 71.

que vino inmediatamente después, es decir entre 1907 y 1916, hubo 1,200 huelgas, cinco de ellas constituyendo paros generales.[72] Pero no hay razón para dudar que el descontento laboral no fuera en aumento en el lustro anterior, y en efecto así es. Partiendo de fuentes no oficiales, Korzeniewicz establece que en 1903 había 63 huelgas en manufactura y en 1904, el año que Matto pronunció su discurso, había 181.[73] ¿Qué postura adopta Matto dentro de este ambiente? Ella es menos desconfiada de los industrialistas que Prada, y opta por las negociaciones con ellos para evitar los paros. Francine Masiello, después de estudiar los últimos años de *Búcaro Americano*, concluye que la editora de la revista recelaba la sociedad contemporánea y ve la ciencia y la ética como dos ramas de control para suprimir la anarquía.[74] En el artículo aquí estudiado, Matto hace uso del liberalismo para suprimir el malestar laboral y razona que "las huelgas que conmueven al mundo industrial a nadie perjudican más que al obrero, que al jornal perdido no se recobra".[75] (Al razonar que el obrero es el que se perjudica más con el jornal perdido en una huelga, Matto no parece reconocer el abuso pecuniario más grande que el obrero vive diariamente y que existir bajo tales condiciones no puede ser nada menos que derrochador). Puesto que la pérdida del jornal afecta la esfera doméstica más que otra, la mujer debe oponerse a la huelga, no por otra razón sino porque "los hijos piden pan".[76] Matto entonces privilegia a la obrera, "honesta y pensadora" sobre los hombres en las disputas laborales porque, ella, "no va a la huelga".[77] Entonces las señoras, "guiadas por el delicado instinto de conservación de la paz doméstica", prefieren negociar con los industrialistas.[78] Esta actitud en la mujer afecta a toda la sociedad puesto que la labor femenina no se limita a la casa porque "por do quiera, ella trabaja con fe, en la escuela, el taller, la academia, las fábricas, las oficinas civiles, el comercio, el libro, la cátedra, y el periódico".[79] Puesto que la mujer participa en el progreso, en

---

72. Cortés Conde, "The Growth of the Argentine Economy", 371.
73. Korzeniewicz, "Labor Unrest in Argentina", 75.
74. Masiello, *Between Civilization and Barbarism*, 86.
75. Matto, "La obrera y la mujer", 54.
76. Matto, "La obrera y la mujer", 54.
77. Matto, "La obrera y la mujer", 54.
78. Matto, "La obrera y la mujer", 54.
79. Matto, "La obrera y la mujer", 56.

"la gran corriente evolutiva",[80] en las esferas doméstica y pública, es en esta última en donde ella debe tener una voz, la voz principal, en las negociaciones.

De acuerdo con su imagen de la sociedad como un organismo armónico, lo que llama en un momento "la ciudad fraternal, ciudad de luz", Matto propone acercarse a los patrones, reconocer la inequidad social pero sí convencerlos de que "no hay por qué imponer sacrificio a nadie, sino pedir igualdad de procederes a ambas partes: patrón y obrero".[81] Es decir, reconocer los derechos del industrialista, negar la igualdad absoluta, pero convencer al magnate de que no tiene por qué reprimir al jornalero. Debido a que los hombres van a las huelgas, son las mujeres, las que son físicamente diferentes de los hombres, las más apropiadas para estas negociaciones. Es decir le toca a la mujer "alentar al fundador de fábricas, pidiéndole a la vez equidad y justicia para el obrero".[82] ¿Por qué la mujer? Para proteger a la familia, pero también para cuidar a la misma mujer buscándole igual sueldo para el mismo trabajo: "abrámosle campo de acción más amplio, consigamos que su trabajo sea debidamente remunerado, pues, existen industriales que, haciendo igual trabajo, pagan menos a la mujer, sólo por ser mujer".[83] En fin, Matto pregona que la mujer puede hacer todo con gran exquisitez. Pinta un cuadro cuya escena majestuosa representa "la hermosura del trabajo ordenado y la figura más hermosa aún de la obrera transparentado un espíritu culto embellecido por aquella sutil aureola de la virtud verdadera".[84] Con la virtud, la estética, y el lenguaje del modernismo, la tendencia literaria más en boga en aquel momento, Matto se aparta de otras escritoras como Mercedes Cabello de Carbonera quien rechaza el positivismo precisamente porque percibe a la mujer con visos de santa o "fuente de la virtud", apreciación que "le veda a la mujer todas las carreras profesionales".[85] Obviamente

---

80. Matto, "La obrera y la mujer", 56.
81. Matto, "La obrera y la mujer", 53.
82. Matto, "La obrera y la mujer", 57.
83. Matto, "La obrera y la mujer", 57.
84. Matto, "La obrera y la mujer", 57. Para más información sobre esta idea que podría ser controvertida, el modernismo de Matto, consúltese mi *La teoría literaria*, 113-120. Para facilitar la lectura de esta cláusula he suprimido una coma después de la palabra "aún".
85. Cabello de Carbonera, "La religión de la humanidad", 131, 132.

esta perspectiva irá en contra del patrón modernista. La divergencia entre Cabello y Matto representa dos estrategias para la liberación de la mujer, la positivista en diálogo polémico con el mismo positivismo de Cabello y la positivista matizada por el modernismo estético-virtuoso de Matto.

La divergencia entre las propuestas de Matto y Prada sugiere que ella estaba conectada a las realidades laborales y especialmente a las de las mujeres de una forma más concreta, de allí su pragmatismo. Prada era una figura más solitaria y por lo tanto utópica, de allí su idealismo absoluto. Matto se mantiene fiel a los credos del liberalismo al estilo de Las Casas guardando respeto por las "cosas", las "libertades", los "derechos" y la "justicia", pero Prada, aunque fiel defensor de los últimos tres derechos, toma un gran paso hacia el futuro cuando rechaza "las cosas". Haciendo reflejo del primer anarquista, el francés Pierre-Joseph Proudhon, declara que "la propiedad es un asesinato".[86] Así no se mantiene dentro del imperio como Las Casas ni dentro de la nación como Matto, sino busca un futuro sin horizontes imperiales o nacionales. En su ensayo titulado simplemente "La anarquía", Prada resume lo que busca, "la libertad ilimitada y el mayor bienestar posible del individuo, con la abolición del Estado y la propiedad individual".[87] Clorinda Matto de Turner se queda muy lejos de llegar a tales libertades e igualdades absolutas.

¿Cómo se entiende que Matto se quede dentro de los parámetros del liberalismo cuando Prada toma un gran paso para superarlo? Una herramienta para entender esto es esbozar los paralelos que existen entre la nación-Estado (colonialismo interno) y el coloniaje (colonialismo externo). Como constatamos arriba, Las Casas establece una vertiente para entender el colonialismo. El Inca Garcilaso de la Vega (1539-1616) establece otra. Al igual que Matto, Garcilaso era del Cuzco y, al igual que ella, era bilingüe, hablando castellano y quechua. De la misma forma que el Inca Garcilaso, un sujeto colonial, tuvo que lanzar un argumento cristocéntrico para que sus propuestas dialoguen con el medio conservador y católico del Renacimiento contrarreformista, trescientos años más tarde, Clorinda Matto de Turner tendría que desarrollar un argumento

---

86. Prada, "El intelectual y el obrero", 69. Proudhon había propuesto que la propiedad es un robo y un suicidio, *Oeuvres* I: 13, 223.

87. *Anarquía*, 16.

dentro del lenguaje y modales del liberalismo industrial con el fin de dejar atrás el estancamiento resultado del colonialismo español. Era también una estrategia para que sus propuestas cultiven adeptos y adherentes. Para Matto de Turner, el sendero liberal a la igualdad potencial tuvo la meta de liberar a las mujeres de la máquina patriarcal. Matto usa el liberalismo como un mecanismo (como Garcilaso usó el cristianismo como herramienta) para autorizar la condición humana de las mujeres (como Garcilaso quiso autorizar la condición humana de los Incas). La comparación con Garcilaso no es fortuita. Ella lo había leído, según se comprueba en su ensayo sobre el quechua.[88] El cronista colonial tenía que argüir dentro de los confines del colonialismo imperialista, y Matto tendría que argüir dentro de los confines de un colonialismo interno, intra-nacional, que reprimía a las mujeres, a las obreras, a las indígenas. Ella se vio forzada a partir del liberalismo porque durante su tiempo una mujer no podía argüir contra la doctrina del establecimiento, como sí pudo hacerlo González Prada quien, como hombre, logró atacar de frente al liberalismo peruano, y quedarse en el Perú para contarlo.

Posdata

Es curioso cómo terminan las cosas. Matto se apoya en sus argumentos liberales con las ideas de dos políticos peninsulares, los dos del país que había impuesto el colonialismo transatlántico en las Indias Occidentales. Cuatro años después de pronunciar el discurso aquí estudiado, ella viaja en la dirección inversa y llega a la península donde es recibida con los brazos abiertos por las escritoras ibéricas. No sabemos si llegó a conocer a José Canalejas y Eduardo Dato. Se enfermó en el viaje y murió el año después, en 1909, en Buenos Aires. José Canalejas es asesinado por el anarquista Manuel Pardiñas Serrano tres años después (en 1912) cuando miraba libros en el escaparate de una librería en la Puerta del Sol. Debe haber sido año de libros porque en el mismo año Manuel González Prada asume la dirección de la Biblioteca Nacional en Lima que, fuera de

---

88. Consúltese Matto, "Estudios históricos", 91-111; y Ward, "*The Royal Commentaries* as a Kaleidoscopic National Archetype".

un hiato corto, ocupará hasta que muera en 1918. Tres años después, en 1921, el otro político español, Eduardo Dato es también asesinado, por tres anarquistas en la Puerta de Alcalá, con más de veinte tiros. Faltarían tres años más para que el Perú aceptara los restos de Clorinda Matto de Turner, lo cual ocurre finalmente en el año de 1924. Entonces, los liberales españoles sufren el magnicidio a manos de anarquistas, el anarquista peruano sufre un ataque cardíaco mientras desempeñaba sus funciones burócratas durante el gobierno liberal (civilista) de José Pardo Barreda y los restos de la ensayista liberal son rechazados por sucesivos gobiernos hasta que el presidente más liberal, Augusto B. Leguía, los recibe, poniendo orden liberal al caos universal.

Bibliografía

Arango-Keith, Fanny. "Del «ángel del hogar» a la «obrera del pensamiento»: construcción de la identidad socio-histórica y literaria de la escritora peruana del siglo diecinueve". *Historia de las mujeres en América Latina*. Ed. Juan Andreo García y Sara Beatriz Guardia. Murcia: Universidad de Murcia, 2002.

Berg, Mary. "Writing for her Life: The Essays of Clorinda Matto de Turner". En *Reinterpreting the Spanish American Essay, Women Writers of the 19th and 20th Centuries*. Austin: University of Texas Press, 1995.

—. "Clorinda Matto de Turner: Periodista y crítica". En *Las desobedientes: Mujeres de nuestra América*. María Mercedes Jaramillo y Betty Osorio de Negret Bogotá: Panamericana Editorial, 1997.

Carr, Raymond. *Modern Spain 1875-1980*. New York: Oxford University Press, 1980.

Cabello de Carbonera, Mercedes. "La religión de la humanidad". En *Pensadoras de la nación*. Ed. Gloria da Cunha. Madrid/Frankfurt: Iberoamericana/Vervuert, 2006.

Castro, Daniel. *Bartolomé de las Casas, Indigenous Rights, and Ecclesiastical Imperialism: Another Face of Empire*. Durham: Duke University Press, 2007.

Cornejo Polar, Antonio. *Escribir en el aire: ensayo sobre la heterogeneidad socio-cultural en las literaturas andinas*. Lima: Editorial Horizonte, 1994.

—. *Literatura y sociedad en el Perú: La novela indigenista y Clorinda Matto de Turner, novelista: Estudios sobre 'Aves sin nido', 'Índole' y 'Herencia'*. Lima: Latinoamericana Editores, 2005.

Cortés Conde, Roberto. "The Growth of the Argentine Economy, c. 1870-1914". En *The Cambridge History of Latin America*. Vol. V, c. 1870 to 1930. Ed. Leslie Bethell. Cambridge/New York: Cambridge University Press, 1986.

González Prada, Manuel. "Una profesía de Manuel Gonzáles Prada [sic]: Conferencia leída el 21 de agosto de 1898" ["Los partidos y la Unión Nacional"]. Callao: Imprenta Grau, 1899.

—. *Nuevas páginas libres*. Ed. Alfredo González Prada. Santiago de Chile: Ediciones Ercilla, 1937.

—. *Anarquía*. Tercera edición. Santiago de Chile, 1940.

Guardia, Sara Beatriz. *Mujeres peruanas: el otro lado de la historia*. Cuarta edición. Lima: Talleres Gráficos de Viuda de Mariátegui e Hijos, S.A., 2002.

—. "El nombre del otro desvalido y excluido por el poder: la escritura de Clorinda Matto y Laura Riesco". *Mujeres que escriben en América Latina*. Lima: Centro de Estudios La Mujer en la Historia de América Latina, 2007.

Hinkelammert, Franz. "The Hidden Logic of Modernity: Locke and the Inversion of Human Rights". *Worlds and Knowledges Otherwise* 1.1 (Fall 2004): 1-27.

Klaren, Peter. *Peru: Society and Nationhood in the Andes*. New York: Oxford University Press, 2000.

Korzeniewicz, Roberto P. "Labor Unrest in Argentina, 1887-1907". *Latin American Research Review* 24.3 (1989): 71-98.

Kristal, Efraín. "Problemas filológicos e históricos en *Páginas libres* de González Prada". *Revista de Crítica Literaria Latinoamericana* 23 (primer semestre de 1986): 141-150.

Lavrin, Asunción. *Women, Feminism, and Social Change in Argentina, Chile, and Uruguay, 1890-1940*. Lincoln: University of Nebraska Press, 1995.

Las Casas, Bartolomé de. *Del único modo de atraer a todos los pueblos a la verdadera religión*. Ed. Agustín Millares Carlo, Lewis Hanke & Atenógenes Santamaría. México: Fondo de Cultura Económica, [1942] 1975.

Mallon, Florencia E. *The Defense of Community in Peru's Central Highlands*. Princeton: Princeton University Press, 1983.

Masiello, Francine. *Between Civilization and Barbarism: Women, Nation, and Literary Culture in Modern Argentina*. Lincoln: University of Nebraska, 1992.

Matto de Turner, Clorinda. [1888] "Estudios históricos: A la Sociedad Arqueológico-Lingüística." Leído en el "Círculo Literario." En *Leyendas y recortes*. Lima: "La Equitativa," 1893.

—. *San Pablo Apostolpa Romanocunaman qquelkascan*. Buenos Aires: American Bible Society, 1901.

—. *Apunchis Jesucristoc Evangelion San Juanpa qquelkascan.* Buenos Aires: American Bible Society, 1901.

—. *Apostolcunac ruraskancuna.* Buenos Aires: [American Bible Society], 1901.

—. *Apunchis Jesucristoc Evangelion San Mateoc qquelkascan - El Evangelio según San Mateo.* Buenos Aires: Sociedad Bíblica Americana [1904?].

—. "La obrera y la mujer". En *Cuatro conferencias sobre América del Sur*. Buenos Aires: Imprenta de Juan A. Alsina, 1909.

McEvoy, Carmen. *La utopía republicana: ideales y realidades en la formación de la cultura política peruana (1871-1919).* Lima: Pontificia Universidad Católica del Perú, 1997.

Miller, Francesca. *Latin American Women and the Search for Social Justice.* Hannover: University Press of America, 1991.

Moreano, Cecilia. "'El pesado casco de Minerva': influencia de Palma y González Prada en la obra de Clorinda Matto de Turner". *Manuel González Prada: escritor de dos mundos. Actes et Mémoirs.* Vol. 8. Ed. Isabelle Tauzin. Lima: Instituto Francés de Estudios Andinos, 2006.

Peluffo, Ana. *Lágrimas andinas: sentimentalismo, género y virtud republicana en Clorinda Matto de Turner.* Pittsburgh: Instituto Internacional de Literatura Iberoamericana, 2005.

Portugal, Ana María. "El periodismo militante de Clorinda Matto de Turner". En *Mujeres y género en la historia del Perú*. Ed. Margarita Zegarra. Lima: CENDOC, 1999: 319–330.

Prada, Manuel G. "El intelectual y el obrero". En *Horas de lucha*. Lima: Tip. "El Progreso Literario", 1908.

Proudhon, Pierre Joseph. *Oeuvres Complètes.* 26 tomos. Paris: Librairie Internationale, 1873.

Quiroz, Alfonso W. *Domestic and Foreign Finance in Modern Peru, 1850-1950: Financing Visions of Development.* Pittsburgh: University of Pittsburg Press, 1993.

Reglamento de la Escuela Normal de Mujeres de Lima. Lima: Imprenta del Estado, 1907.

Ward, Thomas. "González Prada, la mente y las manos." *Revista Peruana de Filosofía Aplicada*, Año 9, Núm. 11 (enero 1999):

46-54; co-publicado en *El desorden* 1.1 (primavera de 1999): 114-120.

—. *La anarquía inmanentista de Manuel González Prada*. Lima: Universidad Ricardo Palma/Editorial Horizonte, 2001.

—. "La ideología nacional de Clorinda Matto de Turner." *Neophilologus* 86.3 (2002): 401-415.

—. *La teoría literaria: Romanticismo, krausismo y modernismo ante la globalización industrial*. Mississippi: Romance Monographs, Nº 61, 2004.

—. "The Royal Commentaries as a Kaleidoscopic National Archetype: The Pursuit of Post-Colonial Identities in Peru". *Review: Literature and Arts of the Americas* 79, 43.2 (2009), de próxima aparición.

Opinión pública, sociedad civil y la "cuestión indígena": La Sociedad Amiga de los Indios (1867-1871)[1]

Martín Monsalve Zanatti
Centro de Investigación de la Universidad del Pacífico

Hacia mediados del siglo XIX dos discursos y prácticas se consolidaron en la vida pública peruana. Una de ellas fue la consolidación del mundo asociativo, sobretodo en la ciudad de Lima. Según Carlos Forment, entre 1856 y 1860 se crearon 56 nuevas asociaciones cívicas y económicas en el Perú, y otras 49 entre 1860 y 1865. Muchas de estas asociaciones tenían como objetivo autonombrase como representantes del pueblo, los artesanos, o la nación.[2] Sin embargo, como en varios países de Latinoamérica y Europa el surgimiento de una vida asociativa no condujo necesariamente a una mayor democratización de la sociedad.[3] Cabe preguntarse entonces cuál fue el rol de las asociaciones voluntarias en contextos post coloniales y

---

1. Quiero agradecer a Paul Gootenberg, Brooke Larson, Javier Auyero y Carlos Aguirre por sus comentarios a versiones previas de este artículo y al International Dissertation Research Fellowship (IDRF) del Social Science Research Council que finació parte de esta investigación.

2. Carlos A. Forment, *Democracy in Latin America (1760-1900): Civic Selfhood and Public Life in Mexico and Peru* (Chicago and London: The University of Chicago Press, 2003), 285-286.

3. Para un análisis histórico y político del siglo XIX europeo ver: Nancy Bermeo and Nord Philip (editors), *Civil Society before Democracy, Lessons from Nineteenth-Century Europe* (Lanham, MD: Rowman & Littlefield Publishers, Inc. 2000). Para estudiar casos sobre el siglo XX, ver Sheri Berman, "Civil Society and the collapse of the Weimar Republic." *World Politics* 49 (1997): 401-29 y Dylan Riley, "Civic Associations and

previos al desarrollo de la democracia. Paralelamente, después de la abolición del tributo indígena en 1854 renace entre los políticos e intelectuales peruanos el debate sobre los impuestos personales y las formas en que el Estado Peruano debía interactuar con la población indígena. De acuerdo a Nils Jacobsen, este debate se caracterizó por el reemplazo del concepto de "Comunidad Indígena" del debate público (e inclusive de la legislación) por el sustantivo "Indio".[4] Es pertinente preguntarse si este cambio discursivo era parte de una reelaboración del discurso racial decimonónico y cómo afectaba las ideas de la elite política acerca del rol de los indígenas en el estado republicano. Este artículo propone que la fundación de la Sociedad Amiga de los Indios (a partir de ahora SAI) en 1867 representó un punto de encuentro entre el discurso asociativo y racial del Perú a mediados del siglo XIX.

1. La Sociedad Amiga de los Indios: "Más allá de Juan Bustamante"[5]

La administración del Presidente Mariano Ignacio Prado elaboró un plan tributario para aliviar las finanzas del Estado Peruano. Este plan consistía en el cobro de impuestos personales a todos los ciudadanos peruanos a través de una cuota fija. Sin embargo, apenas fue anunciada la implementación de la "Contribución Personal" los liberales en el Congreso se opusieron a la medida argumentando

---

Authoritarian Regimes in Interwar Europe: Italy and Spain in Comparative Perspective" *American Sociological Review* 70.2 (2005): 288-310.

    4. Nils Jacobsen, "Liberalism and Indian Communities in Peru, 1821-1920" en Robert H. Jackson (Editor), *Liberals, the Church, and Indian Peasants, Corporate Lands and the Challenge of Reform in Nineteenth-Century Spanish America* (Albuquerque, Nuevo Mexico university Press, 1977), 123-170.

    5. Juan Bustamante, de madre indígena y padre español, nació en el pueblo de Vilque, departamento de Puno en 1808. Fue un próspero comerciante de lana de la región y en los años 1840s emprendió un viaje alrededor del mundo y fue testigo presencial del 48 europeo. De regreso en el Perú fue congresista en varias ocasiones, también ejerció los puestos de prefecto de Cusco y Huancavelica e Intendente de Lima. Murió asesinado durante la represión de la rebelión de Huancané. Para una mayor información acerca de la biografía de Juan Bustamante ver la siguiente nota.

que en la práctica sólo la población indígena sería obligada a pagarlo. Efectivamente, las autoridades locales entendieron el nuevo impuesto como un permiso para restituir la abolida "contribución indígena". El cobro del nuevo impuesto coincidió con el proceso de expansión de las haciendas tanto en la costa como en los valles andinos. La combinación de ambos factores trajo como consecuencia una coyuntura de rebeliones indígenas. La rebelión de los comuneros de Huancané (1867) en Puno fue la más importante de ellas.

Fue en este contexto político que, un grupo de generales, intelectuales y empresarios, bajo el liderazgo del coronel Juan Bustamante, decide fundar en la ciudad de Lima la Sociedad Amiga de los Indios (1867-1871).[6] Los objetivos de esta asociación, creada al poco tiempo de estallar la rebelión de Huancané, consistían en defender los derechos civiles de los indígenas y en convencer a la opinión pública limeña de que la incorporación de los indígenas era fundamental para la consolidación del Perú como nación.

A pesar de su corta existencia, la SAI logró establecer una serie de sucursales a lo largo del territorio peruano. Gracias a estas filiales, los miembros de la Sociedad establecieron contactos con algunas comunidades indígenas a lo largo del territorio peruano. Los miembros de la SAI combinaron el desarrollo de esta red asociativa y la defensa de los derechos civiles para intentar convertirse en los representantes de los indígenas ante el Estado Republicano. Sin embargo, es importante notar que ninguno de los comunicados de la SAI incluye de manera explícita a los pobladores de la amazonía,

---

6. Los estudios de la Sociedad Amiga de los Indios han sido subordinados al estudio de la figura de Juan Bustamante y la Rebelión de Huancané. En este artículo, por el contrario, centra su estudio en la Sociedad Amiga de los Indios. El libro de Emilio Vásquez, *La rebelión de Juan Bustamante* (Lima: Ed. Mejía Baca, 1976), sigue siendo el texto a partir del cual se han basado otros investigadores en sus análisis de la rebelión de Huancané. Los siguientes trabajos presentan nuevos enfoques al estudio de la rebelión de Huancané y la figura de Juan Bustamante, así como detalles de los conflictos sociales en Puno: José Luis Rénique C., *La batalla por Puno: conflicto agrario y nación en los Andes peruanos, 1866-1995* (Lima: IEP, SUR, CEPES, 2004); Nils Jacobsen, *Mirages of Transition: The Peruvian Altiplano, 1780-1930* (Berkeley and Los Angeles: University of California Press, 1993); McEvoy, Carmen. "Indio y Nación: Una lectura política de la rebelión de Huancané (1866-1868)" en *Forjando la Nación. Ensayos de Historia Republicana* (Lima: Pontificia Universidad Católica del Perú y The University of the South, Sewanee, 1999), 61-118.

al parecer para los políticos decimonónicos los pueblos amazónicos eran otros "Indios", o los "Indios por conquistar" como solía afirmar el conservador Manuel Fuentes.[7]

La búsqueda por un mecanismo de mediación entre el nuevo Estado Peruano y la población indígena de la costa y sierra fue, como lo han afirmado varios investigadores, una de las constantes de la historia política del siglo XIX peruano. Mark Thurner, por ejemplo, sostiene que uno de los desafíos del Estado Peruano post colonial fue crear una sola república donde formalmente existían dos. La abolición del tributo indígena en 1854 y el establecimiento del sufragio universal masculino en 1856 fueron dos pasos importantes (aunque efímeros) hacia la construcción de un estado unitario. Sin embargo, como lo han demostrado Carlos Contreras, Paul Gootenberg, y Nils Jacobsen, la eliminación del tributo indígena trajo como consecuencia que los agentes locales del Estado (subprefectos y gobernadores) quedaran subordinados a las elites locales, lo que facilitó la expansión de la hacienda a costa de las comunidades indígenas. A pesar de ello, durante esta coyuntura, como argumentan Florencia Mallon y Mark Thurner, se consolida la formación de un republicanismo indígena que combina nociones coloniales acerca de los derechos tributarios con ideales liberales sobre la universalidad de los derechos ciudadanos. Este republicanismo indígena, de acuerdo con Cecilia Méndez, permitió el establecimiento de alianzas políticas entre caudillos militares de tendencias liberales con poblaciones quechuas o aymaras.[8]

Al mismo tiempo, como sostienen Efraín Krystal, Carmen McEvoy y Brooke Larson, los hacendados, comerciantes e intelec-

---

7. Para un análisis de las ideas raciales de Manuel Fuentes ver Poole, Deborah, *Visión, Raza y Modernidad: Una economía Visual del Mundo Andino de Imágenes* (Lima : SUR Casa de Estudios del Socialismo, 2000).

8. Mark Thurner, *From Two Republics To One Divided: Contradictions of Postcolonial Nation Making in Andean Peru* (Durham: Duke University Press, 1997); Carlos Contreras, *El Aprendizaje del Capitalismo: Estudios de Historia Económica y Social del Perú Republicano* (Lima: Instituto de Estudios Peruanos, 2004); Paul Gootenberg, *Imagining Development* (Berkely: University of California Press, 1993); Nils Jacobsen, *Mirages of Transition: The Peruvian Altiplano, 1780-1930* (Berkeley and Los Angeles: University of California Press, 1993); Florencia Mallon, *Peasant and Nation, The Making of Postcolonial Mexico and Peru* (Berke-

tuales de la costa, estaban involucrados en la creación de un nuevo discurso republicano que consideraba a los indígenas como seres "redimibles" a través del aprendizaje del castellano en las escuelas a construirse en un futuro cercano.[9] Por su parte, los hacendados de la sierra estaban interesados en estigmatizar los reclamos de las comunidades indígenas en términos de violencia racial o "guerra de castas", para justificar la represión violenta de los movimientos indígenas y su exclusión de la nación.

En medio de este proceso político la SAI representa un interesante intento desde el mundo asociativo por establecer un puente político entre el estado peruano y la población quechua y aymara. Pero a diferencia de las propuestas anteriores, la SAI priorizó la defensa de los derechos civiles de los indígenas sobre la educación como mecanismo para integrar a los indígenas al estado peruano. Para lograrlo los miembros de la sociedad crearon la primera red asociativa nacional del Perú republicano, compuesta por militares e intelectuales civiles que, a través de la prensa y de divulgadores locales (agentes estatales y población de origen quechua y aymara), colocaron a la llamada "cuestión indígena" en el centro del debate público. Además, a través de sus representantes en el Congreso impulsaron, sin éxito, una legislación que protegería los derechos civiles de los indígenas. Sin embargo, al autonombrarse representantes y protectores de las poblaciones aborígenes los "Amigos de los Indios" formaron también parte de la lucha política al interior de la elite peruana por redefinir las clasificaciones raciales.

Este ensayo se propone, entonces, una doble tarea, por un lado, y siguiendo la propuesta de Hilda Sábato para el Buenos Aires decimonónico, se estudia a la SAI como parte de un proyecto político liberal que implicaba la reconstrucción de la ciudadanía desde

---

ley: University of California Press, 1995); y Cecilia Méndez, *The Plebeian Republic: The Huanta Rebellion and the Making of the Peruvian State, 1820–1850* (Durham, Duke University Press, 2005).

9. Efraín Kristal, *Una Visión Urbana de los Andes. Génesis y desarrollo del indigenismo en el Perú 1848-1930* (Lima: Instituto de Apoyo Agrario, 1989). Carmen McEvoy, *La utopía republicana: ideales y realidades en la formación de la cultura política peruana: 1871-1919* (Lima: PUCP. Fondo Editorial, 1997); Brooke Larson, *Indígenas, élites y Estado en la formación de las repúblicas andinas* (Lima: PUCP. Fondo Editorial : IEP, 2002).

el mundo asociativo y no desde la participación electoral.[10] Por otro lado, el artículo analiza la interacción entre la formación de clasificaciones raciales ("la cuestión indígena") y vida asociativa en la construcción de la esfera política del Perú del siglo XIX. Después de todo "pluralidad y desigualdad, tolerancia y discriminación, siempre han ido mano a mano en la historia de la vida asociativa", tal como lo afirma Trentmann para el caso europeo.[11]

2. Los conflictos sociales de Huancané se trasladan a la opinión pública peruana.

Charles Taylor y John Hall coinciden en señalar que la noción de sociedad civil es desarrollada paralelamente a una idea de civilidad entendida como un proceso de pacificación de la vida cotidiana. Pero tal como lo plantea Norbert Elias este "proceso civilizatorio" suele ser iniciado por el Estado.[12] La paradoja del caso peruano es que en un contexto de guerras civiles, fueron las asociaciones civiles compuestas por militares e intelectuales las que abogaron por la imposición de la civilidad. Sin embargo, esta noción implica también el reconocimiento de formas "atrasadas" o "pre-modernas" de organización social. Este concepto, al incluir el análisis del control de las elites, permite analizar de mejor manera la interacción de los conflictos entre elites con un proyecto político que buscaba redefinir las nociones de ciudadanía e "indio" desde el mundo asociativo.[13] El

---

10. Hilda Sábato, *The Many and the Few: Political Participation in Republican Buenos Aires* (Stanford: Stanford University Press, 2001); Hilda Sábato, "Citizenship, Political Participation and the Formation of the Public Sphere in Buenos Aires 1850s-1880s" *Past & Present* 136 (1992): 139-163.

11. Frank Trentmann, (Editor) *Paradoxes of Civil Society: New Perspectives on Modern German and British History* 17 (New York/ Oxford: Berghahn Books, 2000).

12. John A. Hall, "Reflections on The making of Civil Society", en Frank Trentmann, *Paradoxes of Civil Society* 53. Taylor, Charles, "Mode of Civil Society", *Public Culture* 3:1 (1990): 97-118; Elias, Norbert, *The Civilizing Process: Sociogenetic and Psychogenetic Investigations* (Oxford/ Cambridge, Mass.: Blackwell Publishers, 2000).

13. Para un análisis interesante de los conflictos entre la elite limeña con respecto a los espacios públicos y la conducta social ver Fanni Muñoz Cabrejos, *Diversiones Públicas en Lima, 1890-1920: La Experien-*

conflicto social desatado por la rebelión de comuneros de Huancané brindó a los fundadores de la SAI la oportunidad de estigmatizar a sus enemigos políticos como elites violentas opuestas al progreso y rechazar las ideas de etnicidad y comunidad como fuentes de identidad política. Pero al mismo tiempo les permitió presentarse ante la opinión pública limeña como redentores o "civilizadores" de sus amigos, los explotados indígenas y como una reserva moral de la nación frente a un Estado corrupto. Por ello, como lo apunta Carmen McEvoy, la rebelión de Hunacané se desarrolló tanto en el altiplano como en la prensa.[14]

Durante los primeros meses de la rebelión, las autoridades puneñas y un grupo de diputados por ese departamento desataron una campaña periodística en contra de los comuneros acusándolos de estar propiciando una guerra de castas cuyo objetivo era la eliminación de la población blanca. La idea era preparar a la opinión pública limeña para la aprobación de una ley que permitiera la represión violenta e indiscriminada de los campesinos de la región.[15] Esta ley permitiría a las autoridades locales expropiar las tierras de las comunidades implicadas en la rebelión y deportar a Carabaya a los sobrevivientes de la represión militar. Simultáneamente, el coronel Juan Bustamante, comerciante y hacendado mestizo de Puno, viajó a Huancané para organizar a los comuneros en contra de las autoridades locales. Mientras tanto en la ciudad de Lima, Manuel Amunátegui, dueño del diario *El Comercio* coordinaba una campaña periodística que buscaba defender el punto de vista de los rebeldes y presentar como una causa justa las demandas de los comuneros.[16]

---

cia de la Modernidad (Lima: Pontificia Universidad Católica, Instituto de Estudios Peruanos, 2001). Para un estudio acerca de las ideas de decencia e institucionalidad republicana ver Sarah Chambers, *De súbitos a Ciudadadnos. Honor, Género y política en Arequipa 1780-1854* (Lima: Red para el Desarrollo de las Ciencias Sociales en el Perú, 2003) y Pablo Whipple, "¿Apostando por la República? Decencia, apuestas e instituciones republicanas durante la primera mitad del siglo XIX en Lima", *A Contracorriente* 6:3 (2009): 1-35.

14. Carmen McEvoy, "Indio y Nación", 99.
15. La propuesta de ley, y los artículos periodísticos a favor de la "Ley del Terror" han sido publicados en el anexo documental de Emilio Vásquez, "La rebelión de Juan Bustamante".
16. Carmen Mc Evoy, "Indio y Nación", 99-100.

La campaña para ganar la opinión pública limeña a favor de los rebeldes se desarrolló a través de la creación de una sección titulada "Indios" en los diarios *El Comercio* y *El Nacional*. En los artículos publicados, en su mayoría, de manera anónima o bajo seudónimo en la sección "Indios" se narraban los incidentes de la rebelión de Huancané y se negaba enfáticamente que los comuneros estuvieran propiciando una "guerra de castas". Por el contrario, los editores de *El Comercio* y *El Nacional* acusaban a los diputados de Puno de utilizar el pretexto de la guerra de castas para poder justificar el asesinato de los rebeldes. "No es el primer caso en que los pueblos presencian semejantes procedimientos. Los indios y los negros en la liberal América han sido siempre calumniados para ser martirizados y exterminados después",[17] afirmaba uno de los escritores de *El Nacional*.

Fueron, entonces, los diarios *El Comercio* y *El Nacional* los que calificaron al proyecto legislativo propuesto por los diputados de Puno como la "Ley del Terror", y los editores de ambos diarios no dudaron en denunciarla como anti-republicana e incivilizada. Al parecer la campaña periodística tuvo éxito pues una comisión nombrada por el gobierno y formada por miembros del Congreso para analizar las causas de la rebelión de Huancané rechazó el proyecto de ley presentado por los diputados de Puno, José L. Quiñónez, Federico Luna y Santiago Riquelme. La comisión, que contaba entre sus miembros a Agustín Reinaldo Chacaltana y Nicolás Hurtado (futuros socios de la SAI) dictaminó que el gobierno de Mariano Ignacio Prado sólo utilizaría la fuerza para contener la rebelión indígena como último recurso, que se le concedía amnistía a los indígenas sublevados que depusieran las armas pacíficamente y que el gobierno enjuiciaría a las autoridades locales que hubieran abusado de los indígenas.[18]

Paralelamente a esta campaña periodística, el coronel Juan Bustamante utilizó sus redes en el ejército para distribuir un cuestionario entre generales y coroneles que hubieran ocupado alguna

---

17. "Indios," *El Nacional*, 27 de febrero de 1868.

18. La expedición del general Caravedo, futuro miembro de la SAI, fue enviada bajo estas órdenes. *El Comercio*, 21 de mayo de 1867. La mayor parte de los historiadores señalan que la campaña periodística fue inútil porque al final Juan Bustamante y 71 indígenas fueron asesinados en el pueblo de Pusi. Pero esto sucedió en medio de la rebelión contra el gobierno de Mariano Ignacio Prado (al que Bustamante y las mal armadas

vez el puesto de prefecto. La pregunta más importante de esta encuesta informal era: "¿No tendrá la bondad de decirme su opinión sobre los medios que se podrían emplear para el mejoramiento y progreso del Indio?".[19] Esta pregunta tomaba como un dato fáctico que el "Indio" era un ser que necesitaba ser "redimido" o "civilizado" y convertía al que la respondía en un posible candidato a llevar a cabo esa tarea. La mayoría de las respuestas de los generales y coroneles hicieron referencias a varios lugares comunes acerca de los llamados "indios". Pero además los generales señalaban que la igualdad ante la ley era una utopía en el Perú y que los indios no eran considerados como ciudadanos por sus compatriotas. "Al pobre indio se le explota de todos los modos, se le humilla, se le desprecia y se le trata como a una bestia, no como a hombre ni como a ciudadano,"[20] declaraba por ejemplo el general Ramón Vargas Machuca. Los encuestados también consideraban que la integración de los "indios" a la sociedad política como ciudadanos reales era fundamental para la consolidación del sistema republicano y el progreso económico del país. Para el general Manuel Aparicio era un contrasentido para un país republicano que la mayoría de sus ciudadanos fueran tratados como parias.[21] Siguiendo un argumento parecido, el general Rudesindo Beltrán añadía que "el día que se civilice al indio el Perú será más poderoso, porque contará en su seno con una gran población de hombres ilustrados, próvidos y trabajadores".[22] Para estos generales el "indio" no era un ser pre-económico (es decir, que no participaba voluntariamente en una economía de mercado) sino explotado y es justamente la explotación de la que era objeto lo que impedía al "indio" civilizarse.

A través de la transformación del "Indio" de un ser "incivilizado" a un ser "explotado," los generales mantenían, por un lado, el estigma racial del "Indio" como "atrasado", "pre-moderno" y "pre-económico", pero por otro, atribuían esta situación a la injusticia

---

milicias indígenas defendieron) y no como producto de una ley aprobada por el Congreso.

19. Tanto el cuestionario como las respuestas de los prefectos se encuentran en: Juan Bustamante, *Los Indios del Perú* (Lima: Imprenta Monterola, 1867).

20. Juan Bustamante, *Los Indios del Perú* (Lima: Imprenta Monterola, 1867), 12.

21. *Op. cit.* 8.

22. *Op. cit.* 15.

social y a la negligencia del gobierno, en lugar de a la fisonomía, color o alguna característica física de la población indígena. Este esquema "socio-racial" evolutivo planteado por Juan Bustamante y sus compañeros de armas les imponían una "misión civilizadora" que consistía en la transformación del llamado "Indio" en ciudadano y de cuyo éxito dependía el desarrollo económico del país. La naturaleza de esa "misión civilizadora" sería uno de los temas de discusión y tensión entre los miembros de la Sociedad Amiga de los Indios.

Un proceso similar ocurre en Rusia en la segunda mitad del siglo XIX. Como lo señala Yuri Slezkine, los jóvenes radicales siberianos redefinieron "salvajismo" como "pobreza" para referirse a la población esquimal nativa de Siberia. Esta redefinición les permitió presentarse como los agentes de una nueva misión "civilizadora" que incluía la expansión de la educación entre los esquimales y su incorporación en la vida cívica e intelectual.[23] La noción de civilidad y asociacionismo en el siglo XIX pareciera estar íntimamente ligada a un proceso de apropiación de la representación de un sector subalterno al que se le presenta como "explotado" e "inferior" pero "redimible".

3. La Sociedad Amiga de los Indios y la defensa de la ciudadanía civil

La SAI nació en medio de la campaña periodística emprendida por *El Comercio* y *El Nacional* en contra de la denominada "Ley del Terror" y como consecuencia de la movilización de las redes políticas del coronel Bustamante al interior del ejército. De esta forma la SAI se convirtió en un espacio de diálogo entre generales y civiles en torno a un proyecto nacional: tratar de resolver la llamada cuestión indígena a través de la defensa de los derechos civiles.

Siguiendo el patrón de las asociaciones civiles limeñas de la década de 1860, la primera reunión de la SAI fue anunciada en el diario *El Comercio*. En esta reunión los miembros de la SAI eligieron a su primer directorio presidido por el general José Manuel Medina y decidieron hacer públicas y abiertas tanto sus asambleas

---

23. Yuri Slezkine, *Artic Mirrors: Russia and the Small Peoples of the North* (Ithaca and London: Cornell University Press, 1994).

generales como las reuniones de su directorio.²⁴ Evidentemente, el diario *El Comercio* fue el encargado de publicar las convocatorias y las actas de las asambleas llevadas a cabo por la Sociedad Amiga de los Indios.

Según sus estatutos, la SAI se propuso: 1) influir sobre la opinión pública y el gobierno para asegurarles a los "indios" los derechos que la Constitución del Perú otorgaba a todos los ciudadanos; y 2) convertirse en mediador—siempre y cuando los interesados lo soliciten—en los conflictos entre las comunidades indígenas o entre los miembros de una misma comunidad.²⁵

El primer directorio de la SAI estuvo presidido por el general José Manuel Medina. Manuel Amunátegui y Guillermo Seoane fueron elegidos vicepresidente y el secretario de la organización respectivamente. También formaron parte del directorio como vocales el general Rudesindo Beltrán, el coronel Juan Bustamante, Juan Rennes, Sebastián Lorente y Federico Lembcke.²⁶ Además de los miembros del directorio fueron socios fundadores de la sociedad José Casimiro Ulloa, Eusebio Escobedo, Francisco de Lama, Pantaleón Falconi, Cipriano Coronel Zegarra, Tomás Lama, Agustín Reynaldo Chacaltana, Luis Carranza, Manuel Rodríguez, José Cossío, Graña, Miguel Zelaya, Lozano, Dámaso Castilla, Pío Meza, Juan de la Cruz Lizárraga, Eugenio Amunátegui y Nicolás Hurtado.²⁷ Más tarde la filial limeña llegó a tener poco más de 50 miembros de los cuales la mayoría eran jueces y abogados, generales del Ejército Peruano, doctores, profesores universitarios y periodistas. Solo dos banqueros y hacendados se unieron a la asociación. De esta manera, los miembros de SAI representaban de una manera u otra a funcionarios del Estado Peruano, aparte de la intelectualidad y un sector del ejército.²⁸

Tanto el presidente como el vicepresidente de la Sociedad fueron figuras claves para la construcción de una red asociativa a

---

24. *El Comercio*, 27 de junio de 1867.
25. *El Comercio*, 6 y 25 de agosto de 1867.
26. *El Comercio*, 6 de agosto de 1867.
27. Emilio Vásquez, *La Rebelión de Juan Bustamante* 196, nota 171, McEvoy, Carmen, "Indio y Nación" 99, nota 77.
28. No es de extrañar entonces que solo cuatro de los miembros de la SAI fueran también miembros del Club Nacional. Para ver una lista de los miembros de la sección limeña de la sociedad ver la versión en ale-

lo largo del territorio peruano. El general José Manuel Medina había sido prefecto de Cusco y Ayacucho y por tanto tenía un amplio conocimiento sobre los problemas de las comunidades campesinas y la estructura política de las provincias andinas. Además gracias a su puesto como presidente de la Sociedad Fundadores de la Independencia movilizó su influencia entre generales y coroneles retirados para crear sucursales de la sociedad en diferentes ciudades del país.[29] Manuel Amunátegui no sólo ofrecía las páginas de *El Comercio* a la sociedad sino que además, gracias a sus contactos como miembro de la Sociedad Defensores de la Independencia Americana y de la Sociedad Hijos del Pueblo, introdujo a la SAI en el centro de la red asociativa limeña. La conformación de una dirigencia civil-militar ligada al aparato estatal y al mundo asociativo limeño fue crucial para que la SAI lograra obtener una dimensión nacional.

Los miembros de la SAI dieron a conocer sus planteamientos a la opinión pública en tres documentos titulados "Carta Abierta". Estas cartas, publicadas en *El Comercio*, estuvieron dirigidas a los "indios", los hacendados y los sacerdotes. La defensa de los derechos civiles de la población indígena, las denuncias contra la religiosidad popular y el llamado a los indios a defender por sí mismos sus derechos fueron los tres elementos que le dieron unidad a estos documentos. Los miembros de la SAI argumentaban que la degradación social de los "indios" no se encontraba en el carácter de su "raza", ni solamente en la explotación colonial, sino en la falta de garantías para sus derechos civiles, incluyendo la libertad de trabajo y la propiedad.

Efraín Kristal ha argumentado que hacia 1860 se produce un cambio en la concepción del "problema indígena". No se trataba más de proteger al "indio" de sus explotadores, sino de garantizarle la libertad de trabajo. Esta propuesta fue defendida por los escritores de la *Revista de Lima*. La defensa de los derechos civiles de los indígenas (en especial la defensa de su libertad personal) se convirtió, según Kristal, en el tópico más frecuente de las novelas y artículos sobre el "indio" publicados en dicha revista. Kristal sostiene que la defensa de la libertad individual de los indígenas por parte de los

---

man de Ulrich Mucke, *Der Partido Civil in Peru, 1871-1879* (Sttuttgart: Franz Steiner Verlag Stuttgart, 1998), 329 y 330.

29. Ulrich Muecke, *Political Culture in Nineteenth-Century Peru, The Rise of the Partido Civil*. Translated by Katya Andruz (Pittsburgh: University of Pittsburgh Press, 2004), 57.

escritores de la *Revista de Lima* era parte de un conflicto por el acceso a la mano de obra entre los hacendados agro exportadores de la costa y los hacendados de la sierra que producían para mercados locales.[30]

Sin lugar a dudas los miembros de la SAI se apropiaron de parte de este discurso sobre el "indio" pero a la defensa de la libertad individual de los indígenas le añadieron la defensa de la propiedad indígena, sea esta individual o comunal. Este reconocimiento al derecho a la propiedad de las comunidades indígenas marca una importante diferencia con los planteamientos de los escritores de la *Revista de Lima*.

Sin embargo, esto no quiere decir que los miembros de la SAI no utilizaran una retórica similar a la del libre mercado para plantear sus propuestas. Los "Amigos de los Indios" previenen a los hacendados de que la explotación del "indio" atenta contra sus propios intereses, pues la explotación y el maltrato convierten al "indio" en un ser improductivo: "Los señores hacendados saben que sometido el indio a esta deplorable condición [...] jamás se puede obtener de él, la espontaneidad en el trabajo y los conocimientos indispensables para el desarrollo de la agricultura y para fortalecer los vínculos de la familia y de la unidad nacional".[31] La explotación del "indio" y por tanto su degradación fue claramente presentada por la SAI como una barrera a la rentabilidad del propio hacendado. Es decir trataban de unir, a través de un clásico discurso librecambista el interés personal del hacendado (mayor rentabilidad) con lo que los "Amigos de los Indios" consideraban el bienestar de la nación (el respeto a los derechos civiles de los indígenas). Parafraseando a Albert O. Hirschman la SAI trató de promover el interés sobre la pasión para lograr la tan ansiada estabilidad política.[32]

Asimismo, en un artículo publicado por la SAI en El Nacional se recomendaba a los hacendados tratar con dignidad a sus trabajadores no llamándolos '*mis cholos*' sino simplemente '*operarios*'. El artículo también recomendaba a los patrones que no se re-

---

30. Efraín Kristal, *Una visión urbana de los Andes*, 65-93.

31. "El Directorio de la Sociedad Amiga de los Indios a los SS hacendados de la República," *El Comercio*, Diciembre 9, 1867.

32. Albert O. Hirschman, *The Passions and the Interests: Political Arguments for Capitalism before its Triumphs* (Princeton: Princeton University Press, 1977).

fieran a sus empleados domésticos como 'cholos', 'chinos', 'zambos', etc. sino que los llamen por su nombre.³³ Los miembros de la SAI veían una estrecha relación entre la explotación de los trabajadores y la discriminación racial. Es esta relación entre explotación y raza la que permitió la utilización indistinta de los términos 'campesino' e 'indio' en el lenguaje político peruano de finales del siglo XIX y durante casi todo el siglo XX.

En su carta abierta a los sacerdotes, los miembros de la Sociedad hacían un llamado al clero peruano para reprimir las muestras de religiosidad popular en las comunidades campesinas, pues las fiestas, los bailes y el licor eran otras de las causas de la opresión del "indio" de acuerdo a la SAI. La imposición de una piedad religiosa basada en una piedad racionalista y personal era para los integrantes de la Sociedad uno de los mecanismos claves para la conversión del "Indio" en ciudadano: "Cuando esto se haga la religión ganará en [el] corazón del indio lo que hoy pierde en sus sentidos; y una vez esclarecida y cristianizada su razón, no será difícil hacerlo [...] un ciudadano que comprendiendo y llenando sus deberes, puede también apreciar y defender sus derechos".³⁴ De la misma manera que los intelectuales ilustrados de la Lima colonial buscaron ligar sus concepciones católicas con los planteamientos de la ilustración, la SAI buscaba unir el catolicismo con los planteamientos liberales. Dentro de esta lógica la Sociedad encargó a uno de sus miembros, Francisco de Paula González Vigil, la elaboración de una biografía de Bartolomé de las Casas, que los miembros de la asociación se encargarían de difundir. Esto era parte de una estrategia para promover un expediente que propusiera al Papa la canonización del fraile dominico.³⁵

Pero fue el llamado a los "indios" para que inicien su propio camino a convertirse en ciudadanos lo que diferenció a la SAI de los intelectuales de la *Revista de Lima* o de los liberales de la década de 1850. La SAI publicó copias en castellano, quechua y aymara, de los decretos de San Martín, Bolívar y Castilla a favor de la población

---

33. "La Sociedad Amiga de los Indios," *El Nacional*, febrero 29, 1867.

34. "Circular a los ilustrísimos señores arzobispos y obispos", *El Comercio*, 25 octubre, 1867.

35. Ibid.

indígena.³⁶ Estas copias fueron distribuidas a través de las redes de la Sociedad en varias comunidades andinas. En la "Carta Abierta a los Indios" los miembros de la sociedad les decían a los comuneros que aquellos decretos los hacían libres e iguales a los demás ciudadanos peruanos: "...sois tan libres e iguales ante la ley como todos los blancos y mestizos de la república por ricos que ellos sean [...]".³⁷ Sin embargo, el aprendizaje de la ciudadanía implicaba para los miembros de la sociedad el conocimiento del idioma castellano:

> Que siendo el castellano la lengua oficial de la república, debéis procurar instruiros e instruir en ella a vuestros hijos, para que puedan leer y saber las leyes, escribir, estudiar las artes y las ciencias, cultivando así su espíritu y preparándose a ser maestros de escuelas, curas, artesanos, alcaldes, gobernadores, subprefectos, profesores, diputados y en fin ejercer los más altos cargos de la república, para lo que tenéis tanto derecho como cualquier blanco o mestizo; todo lo que conseguiréis enviando a vuestros hijos a las escuelas.³⁸

El idioma castellano era para los integrantes de la SAI uno de los principales elementos integradores de los indígenas a la comunidad de peruanos y una garantía para el respeto de sus derechos ciudadanos. Por el contrario, el quechua era descrito, por un simpatizante de la Sociedad en *El Nacional* como un obstáculo para la adquisición de conocimientos "por su gran escasez de voces para expresar ideas generales, abstractas [...] y por su excesiva falta de analogía".³⁹ No estamos, entonces, frente a un proyecto proto-indigenista o republicanismo indigenista. Por el contrario, la transformación del "Indio" en ciudadano implicaba para los miembros de la Sociedad la pérdida de los idiomas y—como veremos más adelante las prácticas religiosas andinas. Estamos entonces ante un movimiento liberal que busca integrar a toda la población en torno a la idea de la nación peruana. "Unidad de leyes, unidad de idioma,

---

36. Conspicuamente, los miembros de la Sociedad Amiga de los Indios no hacen referencia a la parcelación de las tierras comunales cuando citan los decretos de Bolívar.
37. *El Comercio*, 11 de setiembre de 1867, Anexo documental de Emilio Vásquez, *La rebelión de Juan Bustamante*, 296.
38. *Op. cit.* 126.
39. *El Nacional*, 29 de febrero de 1867.

de pesos, medidas, costumbres, instituciones, etc. Son otras tantas condiciones del orden, armonía, garantías y fraternidad que deben reinar en una república". Así lo afirmaba uno de los escritores que saludaba la fundación de la SAI. Lo "universal" o "moderno" implicaba la igualdad de derechos pero no el reconocimiento de diversas identidades. Lo que le importaba a Juan Bustamante y a los miembros de la SAI, como lo ha apuntado Nils Jacobsen, era el "Indio" como ciudadano individual no como entidad étnica o comunitaria pero de manera pragmática reconocen la propiedad comunal para poder establecer una alianza con sus supuestos representados, los comuneros de Huancané.[40]

4. La creación de una red nacional de asociaciones civiles

La campaña periodística descrita, la organización de milicias indígenas por parte de Bustamante y la presión que los miembros de la SAI realizaron sobre el gobierno de Mariano I. Prado y el Congreso tuvieron un éxito relativo. La discusión sobre la "Ley del Terror" quedó paralizada en el Congreso, mientras que la administración del Presidente Prado envió un destacamento del ejército al mando del General Caravedo con el objetivo de acabar con la rebelión de comuneros de Huancané en términos pacíficos. La misión de Caravedo fue interrumpida, sin embargo, por las rebeliones de la costa norte y la ciudad de Arequipa en contra de la presidencia de Mariano Prado. En un acto de desesperación Bustamante y sus milicias se rebelaron contra las autoridades locales bajo el pretexto de defender la Presidencia de Prado.

Las autoridades y hacendados de Puno reprimieron la rebelión de forma violenta. Luego de ser derrotados en el pueblo de Pusi, aproximadamente 70 indígenas fueron asfixiados y más tarde quemados en una casa del pueblo, los bienes de las comunidades fueron expropiados, los comuneros sobrevivientes fueron desterrados y sus hijos e hijas distribuidos de manera ilegal entre los hacendados de la región. Es decir, la llamada "Ley del Terror" se llevó a la práctica. El propio coronel Bustamante fue brutalmente asesinado y otros miembros de la SAI que participaron en la rebelión fueron llevados a prisión y sufrieron el embargo de sus bienes. La Sociedad

---

40. Nils Jacobsen, "Liberalism and Indian Comunities in Peru", 144.

se encargaría en los meses siguientes de rescatar a los niños y niñas secuestrados para reunirlos con sus familiares o conseguirles un nuevo hogar.

Debido a que la mayor parte de historiadores que han estudiado estos hechos se han concentrado en la figura del coronel Juan Bustamante o el estudio de la rebelión de Huancané, se ha creado la impresión de que la SAI desapareció luego de la derrota de los rebeldes. Por el contrario, en los meses siguientes a la supresión de la rebelión la SAI consolidó una red de sucursales a lo largo del territorio peruano, cuyas cartas de adhesión eran publicadas en la sección "Indios" de *El Comercio*. La asociación civil "Academia Oral Popular" del Cusco, dedicada a la administración de escuelas para las clases populares, fue la primera sociedad no limeña en hacer pública su adhesión a la SAI.[41] Dos años más tarde el director de la escuela privada "Colegio de la Unión" anunciaba a los "Amigos de los Indios" que su institución otorgaría quince becas de estudio para niños indígenas, una por cada provincia del Cusco.[42] En las ciudades y pueblos de Ayacucho, Chala, Cerro de Pasco, Huancayo, Lambayeque, y Piura también se formaron sucursales de la SAI y, al igual que en la ciudad de Cusco, se establecieron vínculos con asociaciones locales con fines similares.[43]

Las filiales de la SAI llevaron a cabo una serie de campañas a favor de las comunidades indígenas de su región. En julio de 1869, los miembros de la SAI de Piura denunciaron legalmente a un grupo de hacendados por haber cancelado abruptamente los contratos de arrendamiento a los indígenas del pueblo de Frías, debido a que estos se habían negado a prestar "servicios personales" (trabajo gratuito) en las haciendas. Los miembros de la sección de Piura pidieron al gobierno central que ordene al prefecto detener el desalojo de los comuneros y que publique en toda la provincia el decreto de Simón Bolívar de 1825 que abolía el "servicio personal".[44] Asimismo, el presidente de la SAI de Piura, Benito Guerrero, intentó inútilmente conseguir fondos del gobierno central para implementar un sistema de educación primaria para los indígenas de Piura.[45]

---

41. *El Comercio*, 5 de octubre de 1867.
42. *El Comercio*, 26 de julio de 1869.
43. *El Comercio*, 5 y 22 de enero de 1870.
44. *El Comercio*, 15 de enero de 1869.
45. *El Comercio*, 10 de mayo de 1869.

Las sucursales de la sociedad también aprovecharon el espacio que les brindaba la sección "Indios" de *El Comercio* y *El Nacional* para publicitar sus éxitos legales. La SAI informaba en mayo de 1869 haber obtenido un dictamen favorable del fiscal Paz-Soldán en contra del prefecto y subprefecto de Lucanas por utilizar "servicios personales" de los comuneros de la región.[46]

Los miembros de la SAI asumieron, por decisión propia, la defensa legal de los inmigrantes chinos como otra de sus tareas. Las noticias de los maltratos a que eran sometidos los inmigrantes chinos en las haciendas algodoneras y azucareras de Lambayeque (costa norte peruana) indignaron a los miembros de la Sociedad. La SAI hizo pública su condena a la práctica de marcar a los trabajadores chinos como si fueran ganado antes de ser entregados al hacendado. Los "Amigos de los Indios" consideraban esta práctica como un delito que deshonraba al Perú y a la humanidad por lo que exigieron al Ministro de Justicia que haga detener de inmediato la "marca" de inmigrantes chinos.[47]

La SAI fue la primera en su género que logró crear una red de asociaciones civiles a lo largo del territorio peruano con el objetivo de organizar una corriente de opinión que influenciara las políticas de estado en favor de un grupo subalterno. Esto fue posible gracias a que varios de sus miembros eran militares que habían servido como prefectos y subprefectos en diversas regiones del Perú, lo que significaba que el éxito inmediato de la SAI implicó una interacción entre la estructura estatal y la participación en la vida asociativa. Lo que cuestiona la estricta división metodológica entre la sociedad política y la sociedad civil en la que basa su estudio de las asociaciones civiles decimonónicas Carlos Forment.[48] Pero lo que realmente convertía a la SAI en un "hito" en la historia de las asociaciones civiles limeñas fue el diálogo entre los planteamientos de esta asociación y las demandas de sus supuestos representados, los "Indios".

---

46. "Servicios de Indios," *El Comercio*, 10 de mayo de 1869.

47. Secretaría de la Sociedad Amiga de los Indios, Acta XXVII, "Chinos", *El Comercio*, 10 de junio de 1868.

48. Foment sostiene que durante la mayor parte del siglo XIX, "democratic minded citizens migrate to civil society, claiming it as their 'internal domain' [...] and yielding political society to authoritarian groups because they considered it part of the "external" domain." *Democracy in Latin America*, 429-430.

5. La Sociedad Amiga de los Indios y sus representados

El 14 de octubre de 1867 los comuneros de Cahuallanga (Huancayo, sierra central) pidieron públicamente a la SAI que intervenga como mediador en el conflicto por tierras que la comunidad de Carhuallanga mantenía con la de Moya.[49] Este pedido fue el primer reconocimiento público por parte de una comunidad "indígena", fuera del área de Huancané, del rol de mediador que la SAI aspiraba a ejercer. El nombre de la SAI sería también utilizado por las comunidades "indígenas" como un símbolo de la lucha contra los abusos políticos cometidos por autoridades locales.

En Mayo de 1868, cuando las heridas de la rebelión de Huancané aún seguían abiertas, un grupo de "indígenas" de Chincha Alta (Cañete-Ica) denunció al subprefecto Miguel Loayza por favorecer a su hermano en las elecciones para diputados. Los "indígenas" declaraban que, al manipular sus votos el subprefecto había ofendido a una población de catorce mil "indígenas," la mayor parte de ellos propietarios y padres de familia. De acuerdo a los "indígenas" el delito era aún mas grave por haber sido cometido por un oficial de gobierno cuyo deber era, precisamente, proteger sus derechos constitucionales. Finalmente, argumentaban que por abusos como estos "[…] millares de indígenas sacrifican sus existencias en el departamento de Puno. Por esas mismas razones se ha inaugurado la filantrópica Sociedad Amiga de los Indios".[50]

Las alusiones a la SAI por parte de los "indígenas" de Chincha Alta en la defensa de sus derechos políticos y de su "honor" como padres de familia y propietarios, demostraban la existencia de cierto grado de comunicación entre las filiales de la SAI y las comunidades indígenas. Pero también prueba que la combinación de las campañas electorales y la corriente de opinión creada por la SAI permitieron a las comunidades indígenas ligar problemas regionales con nacionales de una manera más fluida. Sin embargo, la pregunta fundamental es hasta qué punto la SAI logró entrar en un diálogo político efectivo con sus pretendidos representados, "los indios." Puesto de otra manera: ¿pudo la corriente de opinión que creó la SAI dotar a las comunidades indígenas de nuevas herramientas políticas para llevar a cabo sus fines?

---

49. *El Comercio*, 14 de octubre de 1867.
50. Archivo Parlamentario, AHCD: Lima 1868: Legajo 4.

Así como la SAI no desapareció con la muerte de Juan Bustamante, tampoco fueron controladas las rebeliones de campesinos luego del asesinato de más de setenta indígenas en Pusi. Por el contrario, desde fines de Marzo de 1869 hasta fines de Mayo de 1871, los periódicos limeños vuelven a dedicar sus páginas a las denuncias de sublevaciones de comunidades indígenas en el departamento de Puno, esta vez en Piscoma, provincia de Chucuito.

Los editores de *El Comercio* atribuían la rebelión a la falta de resolución del gobierno para castigar a los autores de la masacre de Pusi. La SAI, a través de denuncias en el Congreso y una campaña periodística tenaz, trató en vano que Antonio Recharte, el responsable de la masacre, fuera llevado a juicio. "La opinión pública [...] es la única que lo ha perseguido" sentenciaban los editores de El Comercio.[51] Este contraste entre la negligencia del Estado Peruano y el decisivo activismo de la "opinión pública" fue un mecanismo discursivo utilizado por los miembros de las asociaciones civiles de la década de 1860 con el objetivo de recrear la dicotomía entre el Estado como fuente de "corrupción moral" y la sociedad civil como fuente de "valores cívicos." La Sociedad Defensores de la Independencia Americana, la Sociedad Hijos del Pueblo y la Sociedad Amiga de los Indios se valieron de este contraste para enfatizar su derecho a hablar en nombre de sus "representados" (la "nación", el "pueblo" y los "indios," respectivamente).[52] Sin embargo, el ciclo de rebeliones no sólo se debía a la dejadez de la justicia peruana, sino también a la expansión de la hacienda como consecuencia del creciente mercado de exportación de lanas.[53] Por ello, las rebeliones "indígenas" se expandieron por gran parte del departamento de Puno, incluyendo la provincia de Huancané.

Como en la anterior rebelión, los miembros de la SAI iniciaron una campaña periodística para evitar que los hacendados intentaran nuevamente presentar las revueltas como una "guerra de castas." La discusión periodística llevó las noticias de las revueltas a diferentes regiones de la sierra peruana creando un sentimiento

---

51. *El Comercio*, 8 de abril de 1869.
52. Para un análisis de la Sociedad Hijos del Pueblo y su relación con los artesanos ver García-Bryce Weinstein, Iñigo, *República con ciudadanos: los artesanos de Lima, 1821-1879* (Lima: Instituto de Estudios Peruanos, 2008) y Gootenberg, Paul; "Imaginando el Desarrollo".
53. Jacobsen, *Mirage of transitions*, 1993.

de solidaridad entre las comunidades andinas. Un anónimo escritor temía que esta solidaridad se convirtiera en una rebelión generalizada de indígenas. Este autor comunicaba a los lectores de *El Comercio* que los "indígenas" de Huancavelica (Andes centrales), se encontraban muy conmocionados con las noticias que llegaban de Chuchito (Puno).[54] Al igual que en el caso de Chincha Alta citado anteriormente, los indígenas de Huancavelica asociaban sus propios problemas a las causas de la rebelión indígena en el Sur. La discusión periodística y el activismo de la SAI hicieron que, progresivamente, los "indígenas" comenzaran a vincular sus propios problemas a los de otras regiones. Este fenómeno potencialmente podía crear entre los llamados "indígenas" un sentimiento de solidaridad nacional que alarmaba a los propios corresponsales de *El Comercio*.

Otra de las características importantes de la lucha por la "opinión pública" durante esta "nueva" coyuntura rebelde, fue que tanto los hacendados como los funcionarios del Estado Peruano señalaban como líderes de las diferentes rebeliones "indígenas" a dirigentes comunales que habían regresado de la ciudad de Lima y mantenían estrechos vínculos con la SAI. Uno de los líderes "indígenas" mencionados con más frecuencia fue Dámaso Castilla, quien fuera uno de los miembros fundadores de la SAI y representante legal de las comunidades altiplánicas en sus conflictos con los hacendados por el comercio de lanas.[55]

La SAI se planteó dos formas de establecer vínculos cercanos con dirigentes indígenas: la enseñanza del castellano y el apoyo logístico jurídico en sus reclamos legales. Con una visión extremadamente paternalista, el coronel Juan Bustamante propuso que las damas limeñas, simpatizantes con las ideas de la SAI, le dieran alojamiento y, enseñaran a leer y escribir en castellano a los hijos de líderes campesinos traídos de todo el país a expensas de la SAI. El propio Bustamante envió una carta a los comuneros de Huancané (1867) explicándoles las ventajas de aquella iniciativa.[56]

---

54. *El Comercio*, 7 de mayo de 1867.

55. Dámaso Castilla es señalado como miembro de la SAI por Emilio Vásquez y en las diversas notas publicadas en *El Comercio* es identificado como "indígena". Emilio Vásquez, *La Rebelión de Juan Bustamante* 196, nota 171.

56. Bustamante, *Los indios del Perú* (Lima : Impr. de J. M. Monterola, 1867).

Desgraciadamente, no existen mayores referencias sobre el éxito o fracaso de este proyecto. Por otro lado, existen referencias sobre líderes "indígenas" que llegaban a la ciudad de Lima, con el apoyo de la SAI, para presentar sus reclamos directamente al Presidente de la República. El propio Dámaso Castilla, por ejemplo, viajó a la capital peruana en enero de 1869 con el objeto de denunciar ante el gobierno los abusos cometidos por la elite de Chucuito.[57] A pesar de no lograr reunirse con el Presidente Balta, Dámaso permaneció en Lima hasta mayo del mismo año.[58] Dámaso Castilla regresó a Puno llevando consigo varios folletos producidos por la SAI, entre los que se encontraba el proyecto de ley presentado por del diputado Pío B. Mesa ante el Congreso de la República. Una vez en Puno, Dámaso recorrió los pueblos de la región de Chucuito difundiendo los proyectos de la SAI. En una ocasión, Dámaso llegó a organizar un mitin de alrededor de 300 "indígenas".[59] Cuando Dámaso Castilla fue apresado como instigador de la rebelión de Chucuito en 1870, la SAI asumió con éxito su defensa legal.[60] Al año siguiente, las autoridades puneñas trataron de arrestarlo nuevamente, pero Dámaso logró escapar dejando tras de sí un baúl lleno de "instrucciones" de la recientemente disuelta SAI. Estos documentos, según el informe de las autoridades locales, se habían convertido para los indígenas de la región en "[...] el único código de sus derechos y obligaciones [...]".[61]

Dámaso Castilla no fue el único indígena que regresó de Lima para convertirse en un líder de rebeliones indígenas. Uno de los nombres más mencionados por los hacendados y autoridades locales es el de Tomás Mamani. A él se le acusaba de haber instigado el asesinato de Rufino Miranda durante las violentas elecciones para diputados de 1866 en Vilque-Chico y de ser el líder de las tomas de tierras durante la segunda ola de revueltas campesinas en

---

57. "Otra vez los Indios," *El Comercio*, 14 de enero de 1870.
58. Es probable que Dámaso haya sido uno de los dos líderes indígenas a los cuales se les impidió la entrada a Palacio de Gobierno, a pesar de tener una audiencia con el Presidente, por vestir ponchos. *El Comercio*, 15 de marzo de 1869.
59. *El Comercio*, 21 de mayo de 1869.
60. *El Comercio*, 10 de mayo de 1869.
61. *El Comercio*, 13 de mayo de 1869.

Huancané.[62] Al parecer, estos "líderes" llegados de Lima utilizaron las redes de comunicación campesinas ya existentes para difundir sus ideas. Llevaban a cabo mítines en iglesias, laderas de las montañas y en ferias regionales (Vilque) en los que distribuían impresos o folletos entre los asistentes.

Sin embargo, en todos los casos, los líderes de los indígenas de Puno mantuvieron un discurso étnico y/o comunitario que no iba del todo acorde con los planteamientos de la SAI. Curiosamente, no fue en la sierra sur, sino al norte del Perú, en Catacaos (Piura) donde se fundó la primera asociación voluntaria conformada y dirigida por indígenas. La Sociedad de Agricultura fue creada en julio de 1867, paralelamente al estallido de la rebelión de Huancané y la fundación de la SAI, con el fin de llevar a cabo pequeños proyectos de irrigación en la zona y hacer mejoras en la localidad. Más tarde, como ya mencionamos se creó una filial de la SAI en la ciudad de Piura que fue particularmente activa y, que al igual que los indígenas de Sechura, demandó al Estado Peruano la construcción de escuelas elementales como compensación por los trabajos no remunerados de los indígenas a favor de los distintos gobiernos.[63] Todos estos hechos no son suficientes para analizar en profundidad cómo la SAI influyó en las nociones de ciudadanía y raza de los propios indígenas, pero sí nos permiten constatar que se estableció un diálogo político entre los autodenominados "Amigos de los Indios" y los campesinos indígenas.

La articulación de indígenas, intelectuales, empresarios, generales, coroneles, y otros hombres de Estado, a través de un debate periodístico y una red asociativa a nivel nacional, permitió a la SAI presentarse a sí misma como una fuerza importante al interior de la opinión pública. Los miembros de la SAI dirigieron sus esfuerzos a definir la llamada "cuestión indígena" en términos de ciudadanía civil e identidad nacional, en lugar de reducirla a una "guerra de castas" o a un problema meramente racial. La "rehabilitación del indio," frase tan usada en los comunicados de la sociedad, no era otra cosa que su transformación en ciudadano civil con

---

62. *El Comercio*, 24 de agosto y 21 de octubre de 1870 y 25 de marzo de 1871.

63. Jacobo Cruz Villegas, *Catac Ccaos, Origen y Evolución Histórica de Catacaos* (Piura: Centro de Investigaciones y Promoción del Campesinado, 1982), 271 y 285. También ver Nils Jacobsen, "Liberalism and Indian Comunities in Peru", 152.

plenos derechos. Sin embargo, el proyecto de la SAI implicaba no solo la atribuida representación de la población quechua y aymara sino también su tutelaje. Ello explica el malestar del corresponsal de *El Comercio* cuando reportaba acerca de la posibilidad de la formación de un movimiento indígena nacional autónomo.

6. *"Los Amigos de los Indios" y la construcción del "indio" como menor político*

Desde la publicación de la primera memoria de la Sociedad en 1868, su directorio con sede en Lima se dedicó a replantear el debate público sobre la denominada "cuestión Indígena." Para ello dedicaron sus esfuerzos a dos actividades: la organización de un concurso público para premiar al mejor ensayo académico sobre la problemática indígena y la aprobación de un proyecto de ley en el Congreso que estimulara la implementación de mecanismos políticos para hacer respetar en la práctica las leyes que garantizaban los derechos individuales de los indígenas. Cabe preguntarse entonces en qué medida estos proyectos lograron convencer a la opinión pública limeña de adoptar el ideal inclusivo de la SAI basado en la noción de ciudadanía civil o si, por el contrario, contribuyeron involuntariamente a reelaborar la noción del "indio" como "no-ciudadano".

En las actas de la SAI se lee la discusión de una propuesta, presentada por el senador Mariano Loli, que consistía en el establecimiento de una comisión que revisaría la legislación republicana y colonial para proponer al Congreso un proyecto de ley que garantizara la defensa de los derechos civiles de los indígenas.[64] Miguel S. Zavala se encargó de escribir un folleto que contenía la propuesta legislativa titulada: "Protectorado de Indios o sea ley ofrecida a las consideraciones de los II. II. Representantes de la Nación, en la Legislatura de 1868, con el fin de mejorar la deprimida condición del Indio haciendo realizable sus derechos".[65] Por su parte, el senador

---

64. *El Comercio*, 14 de setiembre de 1868.

65. Miguel Zavala, "Protectorado de Indios o sea ley ofrecida a las consideraciones de los II. II. Representantes de la Nación, en la Legislatura de 1868, con el fin de mejorar la deprimida condición del Indio haciendo realizable sus derechos. (Lima: J.M. María, 1868) citado en Nils Jacobsen, "Liberalism and Indian Communities in Peru", 146 y 147.

por el Cuzco, Pio B. Meza, miembro destacado de la SAI, fue el encargado de defender el proyecto de ley.

La propuesta de la SAI combinaba el espíritu de los decretos Bolivarianos con la recreación de una institución colonial, los "visitadores". Paradójicamente, el antiguo funcionario colonial, vestido de ropaje republicano, se encargaría de proteger a los indígenas contra los abusos de los hacendados y autoridades locales, pero al mismo tiempo estaría a cargo de la educación, higiene y decencia de los indígenas campesinos. A pesar de sus contradicciones, este proyecto representaba la cara opuesta de la llamada "Ley del Terror" presentada por los congresistas puneños un año antes. La "Legislación tutelar del indígena", como la llamaba Jorge Basadre, fue discutida sin éxito en tres sesiones del Congreso para ser luego olvidada y archivada.[66]

La propuesta de un "Protector" o "Visitador" estaba ligada a la desconfianza con que los miembros de la SAI veían a las comunidades y autoridades locales indígenas. Consecuentemente, Pio B Meza también abogó por la prohibición de los ayllus y parcialidades a los que consideraba como fuente de explotación del "Indio".[67] La desconfianza en la organización comunal fue una constante entre los liberales latinoamericanos del siglo XIX. Las sociedades democráticas y el partido liberal en el valle del Cauca, Colombia, no lograron, por ejemplo, captar a los miembros de las comunidades indígenas que en su mayoría terminaron aliándose con los conservadores.[68]

Esta contradicción entre defender los derechos civiles de los indígenas y al mismo tiempo desconfiar de sus instituciones se hace más fuerte en el caso peruano, porque al no existir partidos políticos las asociaciones voluntarias fueron concebidas por sus miembros como tutores impersonales de los grupos a los cuales pretender representar. Un caso similar, pero en el ámbito urbano representa la Sociedad Hijos del Pueblo que se atribuía la representación del artesanado limeño. Por ello no basta con estudiar la vida asociativa

---

66. Jorge Basadre, *Historia de la República del Perú, 1822-1933*, Tomo V (Lima: Editorial Universitaria, 1983), 71.

67. Nils Jacobsen, "Liberalism and Indian Communities in Peru", 147.

68. James Sanders, *Contentious Republicans: Popular Politics, Race and Class in Nineteenth-Century Colombia* (Durham and London: Duke University Press, 2004).

decimonónica como un espacio de refugio de las mentes democráticas y hacer una revisión de sus limitaciones en términos de raza,[69] sino como un espacio en el que sus miembros luchan por definir y crear los grupos a los que dicen representar, según Pierre Bourdieu, la esencia de la lucha política.[70]

El concurso al mejor ensayo sobre el "problema del Indio" fue precisamente uno de los medios que la Sociedad utilizó para redefinir a sus representados a través de un debate público. El anuncio de la competencia académica establecía que se premiaría la mejor propuesta para levantar a "los indios del estado de postración a que los ha reducido el sistema paternal de los incas, el tiránico de los españoles, y el de la violencia que ahora se sigue en las provincias".[71] Mucho más llamativo que incluir a los Incas dentro de la historia de explotación del indígena es el reconocimiento de que la violencia ha sido durante el periodo post-independiente el mecanismo básico de explotación del "indio." También llama la atención, que los grandes ausentes del concurso fueran los propios indígenas a los que obviamente los miembros de la SAI consideraban incapaces de debatir sobre sus propios problemas.

Los ensayos presentados fueron publicados en *El Comercio* con el objetivo de darle mayor difusión al concurso y a la problemática que discutía. La mayor parte de los ensayos mantuvieron el tono "paternal" y "civilizador" de los comunicados de la SAI. Los trabajos presentados por Agustín de la Rosa Toro (miembro de la SAI)[72] y Pedro Garcés[73] consideraban que la explotación colonial era la causa de la degradación "moral" y "económica" de los "In-

---

69. Para el desarrollo de esta idea ver Carlos Forment, *Democracy in Latin America*, 19 y 435.

70. "The power to impose and to inculcate a vision of divisions, that is, the power to make visible and explicit social divisions that are implicit, is political power par excellence. It is the power to make groups, to manipulate the objective structure of society." Pierre Bourdieu, *In Other Words: Essays Towards a Reflexive Sociology* (Stanford: Stanford University Press, 1990), 138.

71. "Secretaría de la Sociedad Amiga de los Indios," *El Comercio*, 1 de julio de 1868.

72. Agustín De la Rosa Toro, " Condición actual de los Indios." *El Comercio*, 31 de octubre de 1868.

73. Pedro Garcés, "El Indígena del Perú", *El Comercio*, 30 de junio de 1869.

dios". Es decir, al igual que los comunicados de la SAI, los concursantes remplazaban la noción de "salvaje" por la de "explotado" en la elaboración de sus discursos "civilizadores" del "Indio".

Pero la gran diferencia entre los ensayos de Garcés y de la Rosa Toro con el discurso oficial de la SAI era que los ensayistas no consideraban posible que el "Indio" pudiera mejorar su situación por sí mismo, es decir, ser parte de su propio proceso civilizatorio. Consecuentemente, la solución al problema del "Indio" se encontraba en la creación de un sistema municipal de educación primaria para las comunidades indígenas. No existía en las propuestas de Garcés y de la Rosa Toro ninguna referencia a la defensa de los derechos civiles de los indígenas, ni a cómo enseñarles a defenderse de los abusos de hacendados y autoridades locales a través de la legislación Republicana. Garcés y de la Rosa Toro también argumentaban que si no se llevaba a cabo pronto la instalación de este sistema educativo, el Perú corría el riesgo de experimentar una "guerra de castas" o "una guerra racial". Paradójicamente, ambos conceptos habían sido criticados duramente por la SAI en su campaña periodística contra la "ley del terror" que los hacendados y autoridades locales puneñas querían aplicar a los sublevados de Huancané en 1867. Los argumentos de Pedro Garcés y Agustín de la Rosa Toro guardan muchas semejanzas con los del sacerdote conservador Bartolomé Herrera, quien propuso a principios de la década de 1850 a la educación como la forma primordial de defender al llamado "Indio", a quien consideraba como un menor político. Este tipo de contradicciones con el discurso oficial de la SAI y los planteamientos de algunos de sus miembros eran al parecer bastante comunes.

Estos ensayistas no fueron los únicos en dialogar con las ideas de la Sociedad. Hacendados y autoridades provincianas acusaron repetidamente a los autodenominados "Amigos de los Indios" de estar difundiendo ideas comunistas entre los indígenas que a la larga desatarían la tan temida e imaginada "guerra racial." Pero también algunos diarios limeños como La Saeta iniciaron una campaña contra la SAI. Inclusive de manera sarcástica publicaron una sección diaria titulada "Sección Blancos": "Lo que queremos es abrir una sección en "La Saeta" a todos los que tienen la cara blanca [...]. Es indudable que la raza a la que pertenecemos [...] se halla muy amenazada. Pequeña en número y por no contar con el apoyo de Sociedades [...]. Lo primero que debemos hacer es fundar la Sociedad Amiga de los Blancos[...]".[74]

Sin embargo, el mayor desafío a los proyectos de la Sociedad no provino de los sectores más conservadores sino de los propios liberales limeños. Para finales de la década de 1860 los liberales habían fracasado en sus dos objetivos con respeto a la población indígena: su transformación en un ciudadano ilustrado a través de la extensión del derecho al sufragio y la conversión de las tierras comunales en propiedad individual. El tema del "Indio" como forma de identidad política había perdido todo significado para los liberales limeños cuando estalló la rebelión de Huancané. Influenciados tal vez por el discurso racial del liberal colombiano José María Samper (quien durante su exilio en Lima a inicios de la década de 1860 fue director de la *Revista Americana* y editor de *El Comercio*),[75] los liberales limeños consideraban en 1867 que la población de origen andino como "casi una nacionalidad, con idioma, hábitos, ideas y prácticas especiales; incrustada como por la fuerza en la verdadera nacionalidad civilizada".[76]

Pedro Gálvez y José Silva Santisteban, ambos reconocidos liberales, tuvieron una actitud crítica e incluso hostil frente a la SAI. A pesar de ser miembro de la sociedad, Pedro Gálvez no dudó en calificar a la rebelión de Huancané como una "guerra de castas".[77] Además, como Ministro de Gobierno del coronel José Balta desestimó la mayor parte de las denuncias planteadas por las filiales de la SAI.[78] José Silva Santisteban también se enfrentó a la Sociedad cuando desestimó el proyecto de ley de "Protección al Indígena" presentado por Pío B. Meza que incluía la creación del puesto de "visitador". Silva Santisteban se opuso a la legislación e irónicamente

---

74. "Sección Blancos", *La Saeta*, 9 de noviembre de 1869.
75. Frank Safford señala que fue José María Samper quien introdujo las ideas raciales de Joseph Arthur Gobineau en el discurso racial liberal en Colombia. Frank Safford, "Race, Integration, and Progress: Elite Attitudes and the Indian in Colombia 1750-1870", Hispanic American Historical Review 71 (1991): 1-33. Brooke Larson ofrece un sugerente análisis comparativo de los discursos raciales acerca del "indio" en las Repúblicas Andinas en Indígenas, elites y estado en la formación de las Repúblicas Andinas.
76. *El Progreso*, 15 de mayo de 1867. Citado en McEvoy, "Indio y Nación", 61.
77. Carmen McEvoy, "Indio y Nación", 109.
78. *El Comercio*, 15 de enero de 1865.

sostuvo que no había necesidad de crear el cargo de "visitador" pues la propia SAI tenía sucursales en casi todas las provincias y estaba mejor informada que cualquier agente del Estado de lo que ocurría en el país. Para Silva Santisteban la SAI debía funcionar realmente como una asociación filantrópica que sirviera de puente entre la "nación civilizada" y la "indiada", y no para proponer proyectos legislativos. La protección de los derechos civiles de los indígenas no era definitivamente parte de las consideraciones de Silva Santisteban, pero al igual que los ensayistas del concurso convocado por la SAI, este político liberal opinaba que la educación y sobre todo el aprendizaje del castellano era el elemento fundamental en la "civilización" del indio: "el medio más conducente para la civilización es la unidad del lenguaje, ¿qué importa que haya maestros de escuela, textos de enseñanza [...], si no se comprenden los que enseñan esos maestros, lo que dicen esos libros? Sucederá como Atahualpa con las verdades del Evangelio".[79] Los miembros de la SAI concordaban con la importancia del aprendizaje del castellano pero no sólo como vehículo de un retórico proceso de "civilización" sino también como un medio de aprendizaje por parte de los indígenas de sus derechos y deberes como ciudadanos.

Este aparente consenso sobre la necesidad de crear un sistema público de educación primaria para las comunidades indígenas parece haber sido común a toda el área Andina. Frank Safford ha argumentado que, para la elite colombiana del siglo diecinueve, la educación era obviamente importante para la creación de ciudadanos pero también lo era para enseñarle a la población nativa de los Andes nuevos estándares de habitación, vestimenta y comida. La elite colombiana esperaba que estos nuevos estándares de consumo estimularan una nueva ética de trabajo entre los indígenas.[80]

Pedro Gálvez compartía la propuesta económica de la elite Colombiana. En un informe presentando ante la asamblea de la SAI, Gálvez planteaba que no era suficiente con defender los derechos civiles de los "indios" sino que, era necesario enseñarles también a mejorar sus formas de habitación, alimentación y vestido para estimular en ellos las "necesidades" y así se aficionen más al

---

79. Todas las opiniones de Silva Santisteban han sido tomadas de Vásquez, Emilio. *La rebelión de Bustamante*, 359 y ss.
80. Frank Safford, "Race, Integration, and Progress", 2.

trabajo para poder conseguirlas.[81] Es decir la idea de la creación del mercado en los Andes estaba íntimamente ligada a la idea de transformar al indígena en un trabajador y un consumidor libre. Estas concepciones crearon el contexto necesario para el surgimiento de un nuevo proyecto político que buscaba combinar el sistema educativo (con objetivos similares al colombiano) con la reimplantación del tributo indígena como una forma de ligar al llamado "Indio" al Estado, la nación y el mercado.

El folleto escrito por Manuel Pardo, futuro líder del partido civil y presidente de la república, titulado *Algunas Cuestiones Sociales con Motivo de los Disturbios de Huancané*, resume los planteamientos de esta corriente. Para Manuel Pardo ni las explicaciones raciales, ni la explotación del "Indio" fueron las causas de la rebelión de Huancané. Esta tuvo su origen, según Pardo, en la decadencia económica de la región originada por la abolición del tributo indígena en 1855.[82] Pardo argumentaba que los indios nunca fueron propietarios de las tierras que utilizaban para cultivar sus productos sino tan solo los arrendatarios de las mismas. Pardo basaba esta afirmación en el supuesto hecho que desde los tiempos del Imperio Inca las tierras pertenecieron al Estado. Por lo tanto, de acuerdo a Pardo, el tributo indígena (entendido como renta) había sido el vínculo entre el Estado (Inca, Colonial o Republicano) con la población indígena a lo largo de la historia del Perú. Al romperse este lazo a partir de 1855, los indígenas sólo produjeron para el mantenimiento de sus necesidades básicas y esto trajo como consecuencia la decadencia económica de la región. Manuel Pardo consideraba al "Indio" como un ser sin nociones mercantiles o pre-económico, carente de "ambición y de instinto de adelantamiento y progreso social y material".

En un intento por reconstruir con un matiz republicano el estado tributario colonial, Manuel Pardo no solo desconoce el derecho a la propiedad de los indígenas sino que además consideraba al tributo como un elemento moralizador: "Para el indio el tributo era el arrendamiento de una tierra que ni antes ni después de la conquista le perteneció en verdadera propiedad: para ellos [...]

---

81. Pedro Gálvez, "Mejorar la Moral de los Indios", *El Comercio*, 18 de octubre de 1867.
82. Manuel Pardo, *Algunas cuestiones sociales sobre la rebelión de Huancané* (Lima: Imprenta Monterola, 1867).

la contribución era un estímulo al trabajo y por consiguiente un elemento moralizador".[83] Como su antecesor colonial, el Estado tributario republicano de Pardo tendría un carácter redistributivo. Pardo planteaba que el dinero recolectado del tributo indígena debería administrarse localmente y destinarse a la creación de un sistema de escuelas públicas en todos los pueblos del país. Pardo afirmaba, repitiendo argumentos ya conocidos, que de esta forma se rompía con el "aislamiento" e "ignorancia" de la "raza indígena" y como consecuencia se evitaba la "guerra de razas".[84] La misión "civilizadora" de Pardo, como lo afirman Carmen McEvoy y Brooke Larson, específicamente pedía la asimilación del indígena a través de un sistema estatal de escuelas primarias. Pero inclusive esta misión civilizadora "conservadora" se enfrentó y fue derrotada por los hacendados de los valles altoandinos.[85]

La integración del "indio", según el proyecto que Pardo representaba, no debía buscarse a través de su incorporación a las asociaciones civiles, la opinión pública o el sistema electoral, sino a través de la labor tutelar del Estado por medio de escuelas públicas, incluyendo las de artes y oficios.[86] La propuesta de Manuel Pardo pretendía establecer un orden político dentro del cual los indígenas—como en tiempos coloniales—eran considerados como menores o pupilos de los "verdaderos ciudadanos republicanos" organizados en asociaciones civiles.

La SAI a lo largo de cuatro arduos años logró fomentar el debate público sobre los problemas concernientes a la población indígena, y propuso una legislación que a pesar de su carácter tutelar pretendía defender los derechos civiles de los indígenas. Sin embargo, el debate sobre la llamada "cuestión indígena" terminó por

---

83. *Op. cit.* 13-14.
84. *Op. cit.* 19.
85. Larson Brooke. *Indígenas, elites y estado* 110-113.
86. Si bien es cierto que Manuel Pardo nunca restituyó el tributo ni cuando fue presidente (1872-1876), sí trató de despojar a los indígenas de la ciudadanía política al intentar ligar el derecho masculino al voto con la alfabetización. Gabriela Chiaramontti, "Construir el centro, redefinir al ciudadano: Restricción del sufragio y reforma electoral en el Perú a finales del siglo XIX" en Carlos Malamud (coodinador), *Legitimidad, representación y alternancia en España y América Latina: Las reformas electorales:1880-1930* (México, D.F.: Colegio de México, Fideicomiso de las Américas, Fondo de Cultura Económica, 2000), 230-261.

reconstruir el discurso racial que colocaba al indígena como un menor legal debido a su desconocimiento del castellano y como un ser pre-económico y por tanto incapaz de ser considerado ciudadano. Es decir, nuevamente la imagen del indígena fue transformada de un sujeto "explotado" a uno "incivilizado", al tiempo que la escuela (en la que debían aprender no solo a leer y escribir sino a consumir) se convertía en el mecanismo más progresista de integración del llamado "indígena" a la nación y en la única alternativa para evitar la imaginada "guerra de castas".

7. De "Amigos de los Indios" a la construcción del Partido Civil

Las sucesivas derrotas políticas de la SAI (levantamiento de los cargos contra los autores de la masacre de Pusi, la desaprobación de la ley tutelar indígena, la actitud hostil del gobierno de Balta, las desorganizadas sublevaciones indígenas en el sur) hicieron que su influencia fuera decreciendo paulatinamente. Durante el año 1870 *El Comercio* publicó una serie de pequeños artículos lamentando la desaparición de la mayoría de las sucursales de la SAI. Al parecer, la sede limeña se mantuvo hasta 1871 pues hasta ese año se pueden encontrar artículos firmados a nombre de la Sociedad.

Tal vez la dedicación que sus dirigentes pusieron en la campaña electoral de 1871-1872 acabó con la Sociedad. De hecho, 12 de los 60 miembros del "agonizante" comité limeño de la SAI decidieron formar parte de la Sociedad Independencia Electoral, club político que llevó a Manuel Pardo a la Presidencia del Perú. Los dos órganos de expresión más importantes de la Sociedad Amiga de los Indios, *El Comercio* y *El Nacional*, se convirtieran en voceros oficiales de la candidatura de Pardo, mientras que el Club Militar 2 de Mayo (donde participaban muchos de los militares miembros de la SAI) y muchas otras asociaciones civiles también apoyaron los esfuerzos electorales de Manuel Pardo. Entonces no es de extrañar que los miembros de la SAI hayan formado parte de la red de asociaciones que como afirma Carmen McEvoy hizo posible la formación de la Sociedad Independencia Electoral.[87]

Ulrich Muecke, en su estudio del Partido Civil, argumen-

---

87. Carmen McEvoy, *Homo Politicus, Manuel Pardo, la Política Peruana y sus dilemas 1871-1878* (Lima: ONPE, Instituto Riva-Agüero,

ta que la participación de los miembros de la SAI en la Sociedad Independencia Electoral fue fundamental para la victoria electoral de este club político y en la posterior formación del Partido Civil.[88] Muecke sostiene que los miembros de la SAI asumieron puestos importantes en la directiva del Partido Civil debido a su experiencia política y las redes de comunicación a escala nacional que aún mantenían. Sólo uno de los doce miembros residentes en Lima de la SAI no asumió ningún puesto en la dirigencia del Partido Civil. Diez miembros de la asociación asumieron cargos en el comité ejecutivo nacional del partido y otro en el ejecutivo de la provincia de Lima. En los 'ejecutivos' de los departamentos de Ayacucho, Ancash, Cusco, Huancavelica, Ica, Piura y Puno se podían encontrar activistas de las sucursales de la SAI en esos departamentos.[89]

Se puede afirmar, parafraseando a Muecke, que los miembros de la SAI fracasaron en la década de 1860 en su intento de dirigir el proceso político desde el campo de la sociedad civil.[90] Sin embargo, algunos de ellos vieron en el Partido Civil un medio para continuar o recrear sus viejos proyectos políticos. Al aceptar a los activistas de esta asociación, el Partido Civil fue capaz, según Muecke, de integrar a la gente que simbolizaba la tradición política de la sociedad civil limeña.[91] De esta manera, se cierra el intento de los miembros de la SAI por reconstruir la ciudadanía desde la vida asociativa y a través de la discusión o resolución de la llamada "cuestión indígena".

El discurso político de la SAI será retomado en las primeras décadas del siglo XX por la Sociedad Pro-Derecho Indígena de Joaquín Capelo, Pedro Zulen y Dora Mayer. Como su predecesora, la nueva asociación asumió la defensa de los derechos civiles de los indígenas y trató de imponer la imagen racial del "Indio" como explotado en lugar de incivilizado y pre-económico—con lo que facilitó la posterior transformación de la "Cuestión Indígena" en la "Cuestión

---

PUCP, IEP, 2007), 164-165.
    88. Ulrich Muecke, *Political Culture in Nineteenth-Century Peru*, 78.
    89. *Op. cit.* 79.
    90. *Op. cit.* 80.
    91. *Ibid.*

campesina".[92]

La corta historia de la SAI presenta muchas de las paradojas relacionadas con el concepto de sociedad civil. En primer lugar, el caso de la SAI relativiza la oposición sociedad civil y Estado pues el efímero éxito de la asociación se basó en una red de militares y hombres de letras que ejercían o habían ejercido puestos en el estado (jueces, prefectos o congresistas). Precisamente, la SAI adquiere un carácter nacional porque logró unir a la prensa limeña con la estructura estatal en nombre de los indígenas y posteriormente algunos de sus miembros tuvieron un papel destacado en la formación del primer partido político de la historia peruana. En segundo lugar, mediante la defensa de los derechos civiles de los indígenas, la SAI logró crear una red asociativa a nivel nacional, influenciar la discusión pública en favor de un grupo subalterno y plantear un proyecto "civilizatorio", tres componentes fundamentales de la concepción Europea de sociedad civil según Charles Taylor.[93] Pero, al atribuirse la representación de sus "amigos", los indios, la asociación intentó imponer un discurso racial que subordinaba a sus "representados" a su tutelaje (de ahí la alarma cuando los indígenas parecen estar organizándose por cuenta propia). Asimismo, los miembros de la SAI, a pesar de sus discrepancias acerca de los derechos indígenas, coincidían en desconocer a la comunidad como fuente de identidad política. Es posible afirmar entonces que las prácticas asociativas y el discurso sobre la sociedad civil en el Perú del siglo XIX, como lo plantea, Partha Chatterjee para la India colonial, tendían a suprimir la idea de comunidad como una forma de interacción legítima entre el Estado y la sociedad.[94] A pesar de sus limitaciones, la importancia de la SAI se encuentra, sin embargo, en que fue 92 93 un proyecto político que intentó colocar a una asociación civil, no a un caudillo o a una institución estatal (tributo o escuela), como

---

92. Para un análisis sobre esta problemática ver de la Cadena, Marisol, *Indigenous Mestizos: The Politics of Race and Culture in Cuzco, Peru, 1919-1991* (Durham and London: Duke University Press, 2000).

93. Charles Taylor, "Mode of Civil Society", *Public Culture*, 3:1 (1990): 97 118.

94. Partha Catherjee, *La Nación en Tiempo Heterogéneo y otros Estudios Subalternos* (Lima: Instituto de Estudios Peruanos, CLACSO, SEPHIS, 2007), 170 172.

mediador entre el estado post-colonial o post-independiente y la población indígena.

www.ingramcontent.com/pod-product-compliance
Ingram Content Group UK Ltd.
Pitfield, Milton Keynes, MK11 3LW, UK
UKHW041431180426
11947UKWH00007B/386